DU

DROIT D'ACCROISSEMENT

ET DU

DROIT DE RÉTENTION.

STRASBOURG, IMPRIMERIE DE VEUVE BERGER-LEVRAULT, RUE DES JUIFS, 26.

DU
DROIT D'ACCROISSEMENT
ENTRE CO-HÉRITIERS ET ENTRE CO-LÉGATAIRES
EN DROIT ROMAIN

DROIT DE RÉTENTION
SOUS L'EMPIRE DU CODE NAPOLÉON

PAR

ERNEST-DÉSIRÉ GLASSON

AVOCAT, DOCTEUR EN DROIT.

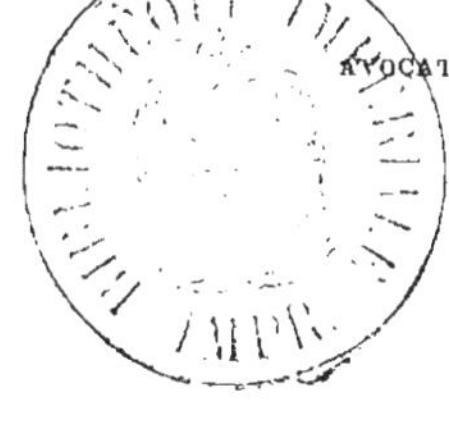

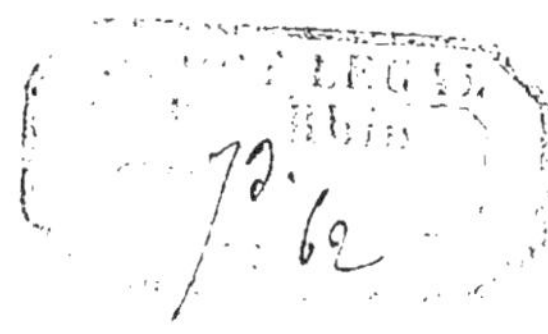

PARIS,

A. A. DURAND, 7, RUE DES GRÈS. | Ve BERGER-LEVRAULT ET FILS, 8, RUE DES SAINTS-PÈRES.

1862.

TABLE DES MATIÈRES.

DROIT ROMAIN.

DU DROIT D'ACCROISSEMENT ENTRE CO-HÉRITIERS ET ENTRE CO-LÉGATAIRES.

Pages.

DROIT CIVIL FRANÇAIS.

DU DROIT DE RÉTENTION.

FIN DE LA TABLE DES MATIÈRES.

DROIT ROMAIN.

DU DROIT D'ACCROISSEMENT ENTRE CO-HÉRITIERS ET ENTRE CO-LÉGATAIRES.

BIBLIOGRAPHIE.

BACH. *Dissertatio de jure accrescendi. In opuscul.*, p. 323. — BAUMEISTER. Du droit d'accroissement entre cohéritiers en droit romain. Tubingue, 1829. — BIENER. *Ad leg.* 10 *de usuf. accresc.* Leips., 1824, et dans ses opuscules, éd. Fr. A. BIENER, t. 2, n° 94. — BELLONUS. *De jure accrescendi.* Dans Meermann, *Thes.*, t. 7. — COUSTURIER. *Dissertatio de jure accrescendi. Leodii*, 1825. — CUJAS. *Recitationes ad Codicem, lib.* 6, *tit.* 51, et *Observ., lib.* 13, *cap.* 12 *et seq.* — DONELLUS. *Comment. jur. civ.*, VII, 12, 15. — DUAREN. *De jure accrescendi, In operib.* Éd. Francfort, 1592, p. 1075. — FRESQUET (DE). Cours de droit romain, I, p. 417 et p. 470. — GEVEANUS. *De jure accrescendi.* — GRIESINGER. *Der Anwachs. R. bey dem usu Statt findet.* Stuttgart, 1794. — HAUTHUILLE (D'). Essai sur le droit d'accroissement. Marseille. Brochure in-8°. — HEINECCIUS. *Ad Inst. Tit. de Legatis*, 20, 2, et *Recitationes* n° 625 *ad Inst.* 20, 2. — HEISLER. *De jure accrescendi, jure non decrescendi.* Exerc. acad., n° 7. — HEINSOETH. *Diss. de usuf. accresc. in jur. rom. Coloniæ*, 1831. — HOLTIUS. Analyse historique du droit d'accroissement entre colégataires, d'après le droit romain, les lois de Justinien et les principales législations modernes de l'Europe. Liége, 1830, 1 vol. in-8°. Inséré d'abord sous forme de dissertation dans la *Themis*, t. 9 et 10. — HINDECOOPER. *Diss. de jure accresc. ex legib. rom. Traj. ad Rhen.* 1817. — LAUTERBACH. *Colleg. theoretico-practicum :* dissertation insérée dans le Comm. du liv. 30 du D. — LELIÈVRE. *Diss.*

de usufructu accresc. Lovanii, 1827.—Machelard. De l'accroissement entre cohéritiers et colégataires. Paris, 1860, 1 vol. in-8°. — Majancius. *De jure accrescendi. In disput. jur. civ.*, t. 1, disp. 28. — Mayer. *Das Recht der Anwachsung bei dem testamentarischen und gesetzlichen Erbrechte und bei Legaten oder Fideicommissen.* Tubingue, 1835. — Merillus. *De jure accrescendi et conjunctionis.* Dans Otto, *Thes.*, t. 14, p. 1753. — Merten. *Diss. de usuf. accresc.* Erfort, 1773. — Ortolan. Institutes expliquées, I, p. 664. — Papillionius. *De jure accrescendi.* Dans Otto, *Thes.*, t. IV, p. 765. — Pothier. *Ad Pand.*, *lib.* 30, 31, 32 et *lib.* 7, t. 2. — Ramos de Manzas. *De jure accrescendi apud Meermann*, VII, p. 280. — Rudorff. *Caducorum vindicatio.* Dans le Journal pour la jurispr. hist., VI, p. 397. — Rosberg. *Jus accresc. ex fontib. jur. rom. geminis illustratum.* Leips., 1827. — Rossfurt. *Erbrecht*, *cap.* 2, § 29. — Scipio Gentilis. *Tract. de jure accresc. In operib. Neap.*, 1763, I, p. 175. — Schoemann. Manuel de droit civil, II, p. 1. — Sueren. *Quæst. de usuf. accresc.* Dans Otto, *Thes.*, IV, p. 98. — Van Alphen. *De origine, natura et effectu jur. accresc. Lugd. Bat.*, 1817. — Voët. *Ad Pand.*, voir les 2 tables alph. v° *accresc. jus.* — Vangerow. *Lehrbuch des Pandecten-Rechts.* Voir la table v° *jus accrescendi.* — Vestphal. *De jure accresc. inter cohæredes, interdum jure non decrescendi, interdum secus.* 1761.

INTRODUCTION.

§ 1er. — L'hérédité est, en général, acquise à celui que le testament ou la loi désigne comme héritier au moment de la mort du défunt, à la condition qu'il fasse adition s'il est héritier externe. De même, le légataire recueille le legs que le testataire lui a constitué. Telle est la règle. — Mais il arrive assez souvent que l'héritier ou le légataire ne veut ou ne peut recueillir l'hérédité ou le legs. Les biens qui lui étaient destinés prennent alors le nom de *bona vacantia* ou celui de *bona caduca* ou encore celui de *bona ereptitia*, suivant les circonstances.

§ 2. — On dit que l'hérédité est vacante lorsque l'héritier ne veut pas accepter l'hérédité qui lui est déférée ou lorsqu'il ne le peut pas par suite d'une incapacité, qu'il ne dépend pas de lui de faire disparaître.

§ 3. — L'hérédité devient caduque et les biens sont dits *bona caduca* quand l'hérédité déférée à un incapable ne lui a pas été dévolue, parce qu'il ne s'est pas mis en mesure de devenir capable dans le délai que lui donnait la loi à cet effet. La caducité résulte des dispositions des lois Julia et Papia Poppœa ; d'où le nom de lois caducaires qui leur est donné par les jurisconsultes. Mais l'incapacité résultant de ces lois diffère de celle que produit la vacance, en ce que l'héritier, ou le légataire, peut ordinairement[1] la faire disparaître.

1. Je dis ordinairement, parce qu'il est aussi des cas où l'on ne peut pas faire disparaître l'incapacité; tel est celui d'une femme non mariée, âgée de plus de 50 ans : l'incapacité continue de la frapper malgré son mariage subséquent, parce qu'à raison de son âge, elle ne peut plus avoir d'enfants.

§ 4. — Enfin, il peut arriver qu'une personne capable se trouve et soit déclarée indigne par la loi de recueillir l'hérédité ou le legs, à raison de certains faits constituant une injure grave soit à la personne, soit à la mémoire du défunt. On dit alors que l'hérédité ou le legs « *eripitur quasi indigno* » et les biens de l'hérédité ou du legs sont appelés *bona ereptitia*.

§ 5. — La question de l'accroissement ne peut se présenter que dans le cas de vacance : lorsqu'il s'agit de *bona caduca*, ils sont en général attribués à d'autres personnes qu'à l'incapable, non pas par voie d'accroissement, mais par la seule volonté de la loi, *lege;* quant aux *bona ereptitia*, ils vont, sauf quelques exceptions, au fisc. — Et même, dans les hypothèses où se produit la vacance, il n'y a pas non plus toujours lieu à accroissement. Il convient à cet égard de distinguer trois hypothèses : 1° ou bien la vacance atteint toute l'hérédité ; 2° ou bien elle ne porte que sur une part plus ou moins considérable ; 3° ou bien elle ne concerne que certaines choses qui ont été l'objet de legs ou de fidéicommis. Dans le 1er cas, l'hérédité entière est vacante. On dit qu'une hérédité est vacante, lorsqu'il n'existe personne pour s'en emparer à titre d'héritier. Les mots *bona vacantia* désignent l'absence complète de successeurs, de telle sorte que les biens ne peuvent avoir cette qualité qu'autant qu'il n'y a plus personne qui puisse réclamer l'hérédité. Il ne faut pas confondre l'hérédité vacante avec l'hérédité jacente : on appelle ainsi celle qui, déférée à un héritier externe, n'a pas encore été acceptée par lui. Ce n'est, en effet, que pour l'héritier externe, qu'il peut exister un intervalle entre la délation et l'acquisition de la succession et on dit alors que pendant cet intervalle *hæreditas jacet*.

Quand toute une hérédité se trouve vacante, il ne peut évidemment être question d'accroissement. Dans l'origine, cette hérédité était considérée comme *res nullius* et on appliquait aux choses corporelles qu'elle renfermait, les règles de l'occupation : *res nullius cedit primo occupanti*[1]. Ce principe souffrait cependant exception en ce qui touche l'hérédité vacante d'une vestale. Dans ce cas, les *bona vacantia,* au lieu d'être *res nullius* devenaient *res publicæ* et la loi des douze Tables les attribuait à l'*ærarium* (*Aulu-Gelle*: Nuits attiques. Livre 1, chap. 12). Ce même principe fut encore modifié plus tard par la *lex Cornelia testamentaria*, qui, pour le cas de biens laissés par des citoyens morts en captivité et n'ayant ni héritiers légitimes, ni héritiers testamentaires, décida qu'ils reviendraient à l'État. L. 22, § 1 *de captivis* (49.15). Enfin, les *leges Julia et Papia Poppæa* le firent complétement disparaître en décidant que toutes les hérédités vacantes profiteraient au fisc. Ulp. *reg. lib.* (tit. 28, § 7). Gaius, comm. 2, § 150. — Le fisc venait donc à défaut d'héritiers testamentaires et à défaut d'héritiers *ab intestat* civils ou prétoriens, c'est-à-dire après le conjoint survivant ou les *cognati manumissoris*, selon qu'il s'agissait de la succession d'un ingénu ou de celle d'un affranchi. Plus tard il se trouva primé par toutes les personnes qui furent admises à succéder irrégulièrement ; les sénatus-consultes et les constitutions impériales imaginèrent différents moyens pour empêcher la vacance de l'hérédité et sa dévolution au fisc : telle fut notamment l'*addictio bonorum* introduite par un rescrit de Marc-Aurèle (I. 3, 11). — Dans tous les cas où le fisc avait des droits sur les *bona vacantia*, il devait les faire valoir dans les quatre ans à partir du jour où la vacance était devenue certaine, sous peine de déchéance

---

1. Quant aux créances et aux dettes, elles étaient éteintes, puisqu'il ne se trouvait plus personne pour continuer la personnalité du défunt, soit activement, soit passivement. (Cicéron, *De legibus*. liv. 2 chap. 19.)

au profit des personnes qui s'étaient emparées des choses héréditaires (L. 1, § 2 *de jure fisci* 49, 14) ; ces personnes les acquéraient par usucapion. Mais il y a même plus: il ne leur était pas nécessaire de se prévaloir de l'usucapion et il suffisait de l'expiration des quatre ans, quelle que fût l'époque de leur entrée en possession, pour qu'elles pussent repousser le fisc, dont les droits se trouvaient à jamais éteints.

§ 6. — Telles sont les règles pour le cas de vacance de l'hérédité entière. Si au lieu d'une hérédité il s'agit d'un legs, nous verrons dans la suite, que quand le légataire ou les légataires refusent ou sont incapables de l'acquérir, il profite à l'héritier qui aurait été chargé de l'accomplir.

Mais si, au lieu d'une hérédité entière, d'un legs entier, on suppose seulement une ou plusieurs parts de l'hérédité ou du legs, qui se trouvent vacantes, alors il y a lieu à accroissement au profit des autres héritiers ou légataires qui ont recueilli leurs parts.

§ 7. — Telle est la place qu'occupe la théorie de l'accroissement dans la matière des successions et des legs en Droit romain. En résumé, elle ne concerne que les *bona vacantia* constituant une part d'hérédité ou de legs : pour les *bona caduca*, il n'y a pas accroissement, sauf quelques cas exceptionnels (*jus antiquum in caducis*), puisqu'ils profitent non pas à tous ceux qui étaient conjointement appelés à la totalité du legs ou de l'hérédité, ce que suppose nécessairement l'accroissement, mais seulement aux *patres :* c'est là une attribution *lege*. En ce qui touche les *bona ereptitia*, ils profitent au fisc, ce qui est exclusif de l'idée d'accroissement. Nous n'aurons donc pas à nous occuper de la caducité, ni de l'indignité. Ces limites établies, nous allons étudier l'accroissement, d'abord entre cohéritiers, ensuite entre colégataires.

CHAPITRE PREMIER.

Du droit d'accroissement entre co-héritiers.

SECTION PREMIÈRE.

Du droit d'accroissement en général.

§ 1. Définition.

Lorsqu'un héritier testamentaire ou *ab intestat* refuse sa part dans la succession ou se trouve empêché de la recueillir par suite d'une incapacité qu'il ne peut pas faire disparaître, sa part vacante revient à ceux qui l'auraient acquise à son défaut. L'accroissement n'est qu'une des applications de ce principe. On peut le définir l'attribution, à défaut de substitution, aux autres cohéritiers testamentaires ou aux autres cohéritiers *ab intestat,* qui acceptent l'hérédité, des parts de leurs cohéritiers demeurées vacantes. Le *jus accrescendi* consiste dans le droit de profiter de cette attribution. [1]

1. Le mot *jus accrescendi* est aussi pris dans un second sens et signifie le droit donné aux petits-enfants et à la fille du testateur omis dans le testament, de venir en concours avec les institués pour une part dans la succession qui consiste dans une part virile lorsque les héritiers institués sont des héritiers siens et dans la moitié de l'hérédité (*dimidia*) lorsque les institués sont des héritiers externes, quel que soit leur nombre. Si parmi les institués il existe à la fois des héritiers siens et des héritiers externes, la fille ou le petit-fils concourt pour une part virile avec les héritiers siens et pour la moitié de la portion héréditaire donnée aux héritiers externes. Ce *jus accrescendi* a été aboli par Justinien.

§ 2. Conditions requises pour qu'il y ait lieu à accroissement.

Il résulte de la définition que pour qu'il y ait lieu à accroissement il faut : 1° une vacance. Du moment que l'héritier s'est emparé de ce qui lui revient, la vacance n'est plus possible : s'il meurt, sa part n'accroît pas à ceux qui ont eté institués avec lui, mais passe à ses propres héritiers ; 2° que cette vacance porte sur une portion de l'hérédité et non pas sur l'hérédité tout entière. Lorsqu'il n'existe qu'un héritier testamentaire qui ne vient pas à l'hérédité ou lorsque tous les cohéritiers testamentaires font défaut, la succession passe aux héritiers *ab intestat*, mais par voie de dévolution d'un ordre à un autre et non pas par voie d'accroissement. De même, à défaut d'héritiers *ab intestat*, la succession échoit au fisc, mais ici encore il est évident qu'il ne peut s'agir d'accroissement ; 3° que les autres cohéritiers testamentaires ne se trouvent pas primés par un substitué. Quant aux héritiers *ab intestat*, ce danger n'est pas à craindre, car la substitution ne se rencontre que dans les hérédités testamentaires.

§ 3. Divisions du jus accrescendi.

Les anciens auteurs divisent le droit d'accroissement en *jus accrescendi* proprement dit (*in specie*) et *jus non decrescendi*. Mais cette distinction manque d'exactitude, car tout droit d'accroissement n'est en réalité qu'un droit de non-décroissement, comme on le verra par la suite. Une autre division consiste à dire que le droit d'accroissement est réel ou personnel ; réel, quand il s'agit d'un accroissement de propriété ; personnel, quand il s'agit d'un accroissement d'usufruit (Lauterbach, *De leg. et fid. l.* 30, 31, 32, § 60). Il est vrai que l'accroissement s'opère entre personnes et non entre portions dans le legs d'usufruit (*L. 10 de usuf. accres.*), en ce sens que la part d'usufruit vacante accroît même au co-légataire qui précédemment a perdu sa portion, mais c'est là plutôt une exception à la règle ordinaire et il semble dès lors assez peu logique d'en faire la base d'une division, d'autant plus que cette division ne présente pas d'intérêt. Il est donc inutile d'insister plus longtemps sur ce point.

§ 4. Origine.

On ignore à quelle époque précise fut introduit le *jus accrescendi.* Il est probable qu'il doit son origine non pas à une loi, mais plutôt à la jurisprudence, à la doctrine des jurisconsultes, qui l'ont peut-être introduit comme déduction de la règle *nemo paganus pro parte testatus, pro parte intestatus decedere potest*[1]. Dans tous les cas, il est certain qu'il remonte très-haut et que la législation en cette matière subit de bonne heure des modifications. Ainsi, déjà sous Auguste, les lois Julia et Papia Poppœa changent plusieurs cas de vacance en cas de caducité, en même temps qu'elles créent de ces derniers dans le double but de pousser à la procréation des enfants et d'augmenter les ressources de l'*ærarium* singulièrement amoindries par les calamités de la guerre. Le droit d'accroissement reprit ensuite peu à peu de l'extension et la caducité tomba lentement en désuétude jusque sous Justinien, qui l'abolit formellement.

§ 5. Principes sur lesquels repose le droit d'accroissement.

Le droit d'accroissement repose sur ce principe que chaque héritier représente la personne du défunt. A ce titre de re-

---

1. D'Hauthuille, p. 10 et 25.

présentant de toute la personne du défunt, il a droit à la totalité de ses biens. Ce principe est de l'essence du droit héréditaire chez les Romains.

Mais quand il existe plusieurs héritiers en présence les uns des autres, leur droit à la totalité de l'hérédité ne peut pas s'exercer; tous ayant des droits égaux, chacun doit nécessairement en perdre une certaine part pour en exercer une autre part. Cette restriction, par la présence d'autres héritiers, au droit de chacun d'eux, s'opère par la force même des choses, et cependant elle n'est qu'accidentelle. En effet, vienne à disparaître la cause du partage, c'est-à-dire la pluralité d'héritiers et celui d'entre eux qui restera le dernier représentera seul le défunt et obtiendra seul toute sa fortune.

On dit aussi qu'il y a accroissement, quand les co-institués profitent de la part de l'un d'eux qui se trouve libre, soit parce que son institution est considérée comme non écrite, soit parce qu'il est mort pendant la vie du *de cujus;* et il est vrai que ces cas présentent une grande analogie avec celui où l'un des co-héritiers institués, refuse sa part; mais cependant, rigoureusement parlant, on ne devrait plus dire qu'il y a accroissement, car l'accroissement suppose une part vacante; or, on ne peut pas prétendre que dans ces cas, la part soit vacante, puisque, personne n'y étant appelé, elle est censée n'avoir jamais existé. Quoi qu'il en soit, le concours de plusieurs héritiers amène donc nécessairement un partage; mais, en même temps, ce concours est la seule cause du partage (*concursu tantum partes fiunt*), de telle sorte que s'il vient à cesser, il n'y a plus lieu à partage (*cessante concursu, cessant partes*). Chaque héritier se trouve donc éventuellement appelé à la totalité de la succession; d'où l'on a conclu avec raison : 1° que le titre d'héritier est indivisible; 2° que quand une part vient à vaquer, les héritiers se la partagent en vertu d'un droit qui, en fait, constitue bien un accroissement; mais, en droit, constitue, à proprement parler, un non-décroissement.

Les principes d'équité et de justice qui ont fait poser des limites aux droits des héritiers *ab intestat*, lorsque plusieurs concourent à la même succession, doivent évidemment s'étendre au cas de succession testamentaire. L'accroissement a donc lieu dans les successions testamentaires comme dans les successions *ab intestat*, en vertu de la règle *concursu partes fiunt*. De plus, dans les successions testamentaires ce *jus accrescendi* résulte aussi de l'axiome *nemo paganus partim testatus, partim intestatus mori potest.* Un testateur ne peut donc pas, sauf le cas où il est militaire, mourir partie testat, partie intestat; et cela est tellement vrai que s'il n'a institué qu'une personne et pour partie seulement, l'institution n'en est pas moins censée faite pour la totalité de la succession. (L. 1, § 4. *De hæred. instit.* 28. 5.)

§ 6. Principales règles du droit d'accroissement.

Les principales règles de la théorie de l'accroissement sont communes au cas de succession *ab intestat* et au cas de succession testamentaire. On peut les formuler de la manière suivante :

1° *L'accroissement a lieu forcément.* — Les principes sur lesquels il repose sont, en effet, de l'essence de la théorie des successions. En ce qui touche les successions *ab intestat*, on comprend parfaitement que l'accroissement y soit forcé. Mais en cas d'hérédité testamentaire ne peut-on pas dire que lorsque le testateur a attribué à chacun des co-héritiers sa part héréditaire, on doit présumer que le testateur a entendu les limiter à ces parts respectives; de telle sorte que si l'une d'elles vient à se trouver vacante, elle doit aller aux héritiers *ab intestat?* — Il est facile de répondre à cette question.

D'abord le fait du testateur d'avoir déterminé la portion de chaque héritier n'implique pas de sa part l'intention de vouloir limiter ses droits et l'exclure de la vocation éventuelle à la totalité de l'hérédité : on présume que cette attribution de parts est faite uniquement pour le cas de concours. Ainsi, dans un testament où Primus, Secundus et Tertius sont institués chacun pour un tiers, le testateur n'est censé avoir limité le droit de chacun d'eux à un tiers que pour le cas où les deux autres viendraient à la succession.

Mais il y a plus : même dans le cas où le testateur n'a institué que deux héritiers, Primus et Secundus, chacun pour quatre onces, c'est-à-dire pour un tiers, on ne peut pas dire qu'il a entendu laisser le troisième tiers aux héritiers *ab intestat.* D'abord le principe *nemo partim testatus, partim intestatus mori potest* s'y oppose formellement. Ensuite le nombre de douze onces dont se compose ordinairement l'hérédité, n'est pas obligatoire, et le testateur peut parfaitement, s'il le préfère, diviser son hérédité en un nombre différent d'onces, et, par exemple, en 6, 8, 10, 20 onces. Dès lors, dans notre hypothèse, on considérera le testateur comme ayant divisé sa succession en deux tiers ou 8 onces ($^2/_3 = {}^8/_{12}$), et chacun des institués en recueillera la moitié. Dans ce cas donc, on ne doit pas voir, dans la distribution qu'a faite le testateur de son hérédité, l'intention d'en attribuer une partie aux héritiers *ab intestat.*

Enfin, il faut encore aller plus loin et décider que même dans l'hypothèse où le testateur aurait entendu restreindre chaque héritier à la part qu'il lui a assignée dans son testament et interdire l'accroissement, on ne tiendrait pas compte de sa volonté, et au lieu de donner les parts vacantes aux héritiers *ab intestat*, on les attribuerait aux autres héritiers testamentaires. Il ne dépend donc pas d'un testateur de prohiber l'accroissement[1]. Le principe qu'on ne peut mourir partie intestat, partie testat, n'admet pas de dérogation. Sans doute, un testateur peut indirectement, et au moyen de la substitution, empêcher l'accroissement de s'opérer; sans doute aussi, comme nous aurons occasion de le voir dans la suite, la volonté du défunt n'est pas sans influence sur la distribution des parts vacantes; mais enfin, le testateur ne peut jamais supprimer purement et simplement le droit d'accroissement et décider que les parts vacantes n'iront pas se joindre à celles des autres co-institués. Plusieurs auteurs ont décidé, pour donner effet à une pareille clause, qu'il faut la considérer comme constituant un fidéicommis tacite à titre universel au profit des héritiers *ab intestat;* mais on doit rejeter ce système, car rien dans cette clause n'indique d'une *manière certaine* l'intention de la part du testateur d'attribuer les parts vacantes à titre de fidéicommis aux héritiers *ab intestat.*

Cependant, par exception, et précisément parce que la maxime «*nemo partim testatus et partim intestatus decedere potest*» ne lui est pas applicable, le militaire testateur peut prohiber l'accroissement. Il y a plus : cette prohibition est censée exister par cela seul qu'il a déterminé la part de chaque héritier, de telle sorte que pour faire disparaître cette présomption, il doit déclarer d'une manière formelle dans son testament, qu'il entend que les parts vacantes, au lieu d'aller aux héritiers *ab intestat,* se distribuent par voie d'accroissement entre les autres co-institués. *L.* 37, *De testam. mil.* (29. 1.)

---

1. La clause par laquelle un testateur prohiberait l'accroissement devrait être assimilée aux conditions impossibles et n'annulerait pas le testament.

2° *L'accroissement a lieu de plein droit* (*ipso jure*), au su comme à l'insu des héritiers et même contre leur gré. Pas plus que le défunt, les héritiers qui ont accepté ne peuvent s'opposer à l'accroissement : de même qu'on ne peut pas accepter l'hérédité pour partie et la répudier pour partie, de même on ne peut pas prendre la part qui est directement déférée et repousser celle qu'on doit acquérir par voie d'accroissement.

D'un autre côté, ce que l'héritier prend, par suite de l'accroissement, ne lui est pas acquis en vertu d'un droit nouveau : il ne fait que recevoir une part plus considérable de l'hérédité, par l'excellente raison que la cause qui limitait le montant de son droit (le concours) a disparu, soit en partie, soit en totalité, selon qu'il existe encore, ou qu'il n'existe plus d'autres héritiers. Aussi, pour profiter d'un accroissement, il n'est pas nécessaire de faire une nouvelle adition.

Qui semel aliqua ex parte hæres exstiterit, deficientium partes etiam invitus excipit, id est, tacite ei, deficientium partes, etiam invito adcrescunt. L. 53, § 1. De acq. vel omitt. hæred. (29. 2.)

Hæredi cum postumo instituto reliquæ partes adcrescunt quæ postumo datæ sunt, si certum sit non esse prægnantem, licet hæres ignoret. L. 31, ib.

Voyez encore : *L. 76 pr. de acq. vel omitt.* (29. 2); *L. 35 pr.* (*eod. loc.*) *L. 59, § 7, de hæred. inst.* (28. 5); *L. 2. § 8. De bon. poss. sec. tab.* (37. 11). *Const. 6. De impub. et aliis substit.* (6. 26). *Cons. 20, de jure deliberandi.* (6. 30). *Cons. uniq. § 10, v*[is] *si itaque. De caducis tollendis* (6. 51.)

Par exception, il est deux cas où l'accroissement ne s'opère pas de plein droit, malgré l'héritier : 1° dans le cas d'abstention d'un héritier nécessaire, *L. 55 de acq. vel omitt. hæred.* (29. 2); 2° dans le cas où il s'agit de la part d'un mineur de vingt-cinq ans, qui devient vacante, parce que ce mineur, après avoir accepté, s'est fait restituer contre son acceptation. Toutefois, pour que le co-héritier n'acquière pas forcément la part de son co-héritier qui s'abstient ou se fait restituer contre son acceptation, il faut qu'il ait accepté avant d'avoir connu la restitution ou l'abstention; s'il n'a accepté qu'après ce moment, on présume qu'il a voulu se soumettre à toutes les charges de l'hérédité, comme nous l'apprend Ulpien pour le cas d'abstention, et il faut évidemment étendre sa décision par analogie de motifs au cas de *restitutio in integrum. L. 38. De acq. vel omitt. hæred.*

Il existe cependant une différence entre le cas d'abstention et celui de *restitutio in integrum.* Dans le premier, l'héritier qui refuse la part vacante, doit aussi répudier sa propre part (*L.* 55 *et L.* 66 *de acq. vel. omitt. hæred.*); tandis que dans le second, il la conserve.

On comprend ces deux dérogations à la règle : l'abstention de l'héritier nécessaire et la *restitutio in integrum* du mineur sont des bénéfices introduits par le droit prétorien[1], et l'on n'a pas voulu qu'ils pussent préjudicier aux autres co-héritiers, en leur faisant supporter une part plus grande dans les charges de l'hérédité, par suite de l'accroissement de la portion vacante à la leur.

Quant à cette portion, les créanciers en sont envoyés en possession et se font payer sur les biens dont elle se com-

---

1. On peut même aller plus loin et dire qu'à proprement parler, il n'y a pas accroissement dans ce cas. En effet, par cela seul que le mineur a accepté, aux yeux du droit civil, sa part a cessé d'être vacante. Il est vrai que plus tard il se fait restituer, mais c'est par le droit prétorien, et le droit civil ne s'occupe pas de cette restitution. De même en cas d'abstention, d'après le droit civil, l'héritier n'en est pas moins censé prendre sa part, et il n'y a pas, à proprement parler, accroissement selon le *jus civile.*

pose. Telle est, du moins, la décision rendue par l'empereur Sévère dans un rescrit pour le cas de *restitutio in integrum*. (*L.* 61 *de acq. vel omitt. hæred.* (29. 2); Voët, 4. 4. 26); mais il résulte d'un texte de Marcien, que dans le cas de part vacante par suite d'abstention d'un héritier nécessaire, les créanciers, au lieu de se faire envoyer en possession, peuvent contraindre l'autre héritier à prendre cette part, à condition de ne l'actionner que jusqu'à concurrence de l'actif de cette part, de telle sorte que si après le paiement de tous les créanciers, il reste quelque chose de l'actif, cet héritier en profite. (*L.* 55 *eod. tit.* — Mühlenbruch, continuation de Gluck, § 14,849, t. 42, p. 366.)

Je ne parlerai pas d'un troisième cas, où l'accroissement ne s'opère pas non plus forcément, celui de la Nov. 1, chap. 1 et 2. D'après cette Novelle, quand un héritier refuse d'accomplir des legs ou veut faire le calcul de la Falcidie, malgré la défense du testateur, on lui retire l'hérédité ou sa part d'hérédité pour la donner à d'autres personnes, et notamment à ses co-héritiers; mais ceux-ci peuvent la refuser. Toutefois il n'y a pas, à proprement parler, accroissement dans cette hypothèse.

3° *L'accroissement se fait de portion et à portion et non pas de personne à personne. Portio portioni non personæ adcrescit.* — Sans doute cette locution serait inexacte si on l'entendait en ce sens que la part au profit de laquelle s'opère l'accroissement, doit encore exister : la part n'accroît pas à la part, matériellement parlant (Ortolan, Inst. I, p. 438). Cette formule signifie que la part vacante se distribue entre tous ceux qui ont accepté, qu'ils vivent encore ou qu'ils soient morts, auquel cas ils sont représentés par leurs héritiers; mais alors le partage s'opère par souches et non plus par têtes. Si, au contraire, l'accroissement se faisait de personne à personne, les survivants des héritiers acceptants en profiteraient seuls : les héritiers des prédécédés ne seraient pas admis à les représenter. Ainsi, soient trois institués : Primus, Secundus et Tertius. Primus et Secundus ont fait adition ; mais Secundus meurt immédiatement et, après sa mort, Tertius répudie. Si l'accroissement se faisait de personne à personne, la part devenue vacante par la répudiation de Tertius, ne profiterait qu'à Primus, puisque Secundus n'existe plus ; mais comme l'accroissement a lieu de portion à portion, elle se répartit entre la part de Primus et celle que Secundus a transmise à ses héritiers.

Du reste, cette règle n'est qu'une conséquence du principe que chaque héritier est éventuellement appelé à la totalité de l'hérédité, une application de l'adage *nemo partim testatus partim intestatus decedere potest.* Soient, en effet, deux héritiers, Primus et Secundus, institués chacun pour moitié. Primus accepte et meurt. Après sa mort, Secundus refuse. Eh bien, les héritiers de Primus recueillent par voie d'accroissement la part de Secundus ; car Primus leur a transmis dans sa succession le droit de vocation éventuelle à la totalité de l'hérédité. S'il en était autrement, il faudrait attribuer la moitié de Secundus aux héritiers *ab intestat*, ce qui violerait le principe : *nemo partim testatus decedere potest.*

La règle dont nous nous occupons en ce moment se trouve clairement énoncée dans plusieurs textes, ainsi :

Dans la *L.* 26, § 1, *De cond. et demonstr.* (35. 1), Julien suppose une hérédité, laissée à deux héritiers, dont l'un est institué sous condition et décide que si la condition vient à défaillir, sa part va se joindre à celle de l'institué purement et simplement, lors même que celui-ci serait décédé, auquel cas elle passe à son héritier : *Cum alter pure, alter sub conditione, hæres scriptus est, pars hæreditatis, deficiente conditione, adcrescit etiam* hæredi ejus *cui pure hæreditas data est.*

Marcien est aussi explicite. *Si ex pluribus legitimis hæredibus quidam omiserint adire hæreditatem, vel morte, vel qua alia ratione impediti fuerint, quominus adeant, reliquis, qui adierint, adcrescit illorum portio : et licet decesserint antequam adcresceret, hoc jus ad hæredes eorum pertinet; L.* 9 *de suis et legitimis hæred.* (38. 16). Voyez encore : Paul. *Sent. lib.* 4, *tit.* 8 — § *ult.*, § 4. *J. de s. c. Orphitiano* (2. 4). *Cons. un.* § 10, *de caducis toll.* (6. 51).

Enfin la loi 76, *de acq. et omitt. hæred.*, parle d'un cas remarquable d'accroissement. D'après ce texte, vous êtes institué *pro sextante* sous condition et vous êtes substitué pour le reste à Titius. Ce dernier fait défaut. Vous acceptez sa part à titre de substitué. Plus tard la condition sous laquelle vous avez été institué *pro sextante* s'accomplit. *Quid juris?* Il n'est pas nécessaire que vous fassiez une nouvelle adition pour acquérir cette part : vous la recevez *ipso jure* par droit d'accroissement; mais alors se produit un résultat remarquable : vous prenez par accroissement à la part accessoire la part principale, c'est-à-dire celle qui vous était primitivement destinée. Mais il faut aller encore plus loin que le texte et décider que même dans le cas où la condition ne se réaliserait pas, vous prendrez cette part. En effet, cette part, qui évidemment se trouve vacante, ne peut pas aller aux héritiers *ab intestat : nemo partim intestatus decedit ;* elle ne peut que se joindre à la part de Titius; or, cette part de Titius, vous l'avez acquise au moyen de la substitution.

4° *L'accroissement se fait, tantôt* cum onere, *tantôt* sine onere, d'après les distinctions suivantes :

1) S'il s'agit de dettes, le doute n'est pas possible ; elles se partagent proportionnellement à l'actif, et chaque part du passif s'attache à chaque part de l'actif, en quelques mains que passe cette dernière. On applique pour les dettes les

mêmes règles que pour les biens ; elles ne se partagent que *concursu tantum.* Par conséquent, la limitation, quant à l'actif cessant en partie ou en totalité, elle cesse aussi quant au passif. En deux mots, l'accroissement se fait *cum onere* quant aux dettes.

2) S'il s'agit de legs ou de fidéicommis, grevant une part considérée *pro non scripta*, l'accroissement a toujours lieu *sine onere*, sauf dans deux cas: dans le cas du sénatus-consulte Libonien, *L.* 5 *de his quœ pro non scriptis* (34. 8); *L.* 14 *in fine. De lege Corn. de fals.* (48. 10); et dans le cas de liberté donnée à un esclave par fidéicommis, à cause de la faveur dont jouit la liberté, *L.* 22, § 2. *De fideic. lib.* (4. 50) *Cons. un.* § 3 *et* 9, *de cad. toll.* (6. 51). En dehors de ces hypothèses, l'accroissement se fait *sine onere*, parce qu'en effet le testateur est censé n'avoir pas disposé de la part vacante : elle est *pro non scripta.*

3) Si la part n'est pas *pro non scripta*, mais se trouve vacante pour tout autre motif, comme par exemple, par suite de la répudiation de celui à qui elle était destinée, l'accroissement a lieu tantôt *cum onere*, tantôt *sine onere.* Il faut distinguer : Quant aux legs, on doit rechercher si le disposant a eu l'intention d'en imposer l'exécution à toute personne appelée à recueillir telle part de l'hérédité ou s'il a seulement voulu en grever telle personne déterminée. Dans cette dernière hypothèse, la charge est personnelle ; elle ne passe pas à celui qui recueille la part au moyen de l'accroissement[1]. Dans le premier cas, au contraire, elle n'est plus personnelle, elle pèse directement sur telle part de l'hérédité,

---

1. Aussi peut-on dire que les charges de ce genre sont conditionnelles. Quand un testateur met : « J'ordonne à Seius de donner son esclave à Titius, » cette disposition revient à dire que Titius aura l'esclave de Seius, si celui-ci vient à l'hérédité.

quel que soit celui qui la recueillera, et l'accroissement se fait par conséquent *cum onere.* Ainsi, par exemple, quand un testateur a dit: « Que Mævius ou quiconque sera mon héritier donne à Seius la somme de cent, *Mævius aut quisquis mihi hæres erit, Seio centum aureos dato;* » cette charge se transmet, comme les dettes, aux autres héritiers qui recueillent la part vacante de Mævius. Il en serait de même si le testateur avait mis: « Que Mævius donne la somme de cent, un esclave, etc., à Titius, » sans ajouter: « ou quiconque sera mon héritier; » car ce legs est de nature à pouvoir être presté par un héritier quelconque, et l'on doit présumer que telle à été la volonté du testateur, à moins que le contraire ne résulte formellement de ses dispositions dernières. Lorsqu'au contraire, le testateur ordonne à Mævius de faire un tableau pour Titius, de lui livrer tel esclave qui se trouve dans son patrimoine, il est évident qu'alors le legs est attaché à la personne de Mævius, de telle sorte que si sa part vient à se trouver vacante, l'accroissement se fera *sine onere.* En un mot, il s'agit là d'une pure question d'intention à apprécier en fait.

Quid des fidéicommis? Les textes semblent décider qu'ils ne se transmettent pas à celui qui profite, en vertu du *jus accrescendi*, de la part héréditaire qu'ils grèvent. Dans l'origine, en effet, le fidéicommis constituait une charge purement personnelle; le testateur s'en rapportait à la bonne foi de celui qui en était chargé. Aussi doit-on décider que dans les premiers temps des fidéicommis, l'accroissement s'opérait *sine onere.* Toutefois, peu à peu, on les assimila aux legs. Cette assimilation, il est vrai, ne devint complète que sous Justinien; mais enfin, déjà longtemps avant ce prince et dès les premiers siècles de l'empire, elle commençait à se manifester d'une manière très-prononcée. On peut dès lors conjecturer que, de bonne heure, l'accroissement a eu lieu quant aux fidéicommis, comme à l'égard des legs, soit *sine onere,* soit *cum onere,* selon qu'ils constituaient ou non, dans l'intention du testateur, une charge purement personnelle. C'est en ce sens restreint qu'il faut entendre la loi 51 *de legatis*, 2° où il est dit d'une manière beaucoup trop large : « *Si alter ex legitimis hæredibus repudiasset portionem, cum essent ab eo fideicommissa relicta, co-hæredem ejus non esse cogendum fideicommissa præstare, portionem enim ad cohæredem sine onere accrescere; sed post rescriptum Severi, quo fideicommissa ab instituto relicta a substitutis debentur et hic quasi substitutus cum suo onere consequetur accrescentem portionem.* » Il semble, d'après ce texte, qu'avant le rescrit de Sévère, l'accroissement, quant aux fidéicommis, avait toujours lieu *sine onere* et qu'ensuite il se fit toujours *cum onere;* il vaut mieux dire qu'avant comme après ce rescrit, tout dépendait de l'intention présumée du testateur et que le rescrit de Sévère, loin d'introduire des règles nouvelles, n'a fait que confirmer les usages jusqu'alors adoptés (*L. 47 de legatis* 30, I°; *L.* 29, § 1 et 2 *de legatis.* 2°; *L.* 16, § 1, et *L.* 122, §. 1, *de legatis.* 1°; *Const. un. de cad. toll.* (6. 51).

5° *Pour profiter de l'accroissement, il faut être héritier.* — Il ne suffit même pas d'être héritier; il faut encore l'être au même titre et appartenir au même ordre. Ainsi, quand des personnes en concours sont appelées à la succession à des titres différents, il n'y a pas lieu à accroissement : tel est le cas de la loi 6 *de bon. poss.;* cette loi suppose le cas de succession testamentaire d'un affranchi ; dans ce cas, la possession de biens *contra tabulas* est accordée au patron pour une partie de l'hérédité et l'institué prend l'autre partie au moyen de la *bon. poss. secundum tabulas.* Le patron et l'institué concourent donc dans cette succession; mais comme ils sont appelés à des titres différents, il n'y a pas lieu à accroissement entre eux. Aussi, si l'institué renonce, le patron obtiendra sa part non pas *accrescendi jure*, mais en vertu d'un véritable droit de dévolution à un degré subséquent, au moyen d'une nouvelle et différente possession de biens, qui exige une nouvelle acceptation. (D'Hauthuille, p. 36.)

6° *On refuse le droit d'accroissement à ceux dont la portion héréditaire, soit ab intestat, soit testamentaire, est fixée par les lois à un maximum asbsolu ou relatif qu'ils ont reçu:* mais tant qu'ils n'ont pas ce maximum, il profitent de l'accroissement, ainsi:

1° Quand une femme convole en secondes noces avant l'expiration de l'année de deuil, elle ne peut pas donner à son second mari plus du tiers de ses biens, soit à titre de dot, soit à titre de donation, soit à titre de legs, soit même comme héritier. Du moment donc que le mari a obtenu ce tiers à titre d'héritier (ou de légataire), il ne peut plus profiter des parts vacantes de l'hérédité ou du legs. Cons. 1. Gratien, Valentinien et Théodose. *De secundis nuptiis* (5.9).

2° De même, celui qui a des descendants légitimes, ne peut pas donner à ses autres enfants nés d'un concubinat et à leur mère, plus du douzième de la succession [1]. Du moment qu'ils ont obtenu cette portion de l'hérédité, ils ne peuvent plus profiter des accroissements. (Nov. 89, ch. 12.)

3° Les empereurs, dans le but de diminuer le nombre des secondes noces, qu'ils voyaient avec une grande défaveur, rendirent des constitutions d'après lesquelles l'époux qui convolerait en secondes noces, ne pourrait pas donner à son conjoint, soit entre vifs, soit à cause de mort, comme héritier testamentaire ou comme légataire, plus qu'à son descendant le moins prenant. Il résulte de là que si le testateur

1. Si la concubine est seule, elle n'a droit qu'à un vingt-quatrième.

enfreint cette défense, on considère comme non écrit ce qu'il a donné en trop et on le partage en portions égales entre les enfants du premier lit. Il en résulte encore que le conjoint profite de l'accroissement dans la même limite que le descendant le moins prenant. Cons. 6 pr., Cons. 9, *De secundis nuptiis* (5. 9). Nov. 2, chap. 4. Nov. 22, chap. 27, 28, 48.

4° Quelques auteurs citent encore le cas suivant (Macheldey, *Lehrbuch*, § 697): D'après la Nov. 117, lorsqu'un mari décède, laissant une veuve pauvre et sans dot, cette veuve prend dans la succession une part virile, si elle concourt avec plus de trois descendants du mari[1] et un quart dans tous les autres cas; mais elle ne peut rien obtenir de plus et ne profite dès lors jamais des parts vacantes. Nov. 117, chap. 5. Toutefois cet exemple ne semble pas parfaitement exact. La femme ne vient pas, à proprement parler, comme héritière à la succession de son mari; il s'agit là d'une attribution *lege* au profit de la femme, à cause de la malheureuse position dans laquelle elle se trouve, et dès lors, puisqu'elle ne prend pas sa part à titre d'héritière, il est de la dernière évidence qu'elle ne doit pas profiter de l'accroissement.

7° *Le droit d'accroissement peut être écarté soit par la volonté du testateur, soit par la volonté de la loi; par la volonté du testateur, dans le cas de substitution; par celle de la loi, dans le cas de transmission.*

La substitution est une institution d'héritier subsidiaire, c'est-à-dire faite sous la condition que la première ne se réalisera pas. Nous n'avons pas ici à parler de son origine, à énumérer ses différentes espèces, à décrire ses effets : ce serait sortir de notre matière.

---

1. Il importe peu qu'ils soient issus de son mariage avec le défunt ou d'une union précédente.

La transmission est une institution nouvelle qui s'est peu à peu développée à partir de l'époque impériale. Voici en quoi elle consiste : En règle générale, tout héritier externe, pour *transmettre* son droit à ses propres héritiers, doit avoir fait adition [1]. *Hæreditas nondum adita non transmittitur ad hæredes.* Si donc un héritier meurt avant d'avoir fait adition, sa part se trouve vacante, et il y a lieu à accroissement au profit de ses co-héritiers. Mais, par exception, il est certains cas, où l'on écarte le droit d'accroissement et où l'on donne aux héritiers du défunt le droit d'accepter la succession qui lui était déférée : cela constitue la transmission du droit d'adition. Tels sont les cas suivants :

1° Lorsque l'héritier a été empêché de faire adition à cause d'une absence pour le service de la république, ses héritiers peuvent demander la restitution en entier pour cause d'absence et faire adition. Les modernes ont donné à ce cas le nom de *transmissio ex capite restitutionis in integrum.* (*L.* 30 *pr. de acq. vel omitt. hæred.* L. 86, *pr. eod. tit.*) Il résulte de ces textes que dans le principe, la transmission n'était pas formellement établie pour tous les cas d'empêchement; il fallait recourir à l'Empereur, qui accordait alors un rescrit, *humanitatis causa.*

2° Quand un héritier meurt avant d'avoir pu accepter la succession par suite d'un empêchement légitime, il transmet à ses héritiers le droit de faire adition dès que l'empêchement aura cessé. *L.* 3 § 30. *De s. c. Silian. et Claud.* (29. 5.)

De même, lorsqu'un testateur a omis un postume sien, rigoureusement parlant, l'héritier institué ne peut pas demander la *bonorum possessio secundum tabulas*, car elle n'est admise

---

1. Il en est autrement de l'héritier sien, lequel acquiert l'hérédité de plein droit sans avoir besoin de recourir à l'adition et la transmet dès lors toujours à ses héritiers (*transmissio ex capite suitatis*).

qu'à défaut de la *bonorum possessio contra tabulas* ouverte au profit du postume à naître et il ne peut pas non plus demander la *bonorum possessio contra tabulas*, puisque le prêteur ne l'accordera que quand le postume omis sera né. Toutefois, par exception à cette règle, et pour éviter de graves inconvénients, on permet à l'institué de demander la *bonorum possessio contra tabulas* et l'on décide même que s'il meurt avant la naissance du postume, il transmet ce droit à ses héritiers. L. 3, § 4 et L. 4 *de bon. poss. contra tab.* (37. 4); voir aussi L. 12 *de carb. edict.* (37. 10.)

3° D'après une constitution de Théodose (d'où le nom de *transmissio theodosiana*) quand un descendant, après avoir été institué héritier par un ascendant, décède avant le testateur ou même après, mais avant d'avoir pu faire adition, il transmet son droit de faire adition à ceux de ses héritiers qui sont ses descendants. *Cons. un. de his. qui ante apertas tab.* [1] (6. 52.) Du reste ce droit n'appartient qu'à ses descendants : ses autres héritiers n'en jouissent pas.

4° Certains auteurs admettent un 4e cas de transmission : Théodose a décidé que quand une succession est déférée à un enfant, si ce dernier meurt *in infantia*, avant que son père ait accepté ou son tuteur, selon qu'il était *alieni* ou *sui juris* au moment de la délation, le père aurait encore après sa mort le droit de s'attribuer l'hérédité à son profit. *Cons.* 18, § 1 et 3. *De jure delib.* (6.30). Cependant on ne doit pas voir là une transmission, car celle-ci n'existe qu'au profit des héritiers; or, ce n'est pas *jure hereditario*, mais *jure patrio* que le père a le droit d'accepter.

5° Justinien a aussi établi un cas de transmission (*trans-*

---

1. On voit, en lisant cette constitution, que Théodose a établi la transmission non-seulement pour le cas d'hérédité testamentaire, mais encore pour celui de legs et de fidéicommis.

missio justinianea) en déclarant dans sa Cons. 19 *De jure deliberandi* (6.30) que dans le cas où un héritier viendrait à mourir pendant l'année, dans le courant de laquelle il a eu connaissance de l'ouverture de la succession ou avant l'expiration du délai qui a pu lui être accordé pour délibérer, sans avoir fait adition et sans avoir répudié, ses héritiers pourraient encore accepter la succession pendant le délai qui reste à courir.

8° *En cas de vente faite par un héritier testamentaire ou ab intestat de sa part héréditaire, les accroissements même postérieurs à l'époque de la vente profitent à l'acheteur et non pas au vendeur*, et de même dans le fidéicommis à titre universel il faut attribuer les accroissements au fidéicommissaire et non pas au fiduciaire.

Dans le cas de vente d'une part héréditaire, quand les parties se sont expliquées sur le sort des accroissements, leur volonté a force de loi ; mais si elles ont gardé le silence, à qui attribuer les parts vacantes? D'après un grand nombre de jurisconsultes, le droit d'accroissement qui naît postérieurement à l'époque de la vente, doit profiter au vendeur et non pas à l'acheteur. Partant de cette idée, que la vente d'une part héréditaire, à moins de convention contraire, ne comprend que les droits actifs et passifs du vendeur, au moment de la vente, ils en concluent que, si postérieurement à cette époque, il se présente une part vacante, le *jus accrescendi* doit être accordé au vendeur. C'est ce qu'établit formellement la L. 2, § 2, *de hæred. vel. act. vend.* (18.4), pour le cas de substitution. Dès lors, ils s'appuient sur ce texte et disent : La substitution est acquise au vendeur, quand elle s'ouvre après la vente tandis qu'elle l'est à l'acheteur dans le cas où elle se trouvait déjà ouverte avant le moment de la vente par application de la règle que le vendeur, dans le doute, est censé aliéner tout ce qu'il a de l'hérédité au moment de la vente et rien de plus. Eh bien, ce que dit Ulpien dans ce texte de la substitution, doit s'étendre à l'accroissement : il profite à l'acheteur quand il est antérieur à la vente, parce que le vendeur a entendu aliéner tout ce qu'il avait de l'hérédité, mais comme il n'a évidemment pas eu l'intention de vendre ce qu'il n'avait pas encore, l'accroissement qui se produit après le moment de la vente lui est attribué. On s'appuie encore pour soutenir cette thèse sur la L. 2, § 1, *ib.*, où il est positivement déclaré, que dans la vente d'une hérédité, il faut se placer pour savoir sur quoi porte cette vente au moment où elle s'est faite : *In hæreditate vendita utrum ea quantitas spectatur, quæ fuit mortis tempore, an ea, quæ fuit, quum aditur hæreditas, an ea quæ fuit quum hæreditas venumdatur, videndum erit. Et verius est, hoc esse servandum quod actum est; plerumque autem hoc agi videtur ut, quod ex hæreditate pervenit, in id tempus, quo venditio fit, id videatur venisse* (En ce sens : *Cujas obs. lib.* 12, *cap.* 13, — Gluck, tome 16, p. 341. — Rosberg, p. 201. — Baumeister, p. 121. — Vennig, § 514, — D'Hauthuille, p. 83. —) Malgré la solidité apparente de ces arguments, il vaut mieux adopter l'opinion contraire. Du reste, même dans le système qui attribue les parts vacantes postérieurement à l'époque de la vente à l'acheteur, on décide que ces parts ne lui sont jamais acquises directement : elles vont au vendeur qui est toujours resté héritier, mais alors celui-ci est tenu de les transmettre à l'acheteur. En effet, le vendeur s'oblige à procurer à l'acheteur tous les avantages qui résultent ou résulteront de l'hérédité, de même que l'acheteur s'engage à supporter toutes les charges. C'est précisément dans ce but qu'intervient la *stipulatio emptæ et venditæ hæreditatis*. Que l'on suppose, par exemple, une dette conditionnelle dont la condition n'est pas encore accomplie au moment de la vente; si elle se réalise ensuite, il est évident que la dette doit être supportée par l'acheteur, car il s'est chargé de tout le passif même conditionnel. Mais en sens inverse, il a entendu profiter de tout l'actif même conditionnel; or les parts vacantes rentrent évidemment dans cet actif. En vain objecterait-on que la dette conditionnelle se trouve déjà dans la part de l'héritier au moment de la vente, tandis que la part devenue vacante dans la suite n'y est pas encore. Ce serait commettre une grave erreur : cette part et même toutes les autres, tant qu'elles n'ont pas été acceptées, se trouvent conditionnellement dans celle qu'aliène le vendeur. N'est-il pas en effet appelé d'une manière éventuelle à la totalité de l'hérédité ? Le vendeur n'a pas entendu aliéner, et l'acheteur n'a pas entendu acquérir telle quantité de l'*hæreditas*, l'un a vendu, l'autre a acheté l'*hæreditas*, c'est-à-dire un seul tout, dont font partie intégrante les portions qui accroissent dans la suite. Ces parts sont censées déférées, comme du reste l'hérédité tout entière à chaque héritier, et si l'on partage, c'est uniquement à cause du principe : *concursu partes fiunt.*

On nous oppose, il est vrai, la L. 2, § 2, *de hæred. vend.* qui attribue la substitution au vendeur, et on dit que, par analogie, il faut étendre cette décision au cas d'accroissement. Cette objection ne semble pas sérieuse. L'accroissement et la substitution sont deux choses bien distinctes. Dans l'accroissement on voit une part d'hérédité se joindre à une autre part. Au contraire, dans la substitution c'est une autre hérédité qui est acquise. Cela est tellement vrai, que l'accroissement a lieu de plein droit et même contre le gré de l'héritier : au contraire, pour que la substitution soit acquise, il faut une adition spéciale et l'héritier peut la refuser. Dès lors on comprend parfaitement que l'acheteur n'acquière pas la substitution : c'est parce qu'il s'agit là d'une nouvelle hérédité, c'est parce que celle-ci ne se trouve pas comprise dans celle qu'il a achetée; c'est enfin parce qu'il a acheté une seule hérédité et non pas deux. Ulpien, dans ce texte, dit positivement que la substitution ne profite pas à l'acheteur *quia alia hæreditas est.* Au contraire, ce qui est acquis par accroissement fait partie de l'hérédité vendue. La L. 2 ne saurait donc être étendue au cas d'accroissement.

On s'appuie aussi dans l'opinion contraire sur la même L. 2, § 1 *ib.* et l'on dit que l'accroissement ne doit pas profiter à l'acheteur, parce que l'héritier n'a entendu céder que ce qu'il avait au moment de la vente. Mais au § 1 de cette loi, nous opposerons les § 4 et 5 de la même loi, où il est positivement dit, qu'il faut donner à l'acheteur les bénéfices à venir. *Non tantum autem quod ad venditorem hæreditatis pervenit, sed et quod ad hæredem ejus ex hæreditate pervenit, emptori restituendum est, et non solum quod jam pervenit, sed et quod quandoque pervenerit, restituendum est.* Comme on a dû le remarquer, dans l'opinion contraire, on cite les § 1 et 2 de la loi 2 et dans notre système on s'appuie sur les § 4 et 5 de la même loi. Et cependant Ulpien ne peut pas être tombé en une contradiction aussi flagrante à quelques lignes de distance. Il a donc nécessairement admis de deux choses l'une : ou que la vente ne porte que sur ce qui existe au moment où elle est faite; ou qu'elle porte sur tous les avantages, même futurs de l'hérédité. Or, si l'on combine ces différents paragraphes, on voit qu'Ulpien a passé par la série d'idées suivantes : Il a d'abord établi que, pour connaître les biens dont se compose l'hérédité vendue, il faut se placer au moment même de la vente, et non pas à celui de l'ouverture de la succession, ni à celui de l'adition, de telle sorte que l'acheteur profite des substitutions et des accroissements qui se sont accomplis avant l'époque de la vente; tel est l'objet du § 1er. Puis Ulpien passe au cas de substitution ouverte après la vente et déclare qu'elle profite au vendeur.

quia alia hæreditas est (§ 2). Mais sauf ce cas, l'acheteur profite de tout ce qui est acquis à l'héritier après la vente et même de l'accroissement : Ulpien le dit dans les § 4 et 5. Voilà la pensée qui a présidé à la rédaction de ce texte. Dans le § 1er Ulpien n'entend donc pas attribuer l'accroissement futur au vendeur : Ce § ne s'occupe pas de cette question qui n'est traitée qu'au § 4 et où Ulpien se prononce au profit de l'acheteur. (En ce sens : Thibaut § 995, Mühlenbruch, § 710, note 5.

Les auteurs ne se sont pas occupés du cas où, au lieu d'une vente faite par l'héritier, il s'agit d'une *cessio in jure*. Je pense que dans ce dernier cas, il faut donner les solutions suivantes : La *cessio in jure* peut être comme la vente consentie par un héritier *ab intestat* ou par un héritier testamentaire. Dans la vente il n'est d'aucune utilité de distinguer entre l'un et l'autre, mais pour la *cessio jure* il en est autrement.

1° Cas de *cessio* consentie par un héritier *ab intestat.*

L'acheteur dans la *cessio in jure* profite sans aucun doute des accroissements qui s'opèrent même après cette *cessio* dans un cas : c'est celui où elle est consentie par un héritier externe *ab intestat* avant qu'il n'ait fait adition. Le cédant transmet en effet au cessionnaire sa qualité d'héritier et par conséquent toutes les charges comme tous les avantages qui y sont attachés (Gaius II, § 35). — Si au lieu d'un héritier externe on suppose un héritier sien ou nécessaire, d'après les Sabiniens, la cession est nulle, mais d'après les Proculéens, au contraire, les choses doivent se passer comme dans le cas de cession faite par un héritier externe *ab intestat* après adition.

Quand l'héritier externe fait la *cessio* non plus avant, mais

1. La *cessio in jure* n'existe plus sous Justinien.

après l'adition d'hérédité, il n'en reste pas moins héritier et on règle cette situation comme s'il s'était agi de la cession des choses corporelles composant l'hérédité : la propriété de ces choses est transférée au cessionnaire ; quant aux dettes, elles restent à la charge du cédant, car, en acceptant, il s'est constitué débiteur des créanciers de l'hérédité et dès lors il ne peut plus se dégager d'eux par la *cessio in jure.* Quant aux créances, elles sont éteintes : par la *cessio in jure*, l'héritier a renoncé autant qu'il était en son pouvoir à tous les droits de l'hérédité et par conséquent à ses droits de créancier sur les débiteurs de l'hérédité ; et, d'un autre côté, le cessionnaire ne devient pas propriétaire des créances, parce que la *cessio in jure* n'en transfère pas la propriété.[1]

Quid dès lors des accroissements ? On leur appliquera les mêmes règles : les biens corporels des parts vacantes iront au cessionnaire, car le cédant a renoncé au profit de ce dernier à tout ce qui pourrait lui revenir de l'hérédité ; quant aux créances, elles seront éteintes, et quant aux dettes et charges, elles seront supportées par le cédant.

2° — Cas de cession consentie par un héritier testamentaire. Il ne peut être question que d'une cession faite après l'adition. Celle qui aurait eu lieu avant l'adition serait nulle et de nul effet, car on ne peut pas transmettre à un tiers un droit qui est seulement offert par le testateur. Mais si c'est après l'adition que s'est opérée la cession, dans ce cas, comme l'institué est devenu propriétaire les choses se passent, sous tous les rapports, de la même manière que dans le cas de

---

1. La *cessio in jure* se compose de deux parties : une renonciation de la part du cédant et une affirmation de la part du cessionnaire. A l'égard des créances, on donne effet à la première partie de la *cessio*, mais non pas à la seconde.

cession faite *in jure* par un héritier externe *ab intestat* après adition. (Gaius III, § 86.)

Lorsqu'il se trouve dans la succession un fidéicommis à titre universel, à la charge de l'un des cohéritiers, si la part d'un autre cohéritier devient vacante, l'accroissement profite-t-il à l'héritier fiduciaire ou au fidéicommissaire ? Beaucoup d'auteurs pensent que la part vacante appartient à l'héritier direct; car, disent-ils, malgré le fidéicommis sa qualité d'héritier lui reste, et, de plus, on n'a pas à craindre que le défunt meure partie *testat* et partie *intestat*. On s'appuie aussi sur les *L.* 83 *de acq. vel omitt. hæred.* (29.2) *et L.* 43 *ad S. c. Trebell.* (36.1), mais ces deux textes, loin de corroborer ce système, viennent au contraire à l'appui de la thèse opposée, car l'un dit que dans le cas d'un fidéicommis tacite, le fiduciaire ne doit jouir d'aucun accroissement, *quia rem videtur non habere,* et l'autre que, dans le cas d'une restitution forcée, c'est-à-dire ordonnée au fiduciaire, les accroissements opérés jusqu'au moment de cette restitution, doivent profiter au fidéicommissaire.

Il vaut mieux résoudre cette question comme celle qui se présente dans le cas de vente et par identité de raisons. L'objet du fidéicommis, comme l'objet de la vente, c'est l'*hereditas ;* les portions vacantes ne sont que des parties de la totalité à laquelle le fiduciaire était appelé dès le principe et avec charge de restitution. Les parts vacantes vont donc au fiduciaire, mais alors il est obligé de les restituer au fidéicommissaire. Cette obligation qui lui est imposée pèse indistinctement sur toutes les parts qui peuvent lui accroître, peu importe, qu'il ait déjà ou qu'il n'ait pas encore donné sa propre part au fidéicommissaire.

En ce sens : Marezoll, *Zeitschrift.* VI, p, 335. Thibaut, p. 995. — En sens contraire : Gluck, XVI, p. 365. Baumeister, p. 121. Muhlenbruch, § 763, note 22. Puchta; § 547 .

Après ces notions générales, il nous faut étudier l'accroissement entre cohéritiers de plus près et distinguer, à cet effet, deux cas : les héritiers sont appelés ou par la volonté du défunt, ou par la volonté de la loi ; de là, deux espèces d'accroissements : l'accroissement entre cohéritiers testamentaires et l'accroissement entre cohéritiers *ab intestat.* Quoique la succession *ab intestat* ne s'ouvre qu'à défaut de succession testamentaire, néanmoins, nous parlerons en premier lieu de l'accroissement entre co-héritiers *ab intestat*, parce que les règles qui le concernent sont beaucoup plus simples.

SECTION II.

De l'accroissement entre co-héritiers ab intestat.

§ 1. De l'accroissement entre co-héritiers ab intestat dans l'ancien droit.

On peut poser en règle que l'accroissement a lieu entre tous les héritiers *ab intestat,* excepté entre les héritiers siens. Ceux-ci, en effet, sont héritiers d'eux-mêmes (d'où le nom d'héritiers siens), c'est-à-dire de plein droit, sans avoir besoin d'accepter, bon gré, mal gré, et même à leur insu. Dès lors étant investis de leurs parts, *ipso jure,* ils les transmettent toujours et nécessairement à leurs héritiers et il n'y a jamais lieu à accroissement.

Au contraire, le *jus accrescendi* existe au profit des autres héritiers *ab intestat* précisément par la raison que l'hérédité ne leur est acquise qu'au moyen de l'adition. Si l'un d'eux meurt avant d'avoir accepté, sa part ne passe pas à ses héritiers, mais accroît à celles de ses co-héritiers. Pour qu'il y ait lieu à accroissement entre eux, il faut nécessairement que tous ne fassent pas défaut, mais l'un ou quelques-uns d'entre eux, seulement; on applique alors les règles: *concursu tantum partes fiunt; cessante concursu, cessant partes.* Si tous meurent ou répudient, ou sont incapables, ou ne demandent pas la *bonorum possessio* dans les délais prescrits, il s'opère une dévolution de la succession, non pas au profit du degré suivant du même ordre, mais au profit de l'ordre suivant.

L'accroissement a lieu entre cohéritiers *ab intestat:* 1° forcément, sans que le défunt puisse le prohiber par *codicilles;* 2° à leur insu et même contre leur gré; 3° de portion à portion; 4° avec les charges (c'est-à-dire les dettes) et les fidéicommis (à titre particulier ou universel) comme avec les avantages. Il se fait entre successeurs prétoriens comme entre héritiers du droit civil; § *4, I. de s. c. Orphit.* (3. 4) *L.* 9 *de suis et leg. hæred.* (38. 16) § *8 I. de bon. poss.* (3. 9) Ulp. *Reg. lib.*, *tit.* 26, *lib.* 5. — Paul, *Sent. lib.* 4, *tit.* 8, § 26; *Cons. un. Quando non petentium partes petentibus adcrescunt* (6. 10).

Quant à la question de savoir si l'accroissement a lieu entre tous les co-héritiers qui ont accepté, elle se résout au moyen d'une distinction.

Si l'hérédité s'est partagée par tête, l'accroissement s'opère entre tous les héritiers et dans la proportion de leurs droits à l'hérédité entière.

Si, au contraire, le partage s'est fait par souches, il faut sous-distinguer: ou bien la part entière de toute une souche vient à vaquer, et alors elle se partage entre les autres souches proportionnellement au droit de chacune d'elles; ou bien parmi plusieurs personnes formant une même souche et appelées à la succession par représentation, l'une d'entre elles seulement fait défaut; alors sa part ne se divise pas entre toutes les souches, mais se partage exclusivement entre les héritiers de la même souche. Cette solution est facile à justifier. D'abord elle se base sur l'équité : si la part vacante profitait aux autres souches, celles-ci prendraient dans la succession plus qu'il ne leur est dû. Ensuite, même en vertu des seuls principes du droit, il n'en saurait être autrement; pour qu'une part accroisse aux autres, il faut qu'elle soit vacante ; or, elle ne l'est pas tant qu'il reste des héritiers de l'héritier, appelés par représentation, puisque chacun d'eux représente ce dernier pour la totalité. Enfin, on peut dire jusqu'à un certain point que les cohéritiers d'une même souche sont conjoints légalement (*conjuncti ege*).

Du reste, on formule d'une manière bien simple la règle selon laquelle la part vacante doit se partager entre héritiers *ab intestat,* en disant : Le partage s'opère comme si la part vacante n'avait jamais existé. Cette formule s'applique au partage par souches comme au partage par têtes. Des exemples vont le démontrer.

1° Partage par têtes. Soit un *de cujus* ayant pour héritiers *ab intestat* ses trois frères *agnats*, Primus, Secundus et Tertius. Primus et Secundus acceptent ; Tertius fait défaut. Si tous trois étaient venus à la succession, chacun d'eux aurait obtenu un tiers ($^1/_3$). Primus et Secundus commencent donc par prendre chacun un tiers ($^1/_3$). Reste le tiers de Tertius, qui se partage entre Primus et Secundus, de telle sorte que chacun d'eux obtient, outre son tiers, un sixième de la succession ($^1/_3 + ^1/_6$) c'est-à-dire trois sixièmes ($^3/_6$) ; or, $^3/_6 = ^1/_2$ ou la moitié. Qu'auraient-ils obtenu s'ils avaient été seuls dès le principe ? La moitié ! Donc en cas de vacance, le partage se fait comme si la part vacante n'avait jamais existé.

2° Partage par souches. Soit un *de cujus* laissant trois souches : 1° son frère Primus ; 2° les enfants de son frère

Secundus, au nombre de deux ; 3° les enfants de son frère Tertius, au nombre de trois. — Chaque souche a droit à un tiers de la succession. Ainsi : Primus prend un tiers qu'il conserve pour lui seul ; les deux enfants de Secundus partagent leur tiers en deux et chacun obtient un sixième ($^1/_6$) ; les trois enfants de Tertius distribuent leur tiers en trois, de telle sorte qu'ils ont chacun un neuvième ($^1/_9$). Supposons maintenant qu'un des enfants de Secundus fasse défaut : sa part qui est d'un sixième va se joindre à celle de son frère qui obtient ainsi deux sixièmes ou un tiers ($^2/_6 = ^1/_3$). Le partage se fait donc comme s'il s'était trouvé seul *ab initio* dans sa souche. De même si l'un des troit enfants de Tertius ne vient pas à la succession, sa part qui est d'un neuvième ($^1/_9$) va se partager entre ses frères, de telle sorte que chacun de ces derniers acquiert, outre son neuvième, un dix-huitième, c'est-à-dire un sixième, car $^1/_9 + ^1/_{18} = ^3/_{18} = ^1/_6$. Or, qu'aurait obtenu chacun d'eux s'ils avaient été seuls dès le principe ? La moitié d'un tiers ou un sixième. Donc le partage se fait comme si la part vacante n'avait jamais existé.

§ 2. Accroissement entre cohéritiers ab intestat sous Justinien.

Plusieurs modifications aux principes qui viennent d'être posés ont été introduites par ce prince.

1° Nous avons vu que quand tous les héritiers du même degré meurent ou répudient ou ne demandent pas la *bonorum possessio* dans les délais prescrits par le prêteur, la succession passe à l'ordre suivant et non pas au degré immédiatement supérieur du même ordre. Justinien a abrogé cette règle et établi que désormais il y aurait dévolution au degré suivant du même ordre ; mais cette modification concerne plutôt l'ordre général des successions que le droit d'accroissement.

2° L'accroissement a lieu avant comme après Justinien, *cum onere*, seulement, avant ce prince, les charges ne pouvaient consister que dans des dettes et des fidéicommis, tandis qu'à partir de son règne le défunt peut aussi grever ses héritiers *ab intestat* de legs, ceux-ci ayant été complétement assimilés aux fidéicommis. Du reste, ces charges ne peuvent leur être imposées que par codicilles; il ne saurait être question de testament, et, de plus, elles ne se transmettent avec l'actif vacant qu'autant que le défunt a entendu en grever quiconque recueillerait sa succession.

3° Ce que nous avons dit de la nécessité où se trouvaient les héritiers externes (testamentaires ou *ab intestat*) de faire adition pour transmettre leurs parts à leurs héritiers, a été profondément modifié par les Constitutions de Théodose et de Justinien, comme nous l'avons déjà fait remarquer en parlant de la *transmissio Theodosiana* et de la *transmissio Justinianea*. Nous savons qu'une Constitution de Théodose et de Valentinien, statuant sur le cas de succession testamentaire, a déclaré que les descendants institués par leurs ascendants, même lorsqu'ils seraient simples héritiers externes, transmettraient leurs droits à leurs héritiers, pourvu qu'ils soient morts avant l'ouverture des tables du testament. *Const. un. de his qui ante apertas tab.* (6. 52.) Eh bien, Justinien a étendu et généralisé ce bénéfice: il a décidé que quand un héritier quelconque, même *ab intestat*, décède avant d'avoir accepté ou répudié la succession, si son décès arrive dans le délai qui lui est donné pour délibérer (délai qui ne peut pas dépasser un an), il transmet à ses héritiers le droit de faire adition en son nom et non pas en leur nom, pendant le reste du délai. Dans ce cas donc, il n'y a plus, comme précédemment, accroissement de la part de ce défunt à ses co-héritiers.

4° Justinien, en modifiant dans sa Novelle 118 l'ordre

des successions, a aussi, pour un cas, changé les règles de l'accroissement. Il décide dans cette Novelle, que quand il se trouve plusieurs ascendants du même degré[1] dans les deux lignes, si ces ascendants sont appelés à l'hérédité, on doit partager la succession en deux moitiés, l'une pour la ligne paternelle, l'autre pour la ligne maternelle (de là le nom de partage *in lineas*); puis, chaque moitié se partage par tête entre les ascendants du même degré de chaque ligne. Si la part de l'un de ces ascendants vient à se trouver vacante, elle accroît non pas à tous les ascendants, ses co-héritiers dans les deux lignes, mais seulement aux ascendants de sa ligne appelés en même temps que lui à l'hérédité.

SECTION III.

De l'accroissement entre cohéritiers testamentaires.

Trois législations se sont succédé en cette matière : la législation primitive; celle des lois caducaires; celle de Justinien.

§ 1. Droit ancien ou époque antérieure aux Lois Papiennes.

Pour éclaircir une matière aussi délicate, il est nécessaire de bien limiter les questions et de les étudier les unes après les autres. C'est pourquoi nous allons subdiviser ce paragraphe en trois parties: 1° en vertu de quelles règles s'opère

---

1. Il faut que les ascendants soient du même degré : s'ils étaient de degrés différents, la succession ne se partagerait plus entre les deux lignes; l'ascendant du degré le plus proche exclurait les autres, non-seulement de sa ligne, mais encore de l'autre ligne.

l'accroissement au profit des cohéritiers testamentaires? 2° comment s'opère-t-il? 3° au profit de qui?

1° *En vertu de quelles règles a lieu l'accroissement entre co-institués?* — Pour répondre à cette question, il suffit d'appliquer les principes généraux précédemment exposés Ainsi, lorsque plusieurs personnes ont été instituées, si l'une d'elles répudie ou se trouve incapable de recueillir, ou meurt avant l'adition, sa part vacante ne va pas aux héritiers *ab intestat*, mais accroît, c'est-à-dire, se réunit à celles des autres co-institués qui acceptent. Cette solution est vraie, même dans l'hypothèse où le testateur a déterminé la part de chaque héritier, car il n'est censé avoir fait cette distribution que pour régler le concours. Cependant nous avons déjà vu que comme les militaires peuvent mourir partie *testat* et partie *intestat*, non-seulement les textes décident qu'ils ont le droit de prohiber l'accroissement, mais ils vont même jusqu'à poser cette présomption que le seul fait de la part du testateur militaire d'avoir distribué son hérédité entre ses héritiers, indique son intention de prohiber l'accroissement. Cela est tellement vrai que dans ce cas, si le testateur militaire entend que l'accroissement se fasse entre institués, il doit l'ordonner d'une manière formelle; autrement les parts vacantes passeraient aux héritiers *ab intestat*. *L. 6, L. 37, de testam. milit.* (29. 1) *Const. 1, de test. mil.* (6. 21.) Cette différence si tranchée entre le cas d'un testament fait *jure communi*, et celui d'un testament militaire, se trouve nettement indiquée par les jurisconsultes romains, mais aucun d'eux ne nous apprend sur quels motifs elle repose, et, en réalité, il faut reconnaître qu'elle ne se justifie pas. Pourquoi l'accroissement s'opère-t-il de plein droit dans la succession d'un *paganus* et ne se fait-il que sur la déclaration formelle du testateur dans la succession d'un militaire? Sans doute, le militaire peut décéder partie *testat* et partie *intestat ;* mais cela n'est pas une raison pour prohiber l'accroissement. Il peut parfaitement se faire qu'un soldat ait entendu que l'accroissement s'opère entre ses co-institués, sans qu'il l'ait dit d'une manière formelle, comme, par exemple, lorsqu'il a partagé toute son hérédité entre tous ses héritiers testamentaires ; il résulte bien évidemment de cette disposition qu'il les préfère aux héritiers *ab intestat* et cependant ceux-ci profiteront des parts vacantes. Comme on le voit, les règles des jurisconsultes romains sur ce point ne se justifient nullement et aboutissent souvent à des résultats contraires à l'intention du testateur. On comprend que la loi romaine ait distingué, quant aux formes des testaments, entre le militaire et le bourgeois et se soit montré très-large à l'égard de celui-là, non-seulement à cause de l'ignorance ordinaire des militaires, mais encore, et surtout, à raison des positions tout à fait exceptionnelles dans lesquelles ils peuvent se trouver à la guerre ; on comprend encore qu'un militaire puisse prohiber l'accroissement, puisqu'on ne lui applique pas la règle ; « *nemo paganus*, etc. Mais, encore une fois, l'obliger à s'expliquer formellement pour que l'accroissement se fasse entre ses coinstitués, c'est établir entre le *paganus* et lui une différence qu'on ne peut expliquer.

2° *Comment s'opère l'accroissement entre co-institués ?* — Les règles générales sont les mêmes que pour les co-héritiers *ab intestat.* L'accroissement se fait de plein droit, sans que les héritiers aient besoin de faire de nouvelles aditions, à leur insu et même contre leur gré, de portion à portion et avec les charges, *cum onere,* quand le testateur n'a pas eu spécialement en vue la personne du défaillant. Chaque héritier prend dans la portion vacante une part proportionnelle à celle qu'il a relativement à toute l'hérédité.

3° *Au profit de quels co-institués a lieu l'accroissement ?* —

A cet égard la loi laisse une grande latitude au testateur : il faut donc, pour résoudre cette question, s'attacher avant tout aux termes du testament. Si le testateur est obligé de disposer de toute son hérédité au profit de ses institués, du moins la loi lui permet de la répartir entre eux à sa guise et de leur attribuer des parts différentes. Il peut, tantôt donner à chacun une part distincte, tantôt considérer tous ses héritiers comme constituant diverses souches, tantôt décider que tels d'entre eux seront considérés comme n'ayant qu'une seule part, de telle façon que si l'un d'eux fait défaut, ceux-là seuls qui sont appelés à cette même part profiteront de l'accroissement à l'exclusion de tous les autres héritiers. En un mot, il faut examiner, pour distribuer les parts vacantes, la manière dont les institutions ont été faites pour reconnaître l'intention du testateur. C'est pourquoi nous allons voir quelles sont les diverses espèces d'institutions et ensuite nous étudierons leurs effets, en ce qui concerne l'accroissement.

I. DES DIFFÉRENTES ESPÈCES D'INSTITUTION.

On distingue deux espèces d'institutions : les institutions faites *disjunctim* et les institutions faites *conjunctim.*

A. *Institutions faites disjunctim.* — On dit que les institutions ont lieu *disjunctim*, lorsque chaque héritier a été institué par une disposition distincte et pour une part spécialement déterminée par le testateur. Exemple : « *Titius pro dimidia partes hæres esto* ; *Sempronius pro quarta parte hæres esto ; Seius pro quarta parte hæres esto.* » Dans ce cas, de la manière dont les institutions ont été faites, il résulte que la volonté du testateur est d'appeler indistinctement tous les institués à profiter de l'accroissement. C'est pourquoi, si une part devient vacante, elle se répartit entre tous les autres proportionnellement à la quotité de chacun. Ainsi, dans notre exemple, si c'est la part de Titius qui se trouve libre, elle se répartit en deux portions égales, entre Sempronius et Seius; si c'est, au contraire, celle de Seius, Titius en prend les deux tiers et Sempronius un tiers, le premier ayant une part deux fois plus forte que le second.

B. *Institutions faites conjunctim.* — On peut définir, *lato sensu, la conjunctio* toute vocation de deux ou plusieurs personnes à une même chose. Dans ce sens large, tous les héritiers, même ceux que nous venons d'appeler *disjuncti* sont conjoints, car ils sont tous appelés éventuellement à la totalité de l'hérédité. Cette *conjunctio* porte aussi le nom de conjonction légale, parce qu'elle résulte de la volonté de la loi; tacite, parce qu'elle existe au profit de tout co-institué sans que le testateur ait besoin d'en parler (*L.* 9 *de suis et leg. hæred.* 38. 46. *L.* 1, § 9, *ad. s. c. Tert.* 38. 17, *L.* 67. *de acq. vel omitt. hæred.* 29. 2); nécessaire, car elle a lieu même contre le gré du testateur et des héritiers. Cette conjonction légale existe même dans les successions *ab intestat* (Lauterbach, *Colleg. theor. pract. L.* 30, § 65 *et* 66). Entre colégataires, au contraire, on ne la rencontre jamais et, pour qu'il y ait lieu à accroissement à leur profit, il faut nécessairement une autre conjonction. A la conjonction légale, tacite et prise *lato sensu*, on oppose en effet la *conjunctio stricto sensu*, formelle, facultative, résultant de la volonté de l'homme. On dit, dans ce dernier sens, que plusieurs co-héritiers sont conjoints, *conjuncti stricto sensu,* lorsqu'ils sont appelés concurremment à la même quote-part de l'hérédité et au regard de tous les autres héritiers, de sorte qu'ils sont censés former entre eux une seule souche et que si l'un d'eux fait défaut, les autres co-héritiers de cette même souche profitent seuls de l'accroissement. De même que tous les héritiers sont *conjuncti lato sensu,* quand le testateur les appelle tous sans exception à la totalité de l'hérédité; de même, par la volonté du testateur, il peut se former une *conjunctio* spéciale et restreinte (*stricto sensu*) entre quelques-uns seulement des co-héritiers et à l'égard d'une quote-part de la succession. Dans ce cas, ces co-institués, plus spécialement conjoints, sont censés ne former qu'une seule personne et ne prendre qu'une seule part comme dans le cas de partage par souches dans les successions *ab intestat;* si l'un deux fait défaut, ils profitent seuls de l'accroissement à l'exclusion des autres. Autrement dit, en cas de concours entre les *conjuncti lege* (*vel lato sensu*) et les *conjuncti voluntate hominis* (*vel stricto sensu*), ceux-ci priment ceux-là, *nam provisio hominis tollit provisionem legis. Const.* 23, § 1, *in fine de legatis* (Lauterbach, *liv.* 30, § 71).

Cette *conjunctio stricto sensu* ne fait donc que restreindre l'accroissement entre certains co-institués. Quand il s'agit de légataires, elle joue un rôle beaucoup plus important, car elle est non plus seulement modificative, mais créatrice du droit d'accroissement.

Ainsi, par exemple, quand le testateur a disposé de sa fortune de la manière suivante : « *Titius et Mœvius ex parte dimidia hæredes sunto ; Seius ex parte dimidia hæres esto ;* » il est manifeste qu'il n'a pas entendu donner à ces trois personnes des droits égaux : *Titius et Mœvius* ne forment qu'une souche, et dès lors, si la part de l'un d'eux vient à vaquer, elle appartiendra préférablement à l'autre, plutôt qu'à Seius.

Pour qu'il y ait *conjunctio* (*lato vel stricto sensu*) il faut : 1° deux ou plusieurs institués : s'il n'y a qu'un héritier, il vient pour le tout, lors même que le testateur ne lui aurait formellement attribué qu'une partie de l'hérédité; 2° vocation à la même hérédité, ou à la même quote-part.

On distingue trois espèces de *conjunctiones stricto sensu* : *conjunctio re et verbis, conjunctio re tantum, conjunctio verbis tantum;* mais cette dernière n'est pas une véritable conjonction (*eine eigentliche wahre conjunctio*, dit Wangerow) et n'engendre pas un droit de préférence.

a) *Conjunctio re et verbis.* Elle se présente toutes les fois que deux ou plusieurs co-héritiers sont appelés par la même disposition à recueillir la même quote-part, sans indication de la part de chacun d'eux. Exemple : « *Primus et Secundus ex parte dimidia hæredes sunto.* »

Triplici modo conjunctio intelligitur, aut enim re per se conjunctio contingit, aut re et verbis, aut verbis tantum, nec dubium est quin conjuncti sint, quos et nominum et rei complexus jungit, veluti : « Titius et Mævius ex parte dimidia hæredes sunto » vel ita : « Titius Mæviusque hæredes sunto » vel : « Titius cum Mævio ex parte dimidia hæredes sunto. » L. 142 de verb. signif. (50.16). Voyez aussi : § 8 *l. de legatis* (2.20). — *L.* 59, § 2 *de hæred. inst.* (28.5). Dans tous ces exemples il y a *conjunctio re* parce que les co-institués sont appelés à la même quote-part et *conjunctio verbis*, parce qu'ils le sont dans la même disposition. La *conjunctio verbis* s'annonce ordinairement par l'emploi de particules copulatives, telles que *et*, *que*, *cum*, etc. *L.* 40 *de usu et usuf. legat.* (33.2) *L.* 36, § 2, *de legatis*, 1°. *L.* 142 *de verb. sign.* (50.16). Mais cependant les co-institués peuvent se trouver *conjuncti re et verbis* [1], malgré l'absence de toute particule copulative; il suffit qu'ils soient tous réunis dans une seule et même phrase, dans une seule et même disposition.

Videamus autem ne etiamsi hos articulos detrahas et, que, cum, *interdum* [2] *tamen conjunctos accipi oporteat, ve-*

1. Au lieu de *conjuncti re et verbis*, quelques auteurs disent *conjuncti mixtim*.

2. Le texte dit *interdum*, parce que sa règle n'est pas toujours vraie. Il faut dire avec Paul : *Oratio quæ neque conjunctionem, neque disjunctionem habet, ex mente pronuntiantis, vel disjuncta vel conjuncta accipitur.* (L. 28. § 1. *de verb. sign.* 16. 50.)

luti : « Lucius Titius, Publius Mœvius ex parte dimidia hæredes sunto. » ; vel ita « Publius Mœvius, Lucius Titius hæredes sunto ; Sempronius ex parte dimidia hæres esto » ut Titius et Maevius veniant in partem dimidiam, et re et verbis conjuncti videantur. L. 142, *de verb. sign.* (50.16).

Dans ce texte de Paul, *Publius Mœvius et Lucius Titius* sont *conjuncti re et verbis*, quoiqu'ils ne soient pas réunis par une particule copulative, par la raison que la moitié de l'hérédité leur est attribuée *in solidum* et dans une seule et même phrase. C'est dans le même sens que la Loi 59, § 2 *de hæred. inst.* (28.5) nous dit :

« *Titius hæres esto, Seius et Mœvius hæredes sunto. Verum est quod Proculo placet duos semisses esse quorum alter conjunctim duobus datur.* »

Cette loi n'est pas en contradiction avec le fr. 17, § 1. *ib.* Dans ce dernier texte, en effet, il s'agit d'institués *sine portione*, sans désignation de parts, mais *separatim*. Or, la seule circonstance que plusieurs héritiers sont institués sans limitation de parts, ne suffit pas pour que la *conjunctio* existe entre eux, il faut encore que le testateur les ait appelés par une seule et même disposition. L. 63. *eod. tit.*

La *conjunctio re et verbis* résulte aussi de la vocation commune de plusieurs co-institués sous un nom collectif. L. 11. L. 13. *pr. de hæred. inst.* (28.5) L. 7 *de usuf. accresc.* (7.2.)

b) *Conjunctio re tantum.* Il y a *conjunctio re tantum* lorsque les co-héritiers sont appelés par des dispositions différentes à recueillir la même quote-part de l'hérédité, sans détermination de parts, comme, par exemple, quand le testateur a dit : « *Lucius Titius pro dimidia parte hæres esto ; Seius ex parte qua Lucium institui hæres esto.* » Il est indispensable : 1° que les co-héritiers soient appelés par des dispositions différentes, car autrement il y aurait *conjunctio re et verbis* ; 2° qu'ils soient institués pour la même quote-part, et

3° sans limitation de parts. Ainsi, quand le testateur a mis « *Titius hæres esto; Gaius et Seius æquis partibus hæredes sunto,* » il n'y a pas entre ces deux derniers conjonction *re tantum* (mais conjonction *verbis tantum*), car en disant « *æquis partibus* » le testateur a attribué deux parts différentes, comme s'il avait écrit : « *Gaius pro quarta parte hæres esto; Seius pro quarta parte hæres esto.* » L. 66 *de hæred. inst.* (28.5.) Au contraire, dans la loi suivante, il s'agit d'un cas de *conjunctio re tantum.*

« *Lucius Titius ex parte dimidia hæres esto; Seius ex parte qua Lucium Titium hæredem institui, hæres esto; Sempronius ex parte dimidia hæres esto.* » *Julianus dubitare posse, tres semisses facti sint, an Titius in eumdem semissem cum Seio institutus sit; sed eo quod Sempronius quoque ex parte dimidia scriptus est, verisimilius esse, eumdem semissem duos coactos et conjunctim hæredes scriptos esse.* L. 142, *in fine, de verb. sign.* (50.16). Ainsi, d'après cette loi, Sempronius est appelé pour une moitié et Titius et Seius sont institués pour l'autre moitié; seulement, comme ils le sont par des dispositions séparées, il faut décider qu'ils sont *conjuncti re tantum.* Julien en avait douté et s'était demandé si les trois institués n'étaient pas séparés, si le testateur n'avait pas distribué son hérédité en trois parts distinctes et égales; mais son opinion n'avait pas été admise et avec raison : on avait décidé que Titius et Seius étaient *conjuncti re tantum,* et que par conséquent l'hérédité devait se partager en deux moitiés, l'une pour ces derniers, l'autre pour Sempronius. Godefroy (sur cette loi) nous donne la raison de cette décision : *Ratio decidendi hæc est : Sempronius ex dimidia scriptus est nominatim; est igitur verisimilius Titium et Seium ad alterum tantum semissem vocatos, nam ex asse si dimidium sustuleris, quod remanebit erit alteri dimidio æquale.* Il est vrai que le testateur n'est pas obligé de diviser son hérédité en douze onces; mais, enfin, dans le doute on doit présumer qu'il s'est conformé à la règle ordinaire.

La loi 15 *de hœred inst.* (28. 5) est dans le même sens que la L. 142.

c) *Conjuctio verbis tantum.* Il y a *conjuctio verbis tantum* lorsque le testateur laisse des parts différentes dans la même disposition et lorsque plusieurs héritiers sont appelés par la même disposition à la même quote-part, mais avec désignation de parts; 1er exemple: *Seius pro semisse et Titius pro sextande hœredes sunto; Felix pro reliqua parte hœres esto;* » Seius et Titius sont réunis dans une même disposition, mais pour des parts différentes; 2e exemple: *Gaius et Mœvius œquis partibus hœredes sunto; Titius hœres esto.* »

La conjonction *verbis tantum* n'en est pas une à proprement parler, précisément parce que chaque institué se trouve appelé à une part distincte; or, toute conjonction dans le sens exact de ce mot, suppose une vocation commune. *L.* 66., *de hœred. inst.* (28. 5).

II. De la manière dont s'opère l'accroissement entre co-institués.

Après avoir énumeré les différentes espèces de *conjunctiones,* il est nécessaire d'en déterminer les effets. A cet égard on peut formuler les règles suivantes: 1° La *conjunctio* a pour résultat de donner naissance à un droit de préférence au profit des héritiers conjoints de telle sorte que si une de leurs parts devient vacante, elle se partage entre eux seulement, à l'exclusion des autres héritiers; 2° la *conjunctio verbis tantum* ne constituant pas une *conjunctio* proprement dite, ne donne pas lieu à un droit de préférence: tout se passe comme si les héritiers étaient *separati;* 3° la *conjunctio re et verbis* et la *conjunctio re tantum* produisent seules un droit de préférence, mais quelquefois toutes deux se trouvent en concours et alors on fait passer le *conjunctus re et verbis* le premier, sauf le cas où il s'agit d'un *conjunctus re tantum* qui ne l'est qu'avec un des *conjuncti re et verbis.*

Si maintenant nous appliquons les notions qui précèdent, nous sommes amenés à déterminer l'ordre dans lequel s'attribuent les portions vacantes entre co-héritiers testamentaires d'après les distinctions suivantes :[1]

A. *L'institué dont la part se trouve vacante n'est conjoint avec personne (separatus).* — Sa part se distribue entre tous les autres *pro portione hæreditaria. L.* 59, § 3. *de hæred. inst.* (28. 5) *L.* 63, *in fine, ib. L.* 66. *ib. Cons. un. de cad. toll.* (6. 51). Si parmi les autres héritiers les uns sont disjoints, les autres conjoints entre eux, ces derniers sont censés former une seule personne et ne prennent à eux tous qu'une part : on opère ici comme dans le partage par souches des successions *ab intestat* (*Voët.* 29. 2. 39). Par exemple, dans le cas d'un testament ainsi conçu : « Primus et Secundus *hæredes mihi sunto ;* Tertius *hæres esto ;* Quartus *hæres esto ;* Quintus et Sextus *hæredes sunto.* » Si Ter-

---

1. Les auteurs sont loin de s'accorder sur cette matière. Les uns disent que la *conjunctio re et verbis* produit seule un droit de préférence (Thibaut, Syst. § 995. — Braun, p. 765. — Rosshirt, *Der succ. test.* § 165. — Seuffert, III, § 598. — Macheldey, § 699). D'autres prétendent qu'il faut s'attacher uniquement à la *conjunctio verbis*, qui seule donne lieu à un droit de préférence (Gans, Droit de succ. II, p. 426. Rudorff. Dans la *Zeitschrift* VI, p. 426. — Mayer, Droit d'accroissement, p. 215). D'autres placent les trois *conjunctiones* sur la même ligne et leur font produire les mêmes effets. (Baumeister, Droit d'accroissement, § 22 à 25. Hunger, *Succ.* p. 506). Enfin un assez grand nombre d'auteurs professent à quelques nuances près, la théorie que nous allons exposer. (Gœschen, *Obs. jus rom.*, p. 99. Zimmern, *in seinen römischen Rechts-Unters.*, n° 4, *S.* 89. *u. folg.* — Mulhenbrüch, *Lehrbuch*, § 789. — Voyez encore Machelard, p. 10 et suiv. — Wangerow, *Lehrbuch*, etc.).

tus fait défaut, sa part vacante se répartit en trois portions égales : l'une pour Primus et Secundus, l'autre pour Quartus ; la troisième pour Quintus et Sextus.

B. *La part vacante est celle d'un institué qui se trouvait conjoint à un ou plusieurs autres.* — Ce cas se décompose en plusieurs hypothèses : *a*) l'institué qui fait défaut était *conjunctus re et verbis.* La part profite aux héritiers avec lesquels il était *conjunctus,* à l'exclusion de tous les autres. Cette conjonction indique en effet l'intention de la part du testateur de créer une préférence au profit de ceux qu'elle concerne.

b) Cet institué était *conjunctus re tantum.* Même solution que dans le cas précédent, et pour les mêmes motifs. Ainsi lorsqu'un testateur a institué : 1° conjointement pour une même moitié, deux personnes, dont au moment de son décès, l'une vit encore et l'autre est morte ; 2° séparément une troisième personne, ces deux héritiers survivants prennent chacun une moitié, car la part du défunt profite exclusivement à celui qui lui était conjoint. *L.* 20, § 2, *de hæred. inst.* (28. 5). — Thibaut ne partage pas ce système. D'après cet auteur, il faut refuser aux *conjuncti re tantum* tout droit de préférence, parce que tous les co-institués appelés à une même hérédité sont tous *conjuncti re.* Qui ne voit immédiatement que cette théorie résulte d'une confusion d'idées : Thibaut confond la *conjunctio lato sensu* et la *conjunctio stricto sensu.* Sans doute tous les co-héritiers sont *conjuncti re* au regard de l'hérédité, mais cette *conjunctio* existe de plein droit, sans que le testateur soit obligé d'en parler et par simple application de la maxime : *nemo partim testatus, partim intestatus mori potest.* Mais à côté de cette *conjunctio,* il en est une autre qui résulte uniquement de la volonté du testateur, la *conjunctio stricto sensu* et à laquelle on donne le pas sur la précédente. Du reste, le système de

Thibaut n'a jamais pu venir à l'esprit des Romains, car, comme le fait parfaitement remarquer Wangerow, « ils admettaient que la *conjunctio re tantum* produit un droit d'accroissement entre co-légataires. Par la même raison, elle doit donner lieu à un droit de préférence entre héritiers *conjuncti re* à l'égard des autres héritiers. Dans l'un et l'autre cas, la *conjunctio* est la preuve d'une préférence de la part du testateur. »

Du reste, notre système s'appuie sur les *L.* 20, § 2 et *L.* 59, § 3, *de hæred. inst.* (28. 5). En vain Thibaut, pour repousser ces textes, prétend-il qu'il s'agit dans ces lois de *conjunctio re et verbis*, car il résulte nettement de la *L.* 15 *ib*, *et de la L.* 142, *in fine*, *De verb. sign.* (50. 16) qu'il n'y a pas lieu de distinguer entre la *conjunctio re tantum* et la *conjunctio re et verbis* pour le cas d'accroissement entre co-héritiers, en ce sens que toutes deux engendrent un droit de préférence.

c) La part vacante est celle d'un institué, à la fois *conjunctus re et verbis* d'un côté, et d'un autre côté, *conjunctus re tantum*. Il y a donc ici concours entre la *conjunctio re et verbis* et la *conjunctio re tantum*. Laquelle l'emportera? il faut distinguer deux hypothèses :

1re *hypothèse.* L'héritier *conjunctus re tantum* est en même temps conjoint avec tous les *conjuncti re et verbis.* Exemple: *Primus et Secundus pro quarta parte hœredes sunto ; Tertius pro eadem quarta parte heres esto ; Quartus pro reliqua parte hœres esto.* Dans cet exemple, Quartus est institué *separatim :* nous n'avons donc pas à nous en occuper. Primus et Secundus sont conjoints *re et verbis.* Tertius est conjoint *re tantum* avec Primus et Secundus. Supposons maintenant que la part de Secundus devienne vacante. Ira-t-elle se joindre à celle de Primus, qui est *conjunctus re et verbis*, ou à celle de Tertius, qui est *conjunctus re tantum ?* La réponse est que la part vacante doit être attribuée de préférence au *conjunctus re et verbis* (Primus) sur le *conjunctus re tantum* (Tertius), parce que ce dernier est conjoint *re tantum* avec tous les *conjuncti re et verbis*. La loi 34 *pr. De legatis*, 1° nous donne la raison de cette solution pour le cas de legs et elle s'applique évidemment à celui de succession testamentaire: «*Si conjuncti disjunctique*[1] *commixti sint, conjuncti unius personæ potestate funguntur.*» Ainsi Primus et Secundus sont censés ne former qu'une seule personne; mais il suffit que l'un d'eux vienne à la succession pour que la part qui leur était destinée ne se trouve pas vacante, et dès lors il ne peut être question d'accroissement au profit de Tertius.

2° *hypothèse.* — Le *conjunctus re tantum* l'est seulement avec l'un des *conjuncti re et verbis*. Exemple: *Primus ex parte dimidia hæres esto; Secundus et Tertius ex altera dimidia parte hæredes sunto; Quartus ex parte qua Tertium institui, hæres esto.*» Ainsi: Primus est institué *separatim* pour moitié et nous n'avons pas, dès lors, à nous en occuper; l'autre moitié est donnée à Secundus et à Tertius, qui sont *conjuncti re et verbis*; enfin vient Quartus, qui est *conjonctus re tantum*, mais seulement avec Tertius et non avec Secundus, puisqu'il est héritier pour la même part que Tertius; dès lors, si tous viennent à l'hérédité:

Primus aura la moitié; Secundus et Tertius prendront l'autre moitié, qu'ils se partageront de telle sorte que chacun d'eux aura un quart. Mais ensuite viendra Quartus, qui est institué pour la même part que Tertius, c'est-à-dire un quart; dès lors ils diviseront ce quart et obtiendront ainsi chacun un huitième. L'hérédité sera donc distribuée de la manière suivante:

1. *Disjunctus* est synonyme entre co-légataires de *conjunctus re tantum*.

Primus aura la moitié $1/2$

Secundus et Tertius l'autre moitié $1/2$, c.-à-d.	Secundus $1/4$	
	Tertius $1/4$ qu'il partage avec Quartus	Tertius $1/8$
		Quartus $1/8$

Supposons maintenant que Tertius fasse défaut. Sa part accroît-elle à Secundus, qui aurait alors $1/4 + 1/8$, c'est-à-dire $3/8$ ou à Quartus, dont la part s'élèverait alors à $1/8 + 1/8$, c'est-à-dire $1/4$? Il faut décider que la part de Tertius profite à celle de Quartus.

Conclusion : Le *conjunctus re tantum* l'emporte sur le *conjuncti re et verbis*, quand il n'est conjoint qu'avec un seul de ces derniers. Cette décision n'est qu'une application de l'intention présumée du testateur. Supposons, en effet, que tous les co-héritiers viennent à l'hérédité. Dans ce cas, comme nous l'avons vu tout à l'heure, Secundus et Tertius obtiendront chacun un quart, parce qu'ils sont *conjuncti re et verbis* pour la moitié. Mais, ce premier partage effectué, Quartus viendra réclamer à Tertius la moitié de son quart, c'est-à-dire un huitième, puisqu'il est institué pour la même part. En définitive donc, Secundus obtiendra $1/4$, Tertius $1/8$. Mais l'intention du testateur est-elle que Quartus prenne seulement $1/8$? Non. Il veut que Quartus ait la même part que Tertius. Or, Tertius a droit à $1/4$; s'il partage ce quart, c'est uniquement à cause de son concours avec Quartus. *Concursu tantum partes fiunt.* En sens inverse : Quartus ayant droit à la même part que Tertius, devrait prendre un quart, et s'il ne l'a pas, c'est parce qu'il concourt avec Tertius. *Cessante concursu, cessant partes.* Si donc Tertius fait défaut, Quartus obtiendra un quart. L'intention du testateur est donc bien évidemment de donner un droit de préférence à Quartus, *conjunctus re tantum*, sur Secundus, *conjunctus re et verbis*, à l'égard de la part de Tertius, quand il dit : « *Quartus ex parte qua Tertium institui hæres esto.* »

d) La part vacante est celle d'un *conjunctus verbis tantum*. Nous avons déjà dit que la *conjunctio verbis tantum* n'en est pas une à proprement parler. Aussi n'en tient-on nul compte et on partage la part vacante comme si elle avait été destinée à un *separatus*. *L.* 66 *de hœred. inst.*

Il est vrai qu'on a professé des opinions contraires. Ainsi, on a été jusqu'à prétendre que la *conjunctio re* n'est d'aucune influence en matière d'accroissement entre co-héritiers, que les droits de préférence entre co-institués résultent uniquement de la *conjunctio verbis tantum*. Mais le choix de textes que l'on a fait pour soutenir ce système (*L.* 17, § 1, *L.* 63, *L.* 59, § 2, *de hœred. inst.*) ne semble pas heureux; car les deux premiers ne disent pas un mot de la *conjunctio verbis*[1] et le dernier concerne évidemment la *conjunctio re et verbis*.

e) Il nous reste à examiner un cas sur lequel les jurisconsultes romains n'étaient pas d'accord. On suppose un défunt dont le testament est ainsi conçu : « Que Primus soit mon héritier pour $^{6}/_{12}$; que Secundus soit mon héritier pour $^{5}/_{12}$; que Tertius soit mon héritier ; que Quartus soit mon héritier. » Ces deux derniers héritiers sont institués, sans désignation de parts; mais le testateur les appelle au reste de l'hérédité, c'est-à-dire à $^{1}/_{12}$, lequel se partage en deux, de telle sorte que Tertius obtient $^{1}/_{24}$ et Quartus $^{1}/_{24}$. Si l'un d'eux seulement était venu à l'hérédité, il aurait obtenu à lui seul le dernier douzième. Faut-il dès lors en conclure que Tertius et Quartus sont *re conjuncti*, que le testateur a entendu créer entre eux un droit de préférence, que si la part de l'un fait défaut, elle accroîtra à l'autre ? Certains jurisconsultes pensaient ainsi ; mais, d'après

1. Ils sont relatifs au cas de co-institués sans désignation de parts.

d'autres, parmi lesquels on voit Ulpien et Celse, dans cette hypothèse, la seule circonstance que plusieurs héritiers sont institués sans limitation de parts, ne suffit plus pour produire entre eux la *conjunctio:* il faudrait en outre que le testateur les eût appelés par une seule et même disposition à cette quote-part, et non pas par des dispositions différentes. Ainsi, dans notre hypothèse, il aurait dû dire : Que Tertius et Quartus soient mes héritiers. Avec le système que nous venons d'exposer, on concilie parfaitement la *L.* 17, § 1 et 2 *de hæred. inst.* avec la *Loi* 63 *eod. tit.*[1]

§ 2. Du droit d'accroissement entre co-héritiers testamentaires sous l'empire des lois caducaires,

Il faut bien se garder de confondre la vacance d'une part héréditaire avec la caducité, les *bona vacantia* avec les *bona caduca*, le *jus accrescendi* avec la *caducorum vindicatio* (Hugo, *Hist. du dr. rom. II*, p. 178). La théorie de la caducité a été introduite par les lois papiennes rendues sous Auguste. Nous n'avons pas ici à commenter *in extenso* les dispositions des lois Julia et Papia Poppœa ; ce serait sortir du terrain de l'accroissement pour entrer sur celui de la caducité. Nous ne donnerons donc que des notions géné-

1. D'autres systèmes ont encore été proposés pour expliquer ces deux textes. On a distingué entre l'institution *sine parte*, c'est-à-dire celle où le défunt n'a déterminé aucune part dans l'institution. (Ex. Que Primus soit mon héritier ; Que Secundus et Tertius soient mes héritiers) et l'institut *sine partibus*, c'est-à-dire celle où des *quotes*-parts ont été déterminées, mais sans distribution entre les co-appelés à une même part. (Ex. : Que Primus soit mon héritier pour moitié ; Que Secundus et Tertius le soient pour l'autre moitié.) On a dit que la L. 17 se rapporte au premier cas, que dès lors, dans l'institution *sine parte*, il n'y a pas *conjunctio;* que la part vacante accroît à tous les co-institués indistinctement ; que la L. 63 ne s'oppose pas à cette interprétation, car il s'agit dans cette dernière d'institutions *sine partibus*. Zimmer a proposé un troisième système que l'on trouvera dans Wangerow.

rales sur ces lois et nous nous en occuperons ensuite sous le rapport des modifications qu'elles ont introduites dans le *jus accrescendi.*

Il est vrai que d'après certains auteurs, les parts caduques *accroissent* aux parts de certains des co-institués (aux *patres*), au profit desquels les lois papiennes ont introduit un droit de préférence. Toutefois, ce système repose sur une grande confusion entre la vacance et la caducité. Sans doute, dans le sens vulgaire du mot, les parts vacantes accroissent aux parts des *patres*, c'est-à-dire qu'elles les augmentent. Mais, il ne faut pas prétendre qu'il y a accroissement dans le sens technique de ce mot. L'attribution aux *patres* de la part caduque n'a pas lieu comme l'attribution de la part vacante en vertu du principe *concursu tantum partes fiunt*, mais par application d'une règle toute nouvelle introduite par les lois caducaires et qui consiste à procurer de grands avantages aux *patres* dans le but de pousser les citoyens à la procréation. Il s'agit donc là d'une attribution *lege* et non pas d'un accroissement. En deux mots, et, pour déterminer nettement l'influence des lois Julia et Papia Poppœa sur le *jus accrescendi*, on peut dire: ces lois ont décidé que le célibat et l'orbitas seraient une cause d'incapacité de recevoir, et la paternité un titre de préférence pour recueillir les parts des célibataires et des orbi. Sous ce rapport, elles n'ont modifié en rien le droit d'accroissement; mais d'un côté, elles lui ont fait subir d'importantes restrictions en convertissant des cas de vacance en cas de caducité, et, d'un autre côté, elles l'ont étendu en ordonnant le partage des *caduca* conformément aux règles de l'accroissement au profit de certaines personnes (*jus antiquum in caducis*).[1] Tel est

1. Toutefois ce nouveau droit d'accroissement ne reposait pas sur une vocation solidaire à la totalité de la succession comme le droit d'accroissement primitif: il dérivait avant tout d'une disposition formelle et tout arbitraire de la loi (d'Hauthuille, p. 12).

en résumé l'ensemble des principes que nous allons développer.

Ulpien nous donne la notion suivante des *bona caduca : Quod quis sibi testamento relictum, ita ut jure civili capere possit, aliqua ex causa non ceperit, caducum appellatum, veluti ceciderit ab eo.* Ulp. *Reg., lib. t.* 17, § 1. — On dit donc caduque, toute disposition laissée à une personne qui pouvait la recueillir en vertu du droit ancien, mais qui, par suite [illegible]une cause quelconque postérieure, en est devenue incapa[illegible]. Sont caducs : 1°) les biens déférés par testament à un hé[illegible] incapable de recueillir en tant que son incapacité [illegible] profiter de la disposition qui le concerne. [illegible]sonnes, il faut citer : 1° le *cœlebs.* L'institution [illegible] profit est caduque pour le tout ; 2° *l'orbus et le solitarius pater* dont les parts sont frappées de caducité, mais pour moitié seulement ; 3° *le mari et la femme, l'un à l'égard de l'autre.* D'après les *leges decimariæ* ils ne peuvent recueillir dans la succession, l'un de l'autre, qu'un dixième en pleine propriété et un tiers en usufruit ; si la disposition dépasse ce maximum, elle se trouve caduque pour le surplus;[1] 4° *le latin Junien.* Il ne peut recueillir aucune hérédité ;[2]

1. Un conjoint n'était en général autorisé à *solidum capere* vis-à-vis de son conjoint qu'autant qu'il y avait un enfant commun. L'existence d'enfants d'un autre lit n'ajoutait à la quotité disponible, restreinte en principe à un dixième, qu'un dixième de plus par chaque tête d'enfant. Cependant l'époux pouvait ici, de même que pour la capacité ordinaire, suppléer au défaut d'enfants communs par la concession impériale du *jus liberorum.* Ulp. *Reg. l.*, 16, § 1. Il y avait dès lors en cette matière un *jus liberorum* d'une nature particulière, nécessaire même au conjoint qui aurait eu des enfants non communs. C'est ce qui avait fait donner à ce droit dans son application *inter conjuges*, le nom de *jus communium liberorum* qui se rencontre dans certains textes du code Théodosien. (Machelard, p. 276.)

2. Ni aucun legs.

celle-ci est donc caduque s'il ne devient pas capable (Ulp. *Reg.*, *lib. t.* 17, § 1; Gaius II, § 111 et 286).

2°) Une deuxième cause de caducité s'applique aux biens qui ne peuvent être pris par l'héritier par suite d'un événement quelconque postérieur au décès du testateur, tel que le refus, la mort de l'héritier et antérieur à l'ouverture des tables du testament, *ante apertas tabulas* (Ulp., *loc. cit.*). Une *lex Julia* rendue sous Auguste (*a. u.* 759), appelée *vicesimaria* ou *de vicesima hereditate* avait frappé au profit du fisc les dispositions testamentaires d'un impôt qui était probablement fixé à un seizième. Pour assurer le recouvrement de cet impôt, la loi voulait que le testament fut ouvert solennellement quelque temps après la mort du testateur, en présence de tous les témoins, ou du moins de la plus grande partie de ces derniers[1]. Cependant, l'objet de la *lex vicesimaria*, n'était pas purement fiscal: dans le but d'intéresser les héritiers à l'ouverture du testament, elle décida qu'ils ne pourraient faire adition qu'après cette ouverture,[2] ce qui eut pour résultat d'augmenter les chances de caducité[3]. *Cons. un.* § 1, *de cad. toll.* (6. 51.)

---

1. Ces témoins devaient d'abord reconnaître leurs cachets. Alors le magistrat les rompait et donnait lecture de l'acte qui était ensuite déposé aux archives. Paul nous apprend que cette ouverture devait se faire dans les trois ou cinq jours qui suivaient le décès du testateur, *intra secundam et decimam horam diei* (Sentences, l. 4, t. 6, § 3. — *D. Quem. test aper.* 29. 3.)

2. De même le droit au legs ne fut plus acquis qu'après l'ouverture du testament. Le jour de cette ouverture devint donc le *dies cedens*, à la place du jour de la mort. Autrement dit à partir de cette époque, le *dies cedit* eut lieu *ex apertis tabulis testamenti* et non plus *ex die mortis testatoris*.

3. Cependant cette règle souffrait deux exceptions, l'une au profit des héritiers siens qui continuèrent d'acquérir immédiatement dès la mort du testateur, l'autre au profit de l'héritier externe institué *ex asse*. Il paraît

3°) Le défaut d'accomplissement de la condition amène aussi la caducité de l'institution.

4°) Enfin, il existait une classe de biens assimilés aux *bona caduca* et qu'on désignait, pour ce motif, sous le nom de *bona in causa caduci*. Ulp. *Reg. l.*, *t.* 24, § 12. *Const. un.* § 2, *in fine*, *de cad. toll.* On appelait ainsi les biens qui devenaient caducs avant la mort du testateur, ce qui avait lieu, par exemple, quand l'héritier prédécédait ou devenait incapable avant ce moment, quand la condition sous laquelle était faite l'institution, défaillait du vivant du testateur[1]. La dévolution des *bona in causa caduci* s'opérait de la même manière que celle des *bona caduca*.

Les *bona caduca* et *in causa caduci*, en matière d'hérédité testamentaire, sont attribués dans l'ordre suivant : 1° d'abord aux substitués, s'il en existe ; — 2° à défaut de substitués, on voit s'ouvrir le *jus accrescendi*, mais dans des limites restreintes : il n'appartient qu'à certaines personnes et porte le nom de *jus antiquum in caducis*. Ces personnes sont les enfants, descendants et ascendants du testateur, jusqu'au troisième degré et institués dans le même testament (Ulp. *Reg. lib.*, *tit.* 18) ; — 3° à leur défaut, il y a lieu à la *caducorum vindicatio*; les biens sont attribués à certaines

que la loi *Papia Poppœa* elle-même permit à l'héritier *ex asse* d'accepter avant l'ouverture du testament. *L.* 154 *de juris et facti ignorantia*. Cela semble au premier aspect une bizarrerie, mais on en trouve la raison dans le but de la loi, qui était d'obtenir des biens vacants. « Or la défaillance de l'héritier unique *ex asse* faisait tomber tout le testament et au lieu de donner ouverture aux droits résultant de la loi *Papia*, elle donnait lieu à la succession légitime sur laquelle cette loi n'étendait pas son empire.» (Hauthuille, p. 101.)

1. Tous ces cas de caducité dont nous venons de parler pour les hérédités sont aussi des cas de caducité des legs ; seulement nous n'en avons rien dit, parce que nous ne nous occupons pas des legs en ce moment.

autres personnes, aux héritiers institués qui ont des enfants et, à leur défaut, aux légataires du même testament, qui sont *patres*. Il ne suffit cependant pas d'être père; il faut encore être marié, si l'on se trouve dans un âge où la loi exige le mariage, et réciproquement, il ne suffit pas d'être marié, sans avoir d'enfants. Ainsi, le *solitarius pater*, le père veuf ayant des enfants et les époux *orbi*, c'est-à-dire privés d'enfants, sont incapables pour moitié. Du reste, il n'est pas nécessaire d'avoir plusieurs enfants pour profiter de la totalité des *caduca :* un seul suffit (*Juvénal, sat.* 9, *vers* 85 *et suiv.*). Les petits-enfants par les filles ne comptent pas, à la différence des petits-enfants par les mâles.[1]

Mais, entre ces co-héritiers *patres*, comment se distribue la part héréditaire caduque? Tient-on compte des *conjunctiones?* Certains auteurs le pensent et disent, en s'appuyant sur la *L.* 83, *de legatis,* 3° qu'on attribue la part vacante d'abord aux *conjuncti re et verbis*, à leur défaut, aux *conjuncti verbis tantum,* puis aux *conjuncti re tantum.* Nous ne saurions partager cette opinion. La L. 83, en effet, parle du cas où la caducité se présente dans les legs ; dès lors, on ne saurait étendre sa solution au cas de caducité dans les hérédités testamentaires. Aussi, doit-on décider qu'entre ces cohéritiers *patres*, les *caduca* se distribuent entre tous, sans qu'il y ait lieu de distinguer entre les *conjuncti re et verbis*, les *conjuncti verbis*, les *conjuncti re*, les *separati.* Gaius le dit, du reste, formellement dans le § 207 de son Comm. 2. — 4° Enfin, à défaut de toutes les personnes dont nous venons de parler, les *caduca* sont attribués à l'*ærarium* (Gaius II,

---

1. Ajoutons que l'enfant doit être en puissance ou émancipé ; il faut que la puissance paternelle existe ou au moins qu'elle soit possible ; d'où il suit que les femmes ne peuvent jamais avoir droit aux parts caduques ; aussi les textes disent-ils toujours *patres, parentes*, (Fr. Vatic. 195.)

§ 286), c'est-à-dire au trésor du peuple, déposé dans le temple de Saturne et non pas au fisc de l'Empereur. Toutefois, à partir de Néron, le *præfectus ærarii* fut nommé par l'Empereur, et, dès lors, il n'exista plus entre l'*ærarium* et le *fiscus* qu'une distinction purement nominale jusque sous Caracalla, qui réunit définitivement les deux caisses en une seule. C'est ce que nous apprend Ulpien dans le texte suivant : (*reg. lib. t.* 17, § 2).

Hodie ex constitutione imperatoris Antonini omnia caduca fisco vindicantur ; sed servato jure antiquo liberis et parentibus. On a quelquefois entendu ce texte en ce sens qu'Antonin Caracalla aurait aboli le système de la loi Papia Poppœa pour attribuer tous les *caduca* au fisc, sauf le *jus antiquum in caducis* qui aurait été respecté. Il est vrai qu'il existe dans les textes postérieurs à ceux d'Ulpien des règles relatives à la distribution des *caduca* entre les co-institués et les légataires ; mais on explique cette anomalie apparente en disant que Macrin aurait ensuite abrogé la constitution de Caracalla et rétabli purement et simplement le système des lois papiennes. Malgré ces explications, il me semble impossible de trouver dans le texte d'Ulpien la preuve d'une réforme qui aurait supprimé le *jus patrum*, non-seulement parce qu'un acte législatif d'une pareille importance serait mentionné par la plupart des jurisconsultes, mais encore, et surtout parce qu'Ulpien suppose lui-même dans d'autres textes que ce *jus patrum* a été maintenu après la constitution de Caracalla. Ainsi, il énumère la loi Papia comme un des modes d'acquisition de la propriété dans le § 17 du titre 19. De même, il déclare dans le § 17 du titre 25, que celui qui se charge d'un fidéicommis pour un incapable est puni de la perte du droit de recueillir les *caduca*. On peut encore citer le § 21 du *t.* 1, *Reg. lib.* et le *fragm. de jure fisci*, § 3. Ce fragment est attribué à Paul qui, comme on le sait, était contemporain d'Ulpien[1]. Enfin, le § 2 du titre 17 ne parle, il est vrai, que du fisc.; mais, il est très-possible qu'entre le § 1 et le § 2 de ce titre, il y ait eu des textes relatifs aux personnes qui profitent des *caduca* avant le fisc; car ces fragments d'Ulpien ne sont que le résumé d'un ouvrage plus complet de ce même jurisconsulte.

Les *caduca* ne s'acquièrent pas de plein droit comme les *bona vacantia:* il faut les revendiquer sous peine de les voir passer au trésor public. A cet effet, on jouit de la *caducorum vindicatio* contre quiconque les détient[2]. Mais, avant que d'agir, le *caducorum vindicator* doit attendre cent jours à partir de l'ouverture du testament: en effet, la personne incapable jouit de ce délai pour se faire relever de son incapacité, et si elle en profite, la disposition cesse d'être caduque.

Les *caduca*, à la différence des *bona vacantia,* passent dans tous les cas avec les charges aux personnes qui les revendiquent: *caduca semper cum onere fiunt.* Ulp. *Reg., tit.* 17, § 13.

Il ne faut pas confondre le *jus antiquum* et la *solidi capacitas.* Le *jus antiquum* est un bénéfice accordé aux descendants et ascendants jusqu'au troisième degré inclusivement, d'échapper aux lois caducaires et de profiter non-seulement des parts vacantes, mais encore des parts caduques. La *solidi capacitas* consiste, au contraire, dans l'exemption des peines attachées à l'orbitas et au célibat au profit de

---

1. Au contraire on ne peut pas argumenter pour notre opinion des textes de Gaius, car ce jurisconsulte a vécu avant Ulpien.

2. En effet, la cause qui rend l'accroissement forcé n'existe pas pour les *caduca*. Aussi peut-on conjecturer que les *caduca* ne devenaient transmissibles, qu'après qu'on avait exercé la *vindicatio*, à la différence du droit d'accroissement qui se transmet aux héritiers avant d'être exercé (d'Hauthuille, p. 17).

certaines personnes qui sont *cœlibes* ou *orbi* et pour des raisons particulières, ceux qui jouissent de la *solidi capacitas* prennent la part qui leur est destinée, mais ne profitent pas des *caduca*. Tels sont: 1° les femmes mineures de vingt ans, les hommes mineurs de vingt-cinq ans; — 2° les hommes âgés de plus de cinquante ans et les femmes de plus de soixante. Cependant, sous Tibère, le s. c. Pernicianien établit que même après cet âge, on serait encore frappé des peines des lois papiennes si avant de l'avoir atteint, on avait fui le mariage. Au contraire, les époux *orbi* âgés de plus de cinquante ou soixante ans, et mariés avant cet âge, furent exempts des incapacités, parce qu'à partir de cet âge, il ne dépend plus d'eux d'avoir des enfants. Claude modifia ensuite le s. c. Pernicianien : il permit à l'homme de plus de soixante ans, d'éviter les peines du célibat à condition de se marier avec une femme de moins de cinquante ans; au contraire, la femme de plus de cinquante ans ne put jamais échapper à ces incapacités en épousant un homme de moins de soixante (Ulp. *Reg., lib. tit.* 16) ; — 3° les impuissants, sans distinction, *spadones vel castrati* (*L.* 128 *de verb. sign.* (50. 16); — 4° les absents pour le service de la république; — 5° les courtisanes, d'après certains auteurs. Cependant, le § 2, *tit.* 16, *reg. lib. Ulp.* décide que celui qui a pris une *uxor famosa* n'échappe pas aux incapacités. Si le mariage avec ces femmes n'était pas pris en considération, comment auraient-elles été dans une meilleure position, quand elles n'étaient pas mariées? (Machelard, p. 77) — 6° les alliés en ligne directe, les époux et même les fiancés (*fr.* 302 *et seq. vatic.*) ; — 7° les *cognats* jusqu'au sixième degré; par exception cependant au septième degré, le fils du *sobrinus* ou de la *sobrina* jouissaient aussi de la *solidi capacitas* (*fr. vat.* 216).

La théorie de la caducité connue, il nous sera facile maintenant de voir sous quel rapport les lois papiennes ont modifié le *jus accrescendi*.

Sous l'empire de ces lois, l'ancien *jus accrescendi* existe encore dans les cas suivants :

1° D'abord dans les successions *ab intestat*. La caducité ne s'applique en effet jamais qu'aux biens laissés par *testament*. Aussi Ulpien dit-il que *le caducum est quod quis sibi testamento relictum*, etc. (*Reg. lib. tit.* 17, § 1 ; Paul, *Sent. lib. IV, tit.* 8, § 26. — Ulp. *Reg. tit.* 26. § 5.)

2° Les militaires peuvent valablement instituer même ceux avec qui ils n'ont pas la faction de testament, les incapables, les *Latins*, les *peregrini*, et notamment aussi les *cœlibes*, les *orbi* (Gaius, *Comm.* 2, § 110 *et* 111). *L.* 7, § 1 *de legatis. Habent liberum arbitrium quibus velint relinquendi, nisi lex specialiter eos prohibuerit. Const.* 5, *de testamento mil.* (6. 21). *Et deportati et fere*[1] *omnes qui testamenti factionem non habent, a milite hæredes institui possunt. L.* 13, § 2, *de test. mil.* (29. 1). Dès lors, puisque les lois papiennes ne sont pas applicables, quand il s'agit de la succession testamentaire d'un militaire, on continue d'appliquer le *jus antiquum*, et les anciennes règles de l'accroissement : les *cœlibes* et les *orbi* prennent les parts qui leur sont destinées et profitent même des parts vacantes.

3° A côté des dispositions caduques et des dispositions *in causa caduci*, on avait placé les dispositions *pro non scriptis* et à l'égard de ces dernières, on continuait d'appliquer les anciennes règles de l'accroissement (Van Hall. *Fontes tres juris civilis romani antiqui*). *Cons. uniq.* § 2, *de cad. toll.* Cela résulte de la définition même qu'Ulpien donne du

---

1. Il est en effet quelques personnes spécialement déterminées que les militaires ne peuvent pas instituer pour des motifs de haute convenance *L.* 42 § 1, *de test. mil.* 29. 1). *L.* 23, § 2 (*ib*).

caducum « quod quis sibi testamento relictum ita ut jure civili *capere possit.* » (*Reg. t.* 17, § 1). Il est donc important de savoir dans quel cas il faut considérer une disposition *pro non scripta*. Les différents cas de caducité étant connus, nous pourrions répondre d'une manière générale qu'une institution doit être considérée *pro non scripta*, quand elle ne rentre pas dans l'un de ces cas. Mais une pareille réponse présenterait bien du vague. Aussi vaut-il mieux donner une énumération au risque de la faire incomplète.

Une disposition est *non scripta :*

a) Quand le gratifié est déjà mort à l'époque de la confection du testament. (*L.* 4, *pr. de his quæ pro non scriptis* (34.8); *Const. un. de cad. toll.* (6.51); *L.* 14, *pr. de jure codic.* (29.7);

b) Quand par une raison quelconque, autre que la mort naturelle, le gratifié n'a pas la *testamenti factio*, comme, par exemple, s'il est *peregrinus* ou *servus pœnæ; L.* 3, *pr. de his quæ non script.* On doit aussi considérer comme ne jouissant pas de la *testamenti factio*, les personnes incertaines, les postumes externes, les corporations non privilégiées, le prisonnier mort chez l'ennemi (*L.* 4, § 1, *de his quæ pro non*), l'esclave d'autrui acquis ensuite par le testateur, l'esclave propre au testateur qui serait institué, sans être affranchi (Gaius, II, § 186 *et* 187, Ulp. *Reg. tit.* 22, § 12.)[1];

c) Quand la volonté du testateur n'est pas assez clairement exprimée ou l'est irrégulièrement et contrairement aux prescriptions de la loi. Sous cette rubrique rentrent les institutions faites d'une manière inintelligible (*L.* 2, *de his quæ pro non*, 34, 8; *L.* 37, § 3 *de reg. juris*, 50, 16), celle

1. Cependant certains auteurs admettaient par faveur pour la liberté que la simple institution importerait affranchissement tacite et Justinien a adopté ce dernier système.

qui dépend du pur arbitre d'un tiers (*L.* 32, *pr. de hæred. inst.* 28, 5), celle de celui qui *sibimet aliquid adscripserat*, en vertu d'une disposition du s. c. Libonien, et dans le but de réprimer les supercheries (*L.* 1, *de his quæ pro non;* Paul, *Sent.*, *lib.* 3, *tit.* 6, § 14);

d) Quand les institutions sont faites *pœnæ nomine* ou *captatorie* (c'est-à-dire dans le but d'obtenir un avantage pareil), ou *contumeliæ causa*, *denotandi magis hæredis gratia* (§ 36, *I. de legatis*, 2, 20; *L.* 1, *de his quæ pro non; L.* 9, § 8, *de hæred. inst.; L.* 54, *pr. de legatis* 1°);

e) Quand on institue l'Empereur *litis causa* (§ 8, *I. quib. mod. test.* 2, 17).

4° On range souvent avec Justinien (*Const. un.*, § 2, *de cad. toll.*), parmi les dispositions *in causa caduci* celles faites sous condition quand cette condition vient à défaillir; mais il vaut mieux dire dans ce cas, que l'institution est *pro non scripta*, car en réalité « le testateur n'a pas distribué toute son hérédité, la part assignée conditionnellement étant censée ne l'avoir jamais été *defectu conditionis*. Or, assurément, on n'a jamais douté que dans un testament qui ne contiendrait pas une répartition de tout le patrimoine, ce qui restait libre ne dût profiter indistinctement et *pro portione hæreditaria* à tous les institués, sans qu'il y eût à établir une préférence pour les *patres* » (Machelard, p. 193); *L.* 13, § 2, *de hær. inst.; L.* 26, § 1, *de cond. et dem.; L.* 59, § 6, *de hæred. inst.; L.* 6 *et* 7, *pr. de reb. dub.*

5° La *caducorum vindicatio* est purement facultative (*frag. vet. jur. de jure fisci*, *n*° 3) de la part des co-héritiers *patres*. La loi entend, en effet, accorder une faveur aux *patres;* or, son but serait manqué s'ils étaient obligés d'accepter forcément les *caduca*, même dans les successions mauvaises. Dès lors, à défaut de *caducorum vindicatio*, on distribue les parts caduques conformément aux anciennes règles de l'accroissement (Machelard, p. 226).

6° On applique encore les règles d'accroissement dans le cas de personnes jouissant du *jus antiquum in caducis* (voir plus haut). L'Empereur et l'Impératrice ne sont pas soumis aux lois caducaires et ont, par conséquent, aussi le *jus antiquum; L.* 31, *de legibus.*

7° Les parts répudiées sont encore, même sous les lois caducaires, des *bona vacantia* et non pas des *bona caduca. Caducum est id quo quis excidit: non potest hæres his videre excidisse quæ si voluisset acquirere potuit* (Pothier, *ad Pand., lib.* 30, § 304).

8° De même, la part déférée à un héritier testamentaire devient vacante et non pas caduque, si cet héritier meurt pendant qu'il délibère. Heineccius repousse cependant ce système, et prétend qu'il y a caducité dans ce cas. Cet auteur s'appuie sur des textes d'Ulpien, où il est dit : *Post legem Papiam Poppæam partem non capientis caducam fieri* (*Fragm.*, Ulp., t. 24, § 12), *partem non adeuntis* (*ib.*, t. 1, § 21). Toutefois il a mal compris ces textes : il ne faut pas les appliquer à tous les cas, comme l'a pensé Heineccius, mais seulement à ceux où nonobstant l'acceptation, il y aurait eu caducité. Heineccius avance aussi le § 7, t. 28, où il est dit : *Si nemo sit ad quem bonorum possessio pertinere possit, aut si quidem, sed jus suum omiserit, populo bona deferuntur ex lege Julia caducaria.* Mais ce texte suppose un héritier appelé seul à la *bonorum possessio*, et dès lors il est évident que s'il répudie son droit, les biens iront au peuple, *ut pote vacantia* (Pothier, *ad. Pand., lib.* 30, § 404).

9° D'après certains auteurs, quand tous les héritiers sont *patres*, on recourt aussi aux règles primitives de l'accroissement; mais d'autres décident, avec plus de raison, que même, dans ce cas, les *caduca* doivent être attribués, d'après les règles nouvelles, sans distinguer entre les *conjuncti* et les *separati* (Gaius, II, § 207).

L'ancien droit d'accroissement jouait donc encore un rôle très-important sous les lois caducaires[1]. Cependant, il avait subi quelques restrictions. Ainsi, les lois papiennes avaient assimilé aux dispositions caduques, les dispositions (*in causa caduci*) inutiles par suite d'un événement antérieur à la mort du testateur, et postérieur à la confection du testament (voir l'énumération plus haut). Or, dans ce cas, il y avait précédemment vacance, *bona vacantia*. Ce sont donc là des cas de vacance qui ont disparu, et pour lesquels on a remplacé les anciens principes de l'accroissement par ceux des lois papiennes.

§ 3. Du droit d'accroissement entre co-héritiers testamentaires sous Justinien.

Il ne faut pas croire que la législation papienne ait subsisté intégralement jusque sous Justinien. Dès longtemps avant le règne de ce prince, on la vit peu à peu disparaître. Constantin, dans une constitution que l'on retrouve au code Théodosien (*L.* 8, t. 1, *Const.* 1), et au code Justinien, où elle est attribuée à tort aux enfants de ce prince[2] (*L.* 8, t. 58, *Const.* 1), a déclaré que désormais les célibataires et les *orbi* seraient relevés des peines prononcées par les lois caducaires, et conféré la *solidi capacitas* même aux femmes n'ayant pas trois enfants. Du reste, cette loi ne donne aux

1. Contrairement à l'opinion de M. d'Hauthuille, d'après lequel le droit d'accroissement était presque entièrement inusité depuis la loi Papia (p. 14.)

2. Peut-être ont-ils renouvelé la constitution de leur père; mais dans tous les cas l'idée première vient de Constantin, comme l'a prouvé Godefroy en faisant remarquer que Sozomène loue ce prince à propos de cette innovation.

orbi et aux *cœlibes* que la *solidi capacitas;* elle ne les met pas sur la même ligne que les *patres*. Ainsi, le *jus patrum* continue d'exister avec ses conséquences, de même que le *jus antiquum* des *liberi* et des *parentes;* la *caducorum vindicatio* est donc encore possible, mais dans des limites plus restreintes. Du reste, le trésor public était intéressé à ce maintien. Plus tard, une constitution de Théodose II et de Valentinien III supprime les *leges decimariæ*. Enfin, arrive Justinien. Certains auteurs prétendent que jusqu'à la *const. un. de cad. toll.*, la *caducorum vindicatio* a été en vigueur et que notamment elle existait encore à l'époque de la confection du *Digeste*. D'abord il est inexact de dire que la *const. un. de caducis toll.* soit la seule loi qui ait aboli la *caducorum vindicatio*, car déjà la *const.* 2, § 6, et *const.* 3, § 6, *de vet. jur. enucl.* (1, 17), déclarent qu'on n'a pas traité dans le *Digeste* la matière de la caducité. Or, il est évident que si elle avait encore été en vigueur à l'époque de la rédaction des *Pandectes*, on lui aurait consacré un titre. La théorie de la caducité est donc tombée peu à peu en désuétude; lors de la confection du *Digeste* on n'en faisait plus aucune application, et si Justinien a cru néanmoins devoir abroger les lois caducaires dans la constitution précitée, c'est uniquement pour confirmer ce qui existait déjà, et surtout pour réorganiser d'une manière complète la théorie du *jus antiquum*.

Dans sa *const. un. de caducis tollendis* (§ 10), Justinien retourne purement et simplement à l'ancien droit. Ainsi il décide :

1° Que si tous les héritiers sont *conjuncti* ou *disjuncti*, l'accroissement profite à tous sans distinguer les *patres* des *orbi* et des *cœlibes :* il se fait entre tous, *cum onere*, de portion en portion, bon gré mal gré, *ipso jure*, c'est-à-dire par cela seul qu'on a accepté; *const. un.* § 10. *de cad. toll.* Cpr.

const. 20, *de jure deliber.* (6. 28) *L.* 2 *de acq. vel omitt. hæred.* (29. 2).

2° Que si parmi les co-héritiers les uns sont conjoints, les autres disjoints, la part défaillante d'un disjoint profite à tous sans exception, tandis que la part défaillante d'un conjoint se réunit seulement à celle de ses conjoints (*Const. un.* § 10. *ib.*).

Cette constitution de Justinien a cependant donné lieu à de nombreuses difficultés. Ainsi on a soutenu que ce prince accordait un droit de préférence aux *conjuncti re et verbis* seulement, à l'exclusion des *conjuncti re tantum;* on a dit que l'expression *conjuncti* désignait uniquement les *conjuncti re et verbis*, que les *conjuncti re tantum* étaient renfermés sous le nom de *disjuncti:* on s'est appuyé sur le § 11 de la *const.* de Justinien, où le mot *disjunctim* est pris comme synomyme de *conjuncti re tantum;* enfin, on a dit que Justinien entendait bien parler seulement des *conjuncti re et verbis* dans le § 10, puisqu'il suppose « *unitas sermonis.* » L'argument tiré du § 11 tombe de lui-même; il suffit de faire remarquer que dans ce § il s'agit de l'accroissement entre co-légataires, et qu'en cette matière la signification des mots n'est plus la même: on appelle *conjuncti* les légataires qui le sont *re et verbis; disjuncti* ceux qui le sont *re tantum.* Quant à l'argument tiré de ces mots « *propter unitatem sermonis* », il n'a pas plus de valeur et ces expressions peuvent parfaitement s'entendre aussi des *conjuncti re tantum*, car la vocation de plusieurs héritiers à la même quote-part de l'hérédité, semble presque impossible sans une certaine relation entre les diverses dispositions où elle se trouve.

J'ajouterai avec Wangerow, que si l'expression *conjuncti* désigne les *conjuncti re et verbis*, il faut renfermer sous celle de *disjuncti* les *conjuncti re tantum* et les *conjuncti verbis tantum.* Or, il est impossible d'admettre que Justinien ait placé ces derniers sur la même ligne, puisque dans sa *const.* il prétend faire revivre l'ancien droit.

Cependant quelques auteurs ont encore été plus loin et ont pensé qu'en cas de concours entre des *conjuncti re tantum* et des *conjuncti verbis tantum*, Justinien a accordé la préférence à ces derniers, par suite d'un vestige des lois caducaires. Cette opinion est à la fois contraire à l'esprit et au texte de la *const.* de Justinien; à l'esprit, car ce prince, loin de maintenir le système des lois caducaires, a positivement déclaré qu'il entendait l'abroger complétement; au texte, car il est de la dernière évidence qu'en désignant tous les co-institués sous deux expressions, *conjuncti* et *disjuncti* (*vel separati*), Justinien a entendu parler des *conjuncti re et verbis* et des *conjuncti re tantum* d'une part, et d'autre part des *disjuncti* et des *conjuncti verbis tantum;* et c'est avec raison, parce que, comme nous l'avons déjà dit, à proprement parler, la *conjunctio verbis tantum* n'en est pas une, elle n'en a jamais produit les effets dans l'ancien droit. Enfin cette opinion avance une erreur trop généralement répandue : on prétend que sous les lois caducaires entre co-institués, les *patres conjuncti verbis tantum* primaient les *patres conjuncti re tantum :* nous avons vu qu'il en était ainsi entre co-légataires, mais qu'entre co-institués *patres*, tous venaient ensemble sans distinguer les conjoints de ceux qui ne l'étaient pas.

En ce qui concerne la transmission des charges, Justinien revient aussi à l'ancien droit : il distingue selon que la part est vacante, parce qu'elle est considérée *pro non scripta* ou qu'elle l'est pour tout autre motif.

1° L'accroissement des parts *pro non scriptis* se fait *sine onere. Nullo gravamine nisi perraro in hoc pro non scripto superveniente...., intactum atque illibatum præcepit custodiri. Const. un. § 3 de cad. toll.* Par exception (*perraro*) il a lieu *cum onore* dans deux cas, qu'il ne désigne pas spécialement, mais que Cujas prétend être ceux des *L.* 26. § 6. *de fideic. lib. et L.* 5 *de his quæ pro non scriptis.* En droit strict, on conçoit que l'accroissement des parts *pro non scriptis* s'opère *sine onere* : le testateur est censé n'en avoir pas disposé et les co-institués les prennent comme si elles n'avaient jamais été destinées à personne. Mais cependant, en équité, il eût été plus juste d'ordonner que l'accroissement se ferait *cum onere*, quand le testateur n'a pas imposé la charge en vue de la personne. En équité, on ne voit aucune raison pour établir une différence selon que la part vacante est ou non considérée *pro non scripta.* Il est donc regrettable sous ce rapport, que Justinien ait rétabli l'ancien droit.

2° Quand la part vacante n'est pas considérée *pro non scripta*, Justinien déclare formellement que l'accroissement se fait *cum onere. Const. un.* § *4. de cad. toll.* Du reste, quoique Justinien n'en dise rien, celui qui prend la part vacante ne supporte pas les charges qui la grèvent d'une manière plus lourde que ne les aurait subies le défaillant : il jouit du bénéfice de la *quarte Falcidie, L.* 78. *ad leg. falc.* (35. 2.), ce que les vieux jurisconsultes ont formulé en disant : *Portione gravata adcrescente portioni non gravatæ, quarta deducitur.*

Par exception, l'accroissement a lieu *sine onere* quand les charges ont été imposées par le testateur en vue de la personne du défaillant. *Const. un.* § 9, *de cad. toll.*

APPENDICE A LA SECTION II.

De l'accroissement entre substitués.

La substitution ne doit pas être considérée, malgré l'opinion contraire d'un certain nombre d'auteurs, comme un accroissement d'un genre spécial. On peut la définir une institution d'héritier subsidiaire, c'est-à-dire subordonnée à l'inexistence de la première. Loin de constituer un accroissement, elle a au contraire pour objet de l'écarter.

On peut substituer plusieurs personnes à une seule ou une seule à plusieurs, désigner un substitué spécial pour chaque institué ou même substituer entre eux, les uns aux autres, les divers institués. Mais ici on peut se demander : quelle est l'utilité de cette substitution réciproque des institués? Elle fait attribuer la part vacante de l'un de ces institués aux autres. Or, l'accroissement produit le même effet? La réponse est facile. D'abord cette substitution réciproque des institués entre eux pouvait présenter une grande utilité sous l'empire des lois caducaires. En effet, quand les institués ont été substitués les uns aux autres, si l'une des institutions devient *caduque*, elle se partage entre les *patres* et les *non patres,* tandis que s'ils n'avaient pas été substitués, la part défaillante aurait été exclusivement dévolue aux *patres.*

La substitution est donc très-avantageuse dans ce cas. Mais jusqu'ici on ne peut pas dire qu'elle modifie le droit d'accroissement, puisque les parts caduques sont attribuées par les lois papiennes en vertu de principes spéciaux qui ne sont pas ceux de l'accroissement. Toutefois, même sous Justinien, c'est-à-dire même à une époque où les lois caducaires ont disparu, la substitution entre co-institués présente encore de l'intérêt, et alors c'est précisément parce qu'elle modifie les résultats qui se seraient produits par suite de l'accroissement. Soient, en effet, *Primus*, *Secundus* et *Tertius*, tous trois substitués entre eux; *Primus* et *Secundus* ont accepté; *Secundus* meurt ensuite; après son décès *Tertius* répudie. S'il y avait eu simplement institution, en vertu des principes de l'accroissement, la part de *Tertius* se serait divisée entre celle de *Primus* vivant et celle de *Secundus* transmise à ses héritiers : *portio portioni adcrescit.* Au contraire, par suite de la substitution, *Primus* profite seul de la part de *Tertius* qu'il aurait été obligé de partager avec les héritiers de *Secundus* dans le cas d'accroissement. L'effet de la substitution est donc d'établir un droit de préférence purement personnel au profit de chaque héritier, et en vertu duquel il exclut les héritiers de ses co-héritiers défunts. On exprime cette idée en disant qu'entre co-institués l'accroissement a lieu de portion à portion, tandis qu'entre co-substitués, il s'opère de personne à personne. Mais, remarquons-le bien, entre substitués, le mot accroissement n'est pas pris dans son sens exact. Sans doute, vulgairement parlant, il y a accroissement en ce sens que les parts sont augmentées, mais en réalité entre substitués, il y a plutôt acquisition d'une nouvelle hérédité.

Quand on a substitué réciproquement des héritiers institués pour des quotités différentes, sans rien dire dans la substitution sur l'attribution des parts vacantes, on est censé avoir entendu conserver dans la substitution les mêmes proportions que dans l'institution : Antonin le Pieux a rendu un rescrit en ce sens:

Si ex disparibus partibus hæredes scriptos invicem substituerit, et nullam mentionem in substitutionem partium habuerit, eas videtur (testator) in substitutione partes dedisse, quas in institutione expressit, et ita Divus Pius rescripsit. § 2. l. *de vulg. subst.* (2. 15.).

Si plures sunt instituti ex diversis partibus et omnes invicem substituti, plerumque credendum ex iisdem partibus substitutos ex quibus instituti sunt; ut si forte unus ex uncia, secundus ex octo, tertius ex quadrante sit institutus, repudiante tertio, in novem partes dividatur quadrans, feratque octo partes qui ex besse institutus fuerat, unam partem qui ex uncia scriptus est, nisi forte alia mens fuerit testatoris, quod vix est credendum, nisi evidenter fuerit expressum L. 24. de vulg. et pup. subst. (28. 6.).

Le testateur peut donc substituer pour des parts différentes de celles pour lesquelles il a institué; mais alors il doit le faire formellement.

Quant à un héritier on substitue un co-héritier, et qu'à celui-ci on substitue un tiers, ce dernier vient sans distinction à défaut des deux premiers, suivant ce qu'ont décidé Sévère et Antonin Caracalla § 2. *I. de vulg. subst.* (2. 15.). Ainsi, par exemple, *Primus* et *Secundus* ont été institués héritiers; *Secundus* a, en outre, été substitué à *Primus;* puis *Secundus* a eu lui-même pour substitué *Tertius*, qui n'est pas institué. Si les deux institutions viennent à défaillir, *Tertius* prendra non-seulement la part de *Secundus* auquel il a été directement substitué, mais encore celle de *Primus*, parce que *Tertius* substitué à *Secundus*, qui l'est à *Primus*, est censé l'être aussi à ce dernier. Les jurisconsultes commentateurs du droit romain ont formulé cette règle en disant : *Substitutus substituto censetur substitutus instituto.*

Avant Sévère et Antonin on admettait ce principe seulement dans l'hypothèse, où la part de *Primus* aurait défailli la première; mais ces empereurs ont décidé que dans tous les cas, c'est-à-dire même dans l'hypothèse où la part de *Primus* ne se trouverait vacante qu'après celle de *Secundus*, il y aurait lieu à l'application de cette règle. Il est important d'insister sur ce point, car il en est résulté une modification en matière d'accroissement.

On pourrait être tenté de dire que quand la part de *Primus* est devenue vacante la première, il n'est pas nécessaire de supposer une substitution tacite de *Tertius* à *Primus*, parce que *Tertius* recueille les parts de *Primus* et de *Secundus* : il doit prendre ces parts indépendamment de la substitution tacite, puisqu'en effet, lorsque la part de *Primus* est devenue vacante, elle s'est réunie à celle de *Secundus*, de telle sorte que si *Secundus* répudie à son tour, comme sa part, grossie de celle de *Primus*, embrasse maintenant toute l'hérédité, il est évident que *Tertius* va recevoir l'ensemble des biens sans qu'il soit nécessaire de le supposer substitué tacitement à *Primus*.

Eh bien, même dans ce cas, la règle en question est fort utile, car elle modifie les règles de l'accroissement. D'abord, il est évident que sous l'empire des lois caducaires la part répudiée par *Primus* n'aurait pas accru à celle de *Secundus*, si celui-ci s'était trouvé en dehors des limites d'âge du mariage, car, quoique ayant droit à sa part tout entière, il n'était cependant pas du nombre des personnes auxquelles profitaient les *caduca*. Dans ce cas donc, *Tertius*, substitué direct de *Secundus*, aurait acquis la part de ce dernier non grossie de celle de *Primus* : il a dès lors dans cette hypothèse grand intérêt à être considéré comme le substitué de *Primus*, puisque, grâce à cette fiction, il recueille la part de celui-ci. Toutefois, les attributions résultant des lois caducaires, ne constituant pas des accroissements, on ne peut pas dire qu'ici cette matière se trouve modifiée. Mais, même en dehors des lois caducaires, sous Justinien, il est encore avantageux pour *Tertius* d'être considéré comme substitué de *Primus* dans une hypothèse, parce que la fiction dont il s'agit, y écarte de la manière la plus évidente le droit d'accroissement : cette hypothèse est celle où il existerait d'autres institués que *Primus* et *Secundus*, et qui ne seraient pas substitués. Ainsi, supposons un troisième institué, *Quartus*, mais qui ne soit pas substitué; nous nous trouvons alors en face de 4 personnes : *Primus* institué; *Sucundus* institué et substitué à *Primus; Tertius* substitué à *Secundus*, mais non institué; *Quartus* institué, mais sans être substitué à personne. *Quartus* accepte; puis, *Secundus* meurt avant d'avoir accepté et avant que *Primus* se soit prononcé ; sa part va à *Tertius* qui lui est substitué; puis, après la mort de *Secundus*, *Primus* répudie. Si on ne considérait pas *Tertius* comme substitué à *Primus*, on appliquerait les principes de l'accroissement et la part de *Primus* se partagerait entre *Quartus* et *Tertius*, qui en aurait la moitié à titre d'héritier de la portion de *Secundus*. Au contraire, en vertu de la fiction, d'après laquelle *Tertius* est censé tacitement substitué à *Primus*, il recueille seul la part de *Primus* tout entière. Comme on le voit, ici encore la substitution a pour effet d'écarter les règles de l'accroissement.

Des développements précédents il résulte donc, de la manière la plus évidente, que la substitution a pour effet d'écarter l'accroissement en remplaçant le système d'attribution des parts vacantes de portion à portion, par un système d'attribution de personne à personne.

Nous ne pouvons quitter cette matière sans combattre l'opinion des auteurs d'après lesquels la *conjunctio re* n'est autre chose qu'une substitution (de Fresquet, I, p. 417. Lauterbach, *L.* 30, § 59). Dans ce système, on raisonne de la manière suivante :

En cas de substitution, il y a attribution au profit des portions des substitués à l'exclusion des portions de ceux qui sont simplement institués. De même, quand le testateur a institué des *conjuncti* et des *separati*, l'accroissement s'opère au profit des portions des *conjuncti* à l'exclusion des portions des *separati*. Donc la *conjunctio* n'est autre chose qu'une substitution.

Ce raisonnement, dont le résultat serait d'étendre à l'accroissement entre *conjuncti* les règles de la substitution, pèche sous bien des rapports. La meilleure preuve qu'on puisse en donner résulte du parallèle suivant :

1° D'abord, il est évident que l'accroissement et la substitution constituent deux institutions parfaitement distinctes. Or, la *conjunctio* n'est autre chose qu'une modalité de l'institution qui modifie, mais n'empêche pas l'accroissement. Loin de se ressembler, l'accroissement et la substitution sont pour ainsi dire antipathiques : l'une exclut l'autre; l'accroissement n'a lieu qu'à défaut de substitution.

2° L'accroissement résulte de la volonté de la loi; la substitution de la volonté du testateur. Celui-ci peut empêcher la substitution, mais non pas l'accroissement : il n'en peut modifier que les modalités.

3° L'accroissement résulte du fait seul de l'acceptation de la part primitive : il est forcé. La substitution n'est qu'une seconde institution distincte de la première : aussi est-elle volontaire.[1]

4° L'accroissement entre héritiers a lieu de plein droit, en vertu de la première adition et se règle, soit pour les conditions de capacité, soit pour l'acquisition, sur l'époque de cette première adition. Au contraire, l'acquisition au moyen de la substitution n'a lieu que par l'adition qui en est faite et ne se règle que sur l'époque de cette deuxième adition.

5° Entre co-institués, même *conjuncti*, les parts vacantes se partagent de portion à portion, et, entre substitués, de personne à personne.

6° L'accroissement s'opère proportionnellement à la part de chacun dans l'hérédité, sans que le testateur puisse modifier ce principe. Dans la substitution, les parts vacantes sont aussi attribuées de la même manière, mais seulement

---

1. Mais le substitué pour partie, qui est en même temps institué pour partie, lorsqu'il a accepté sa part, acquiert nécessairement l'autre, si elle vient à se trouver vacante; car il y a dans cette hypothèse non-seulement substitution, mais encore accroissement.

en cas de silence du testateur, qui a la faculté d'assigner des parts différentes de celles de l'institution.

7° Le testateur peut substituer une personne qui n'est pas instituée. Au contraire, il faut nécessairement être institué pour pouvoir profiter de l'accroissement.

8° Les substitutions empêchent sous les lois caducaires la caducité d'un grand nombre de dispositions. Il ne saurait être question de cet effet en matière d'accroissement.

CHAPITRE II.

De l'accroissement entre co-légataires.

SECTION PREMIÈRE.

Généralités.

§ 1. A qui profitent les bona vacantia dans les legs.

Il peut arriver qu'un legs se trouve nul, soit dès le principe, soit par suite du refus du légataire, ou de son incapacité, ou de sa mort avant le *dies cedit.* Dans ces différents cas, que devient le legs? profite-t-il aux héritiers ou aux légataires? l'accroissement a-t-il lieu entre co-légataires comme entre co-héritiers? produit-il les mêmes effets? s'opère-t-il en vertu des mêmes principes? Ce sont là autant de questions qu'il convient d'examiner avant que d'aborder les détails de la matière.

Entre co-héritiers, nous le savons, l'accroissement est la règle: il a toujours lieu même malgré la volonté du testateur (sauf le cas de substitution). Mais il en est tout autrement entre co-légataires. Les co-héritiers se trouvent toujours réunis entre eux par un lien commun; ce lien, c'est la vocation éventuelle de chacun d'eux à la totalité de l'hérédité. Mais, au contraire, entre co-légataires ce lien commun n'existe pas: chaque legs forme une disposition distincte, surtout en ce qui concerne la chose léguée. Aussi l'accroissement qui a lieu forcément et qui constitue la règle entre co-héritiers est, au contraire, entre co-légataires, facultatif de la part du testateur (nous verrons bientôt en quel sens) et ne forme que l'exception.

§ 2. Ce qu'il faut pour que l'accroissement soit possible entre légataires.

En règle générale, lorsqu'un legs se trouve sans effet, si la chose léguée n'était destinée qu'à une seule personne, l'infirmation profite à l'héritier ou aux héritiers. On ne sait pas, en effet, en vertu de quels droits le legs vacant pourra revenir aux autres légataires.

Mais la volonté du testateur peut faire qu'il en soit autrement. La cause qui empêche l'accroissement de s'opérer, c'est l'absence d'un lien commun. Eh bien, que le testateur fasse disparaître cette cause et l'accroissement aura lieu. Or, pour arriver à ce résultat, il suffit qu'il appelle les légataires conjointement au même legs. Le droit d'accroissement devient donc possible entre les légataires, lorsque le testateur les a réunis par un lien commun, ce qui se présente, quand il les appelle conjointement à une même chose. Les co-légataires conjoints se trouvent alors vis-à-vis de cette chose dans la même position que les héritiers vis-à-vis de l'hérédité; ils sont tous appelés à la totalité du legs et il y a lieu d'appliquer les axiomes: *concursu tantum partes fiunt, cessante concursu cessant partes.*

La conjonction est donc beaucoup plus importante entre légataires qu'entre héritiers. A l'égard de ces derniers l'accroissement a toujours lieu, qu'ils soient *conjuncti* ou *separati;* la *conjunctio* ne fait que changer le mode d'accroissement. Au contraire, pour les co-légataires l'accroissement n'existe qu'autant qu'il y a *conjunctio:* s'ils sont *separati* le legs seul profite aux héritiers et non aux légataires. La *conjunctio* sert donc de base à l'accroissement entre co-légataires: elle est essentielle pour que le *jus accrescendi* existe à leur profit. C'est en ce sens qu'on peut dire que le droit d'accroissement entre co-légataires dépend de la volonté du testateur ; il peut l'empêcher de se produire en faisant les legs séparément.

§ 3. Conditions requises pour qu'il y ait conjunctio.

Pour qu'il y ait *conjunctio* entre légataires, il faut:

1° Deux ou plusieurs personnes. Si le legs est fait à une seule personne, l'héritier profite seul de sa défaillance.

2° Vocation à une même chose. Ainsi, il n'y a pas *conjunctio* quand le testateur dit: *Titio et Seio singulos servos do lego*, car il donne à chacun une chose différente *L.* 84 *pr. de leg.* 1° De même quand le testament porte: *Partem fundi priorem Titio, posteriorem Seio lego*, il n'y a pas *conjunctio*, parce qu'en divisant le fonds, le testateur en a fait deux qui constituent chacun un chose distincte. *L.* 6 § 1. *Commun. prœd.* (8. 4.).

De même, quand on donne à deux légataires deux choses différentes ou à l'un la chose et à l'autre son estimation, lors même que ce serait par une seule et même disposition, l'accroissement n'aura pas lieu : car, pour qu'il y ait conjonction, il ne suffit pas d'une réunion dans une seule et même disposition; il faut vocation à une seule et même chose. *L.* 33 *de leg.* 1°; *Const. un.*, § 11 *de cad. toll.; L.* 84 § *penult. de leg.* 1°.

La loi 38, § 2, *de leg.* 3°, cite un cas curieux où il n'y a pas accroissement entre co-légataires, parce qu'ils ne sont pas tous appelés à une même chose, mais chacun à une part différente de cette chose. Elle suppose un testateur qui, en instituant sa fille héritière, insère en même temps dans son testament la clause suivante: *Veto œdificium de nomine meo exire, sed ad vernas meos, quos hoc testamento nominavi pertinere volo.* Dans cette clause le testateur est censé avoir voulu léguer en fidéicommis l'*ædificium* à ses esclaves après la mort de son héritier. (Ce fidéicommis est fait évidemment au profit d'esclaves qui doivent être affranchis ou que le testateur a lui-même affranchis dans son testament.) Le jurisconsulte Scævola, après avoir posé cette hypothèse, suppose qu'un seul des esclaves survit à l'héritier et il décide que cet esclave n'a droit qu'à sa portion virile: il n'acquiert pas toute la maison, ou, autrement dit, les parts des autres ne lui reviennent pas par droit d'accroissement. Pourquoi n'a-t-il pas droit à la totalité? Précisément parce que le legs a été fait séparément; les esclaves affranchis n'ont pas été appelés tous à la chose entière, mais chacun a reçu une part de cette chose. Le testateur, en donnant la maison à ses esclaves affranchis, les a désignés en disant: *Quos hoc testamento nominavi.* Et dans une disposition précédente il les avait nommés pour leur donner la liberté, conformément aux prescriptions de la loi *Caninia.* En disant: *Quos hoc ego testamento nominavi*, le testateur est censé mettre: *Quos hoc testamento manumisi* et s'en référer purement et simplement aux noms des esclaves désignés dans le testament. Or, on dit avec Cujas: *Nominum nuncupatio partes facit ab initio, maximè in fideicommis et in legatis per damnationem.* Par conséquent le testateur a donné à chacnn une part distincte, ce qui empêche l'accroissement de se produire. (Cujas, *Obs., lib.* XV. *cap.* 4.)

Du reste, il importe peu que la chose soit une *res certa* ou un *genus*, ou même que le legs consiste dans un ensemble de choses fongibles; il suffit qu'il y ait vocation éventuelle de chacun des co-légataires à la totalité. (Voët., 30, 1, 63):

3° Il faut que plusieurs soient appelés au même objet par une même personne. Quand on est appelé à la même chose par des testateurs différents, il n'y a pas *conjunctio. Ex diversis testamentis jus conjunctionis non contingit.*

§ 4. Ce qu'il faut, outre la conjonction, pour qu'il y ait lieu à accroissement.

Quand toutes ces conditions se trouvent réunies, on peut exercer le *jus accrescendi*, pourvu qu'il existe des parts vacantes, et que le testateur n'ait pas prohibé l'accroissement. Ainsi, une fois qu'un des co-légataires a acquis son droit au legs, s'il vient ensuite à mourir, sa part n'est cependant pas vacante, et dès lors, au lieu d'accroître à ses co-légataires, elle passe avec toute sa succession à ses héritiers.

De même, le testateur, après avoir appelé les légataires conjointement, peut déclarer que, malgré la conjonction, il entend prohiber l'accroissement, et alors on doit se soumettre à sa volonté. Il est vrai qu'entre co-héritiers même non conjoints, le testateur ne peut pas prohiber l'accroissement, à cause de la règle *nemo partim testatus, partim intestatus decedere potest.* Mais entre légataires il en est autrement : la règle que nous venons de citer est tout à fait étrangère à la matière des legs, et dès lors, puisque le testateur peut empêcher l'accroissement entre eux au moyen de vocations à des parts distinctes, on ne voit pas pour quelles raisons il ne pourrait pas le défendre même entre légataires qui seraient *conjuncti re et verbis* ou *re tantum* Toutefois, dans ce dernier cas, il faut évidemment une disposition formelle à cet égard, puisque la conjonction indique ordinairement, de la part du testateur, l'intention de permettre l'accroissement.

§ 5. Différentes espèces de conjonctions.

La *conjunctio* a lieu entre légataires, comme entre co-héritiers, de trois manières : *re et verbis, re tantum, verbis tantum*. Mais la terminologie n'est pas la même que pour les co-héritiers.

1° Les co-légataires *conjuncti re et verbis*, c'est-à-dire ceux appelés à recueillir la même chose dans la même disposition (Ex. *Titio et Seio hominem Stichum do lego*), sont simplement appelés *conjuncti*, et le legs fait à leur profit l'est *conjunctim* (Gaius, II, § 199; § 8, *l. de leg.* 2, 20).

2° Quand les co-légataires sont *conjuncti re tantum*, c'est-à-dire lorsque la même chose leur est léguée par des dispositions différentes (Ex. *Stichum Titio do lego*, *Seio eumdem Stichum do lego*), les co-légataires portent le nom de *disjuncti* ou *separati*, et on dit que le legs est fait *disjunctim* ou *separatim* (*L.* 89, *de legatis* 3°; Gaius, II, § 199).

3° Les co-légataires sont *conjuncti verbis tantum* quand le testateur les appelle par la même disposition à des choses différentes ou à la même chose, mais en déterminant la part de chacun, Ex. *Titio et Seio fundum Capenatem æquis partibus do lego*. A proprement parler, il n'y a pas *conjunctio* et les effets n'en sont pas produits; l'assignation de parts fait qu'en réalité chacun reçoit une chose distincte (*L.* 89, *de leg.* 3°), et c'est le cas de dire avec Pomponius, en parlant du testateur : *Potius videtur celerius dixisse quam conjunxisse*, *L.* 66, *de hæred. inst.* (28, 5).

Toutefois la question de savoir s'il y a *conjunctio verbis tantum* présente quelquefois des nuances bien délicates. Gaius nous en donne la preuve dans les *L.* 5, 6, 7 *de rebus dub.* (34, 5). Il suppose un testateur qui a fait un legs *ex parte Titio*, *ex parte postumo* et dans ce cas, malgré l'attribution de parts on ne peut pas dire d'une manière générale qu'il y a *conjunctio verbis*. Il faut faire des distinctions. Cette attribution est conditionnelle; elle est faite pour le cas où un postume viendrait à naître, *si postumus nascatur;* si donc cette condition ne se réalise pas, s'il ne naît pas de postume, l'attribution de parts n'a plus de but, elle est censée n'avoir jamais existé et Titius prend tout le legs. Du reste, le texte dit : *non nato postumo* et non pas *non concurrente postumo*, parce qu'en effet, si le postume était né, quoiqu'il ne concourût pas pour une raison quelconque, néanmoins Titius n'obtiendrait que sa moitié, car la condition sous laquelle était faite l'attribution de parts se serait accomplie, et Titius se serait trouvé *conjunctus verbis tantum* avec le postume. Du reste, dans cette hypothèse, Gaius a bien moins en vue de poser une règle que d'interpréter la volonté présumée du testateur.

§ 6. Différence dans le sens des mots conjuncti et disjuncti selon qu'il s'agit d'héritiers ou de légataires.

Quoi qu'il en soit et en résumé, il n'existe que deux sortes de légataires, entre lesquels l'accroissement soit possible : les *conjuncti* et les *disjuncti*. On appelle *conjuncti* ceux qui le sont *re et verbis* et *disjuncti* les légataires *conjuncti re tantum*. Quant aux légataires *conjuncti verbis tantum*, il n'existe, pour les désigner, que cette expression même; on ne peut pas leur appliquer les mots *conjuncti*, *disjuncti*, et de plus, aucune qnestion d'accroissement ne saurait surgir entre eux, car ils forment autant de légataires ayant chacun un legs parfaitement distinct de celui des autres.

Se présente maintenant la qnestion de savoir pour quelles raisons on attribue aux expressions *conjuncti*, *disjuncti* un sens différent selon qu'elles s'appliquent à des légataires ou à des héritiers.

Entre co-légataires, il est important de distinguer les *conjuncti re et verbis* des *conjuncti re tantum*. C'est pourquoi on désigne les premiers sous le nom de *conjuncti* et les seconds sous celui de *disjuncti*.

Au contraire, on laisse les *conjuncti verbis tantum* hors de cette classification, et on ne les désigne pas sous une expression distinctive, parce qu'ils n'ont aucun droit à l'accroissement, et restent complétement en dehors de cette matière.

D'un autre côté, entre co-héritiers on ne distingue pas les *conjuncti re et verbis* des *conjuncti re tantum*, et on les appelle tous *conjuncti*, parce que cette distinction ne présenterait aucun intérêt; mais il est important de distinguer les *conjuncti re* ou *re et verbis* des *conjuncti verbis tantum* et alors on appelle ces derniers *disjuncti vel separati.*

§ 7. Principes qui dominent la matière de l'accroissement entre co-légataires.

Les règles suivant lesquelles s'opère l'accroissement entre co-légataires, se rapprochent beaucoup de celles que nous avons posées en parlant des co-héritiers; mais cependant on rencontre assez souvent des différences sensibles.

1° L'accroissement entre co-légataires est facultatif de la part du testateur, mais forcé de la part des légataires. Du moment que ceux-ci ont accepté leur legs, ils profitent, bon gré mal gré, des accroissements. Les jurisconsultes romains posaient en principe que le co-légataire, qui prenait une part vacante en vertu du *jus accrescendi*, la recueillait par suite de sa propre vocation, ayant été appelé éventuellement à la totalité du legs, pour le cas où il n'y aurait pas eu concours. On exprimait cette idée en disant que le legs *datum est singulis solidum.*

2° L'accroissement a lieu de portion à portion et non de personne à personne. Ainsi, quand le légataire, au profit duquel doit s'opérer l'accroissement, est déjà mort à ce moment, s'il n'est décédé qu'après la fixation à son profit du droit éventuel au legs, c'est-à-dire après le *dies cedit*, comme il a transmis son droit à ses héritiers, ceux-ci profiteront de l'accroissement *quia retro accrevisse dominium videtur; L.* 17, § 1, *ad leg. Aquil.* (9, 2); *L.* 26, § 1, *de cond. et demonstr.* (35, 1); *L.* 34 *et* 35 *ad. leg., Aquil.* (9,2).

Ici peut se placer une question sur laquelle les jurisconsultes romains ne s'accordent pas. L'accroissement ayant lieu de portion à portion, il suit de là que les héritiers du co-légataire qui, après avoir pris sa part, vient à mourir, en profitent. Mais alors se présente l'objection suivante: Lorsqu'une personne vient à double titre, en son nom et comme représentant d'un légataire défunt, dans un legs fait *conjunctim vel disjunctim*, ce qui a lieu, par exemple, lorsqu'elle a été instituée légataire conjointement avec une autre personne dont elle hérite, peut-elle, après avoir répudié sa part en son propre nom, la réclamer ensuite comme représentant de tel autre légataire, à titre d'accroissement?

Pomponius se prononce pour la négative, et en cela il suit l'opinion de Proculus, *L.* 12, *de leg.* 1°; Gaius professe la même doctrine, *L.* 53, *de leg.* 2°; Terentius Clemens et Javolenus admettent au contraire l'accroissement, *L.* 59, *de leg.* 2°; *L.* 40, *ib.* Il semble que, d'après les principes stricts du droit, et rigoureusement parlant, quand on vient à deux titres au même legs, après avoir répudié sa part en son propre nom, on peut la réclamer ensuite en vertu des règles de l'accroissement en se prévalant du second titre. Mais on ne saurait nier que cette solution présente quelque chose de bizarre.

3° Les co-légataires *conjunti re et verbis* et co-légataires *conjuncti re tantum* profitent seuls de l'accroissement, et en cas de concours des uns avec les autres, on applique la règle posée à l'égard des héritiers; on distingue par conséquent, selon que le *conjunctus re tantum* l'est avec tous les *conjuncti re et verbis* ou seulement avec un d'entre eux.

Entre légataires *conjuncti verbis tantum* l'accroissement est impossible, chacun étant appelé à une chose distincte. Aussi Gaius ne nous en parle-t-il jamais dans la partie de ses commentaires relative à ce sujet.

4° L'accroissement se fait *cum onere* ou *sine onere*, selon la distinction établie pour les co-héritiers, c'est-à-dire selon que la charge n'a pas été imposée ou a été imposée en vue du défaillant. Ainsi, si le testateur n'a pas entendu grever spécialement le légataire qui fait défaut, s'il s'agit d'une charge pesant indistinctement sur toute personne appelée à recueillir le legs, l'accroissement a lieu *cum onere. Duobus eadem res, si hæredi centum dedissent, legata est; si alterum ex his quinquaginta dederit, partem legati consequetur, et pars ejus qui non dederit alteri cum sua conditione adcrescit, L.* 54, § 1, *de cond. et dem.* (35, 1). Si, au contraire, le testateur a voulu grever personnellement le défaillant, les co-légataires qui profitent de l'accroissement ne sont pas tenus des charges. *Si separatim mihi totus fundus pure tibi sub conditione legatus fuerit, et tu decesseris, antequam conditio extiterit, non habebo necessitatem implere conditionem, ut pote cum etiamsi conditio deficerit, pars, quam vindicaturus eras, mihi adcrescit* (*L.* 30, *ib.*).

Le plus souvent dans les legs *disjunctim* les charges sont en vue de la personne, et l'accroissement a lieu *sine onere;* au contraire, dans les legs *conjunctim* les charges sont imposées à tout légataire quelconque, et l'accroissement s'opère *cum onere.* Mais l'hypothèse inverse peut parfaitement se présenter, et on ne doit même pas voir dans la *conjunctio* une présomption que la volonté du testateur a été de mettre le legs à la charge de la personne quelconque qui recueillera le legs, ni dans la *disjunctio* une présomption contraire. Il s'agit là d'une question à apprécier en fait et dont la solution varie suivant les circonstances.

5° Les jurisconsultes romains ont tracé des règles exceptionnelles en matière d'accroissement pour le cas d'un legs d'usufruit[1]. En appliquant les principes ordinaires, il faudrait décider qu'une fois les parts prises par les différents légataires, si ensuite l'une d'entre elles se trouvait libre, par suite de l'un des modes d'extinction de l'usufruit, elle irait rejoindre la nue-propriété. Eh bien! l'on déroge à cette régle et l'on décide que cette part, quoique n'ayant pas été vacante, puisqu'elle a été recueillie par celui à qui elle était destinée, va accroître au profit des autres légataires qui restent, et même (chose remarquable) au profit des co-légataires qui ont déjà perdu leur part s'ils vivent encore[2]. Il en est ainsi tant qu'il reste des co-légataires, de sorte que tout l'usufruit finit par se réunir sur la tête du survivant; à la mort seulement de ce dernier, il retourne au nu-propriétaire (*D. de usuf. accresc.* 7, 2, et notamment les *L.* 1, § 3, 10, 11; *L.* 3, § 2. *Quibus mod. usuf. omitt.* 7, 4; *vat. frag.* 77; Mühlenbruch. *Doc. Pand.* § 790.) Pour justifier cette dérogation aux principes ordinaires, les jurisconsultes romains prétendaient que le legs d'usufruit se répète journellement

---

1. Ce que nous allons dire suppose nécessairement qu'une part de l'usufruit se trouve libre après avoir été recueillie, par suite de la mort du co-légataire ou de l'un des événements qui constituent un légataire en état de défaillance. Si donc l'usufruit prend fin pour toute autre cause et notamment par suite d'un non-usage, par suite de la consolidation, il n'y a pas lieu à accroissement au profit des autres co-légataires.

2. Pourvu qu'ils soient capables à ce moment. *L.* 10, *de usuf. accresc.* Ainsi, s'ils ont perdu leurs parts par non-usage, par prescription au profit d'un tiers, par cession au nu-propriétaire, ils profitent de l'accroissement parce qu'ils sont capables à l'époque de la défaillance. — Dans les legs ordinaires cette condition de capacité est requise, non au jour où s'opère l'accroissement, mais au jour où l'on acquiert sa propre part, parce que l'accroissement même postérieur est censé s'opérer à cette époque, à cause de la rétroactivité. D'Hauthuille; p. 75.)

(*Usufructus quotidie constituitur et legatur*), et que par conséquent «du moment où l'un des usufruitiers ne rencontrait plus de rival pour la jouissance future, il devait l'absorber en entier à lui seul» (Machelard, p. 244; d'Hauthuille, p. 69). Cette raison n'est pas bonne et l'on peut accuser les jurisconsultes romains d'être tombés en contradiction; ils considèrent le legs d'usufruit comme un legs unique, dont le *dies cedit* a lieu une fois pour toutes. Cela est tellement vrai, que quand le testateur veut faire ouvrir le legs à plusieurs époques successives, il doit avoir soin de léguer itérativement, *in dies, in menses, in annos*.

Des jurisconsultes modernes ont voulu justifier les règles spéciales au cas d'usufruit, en disant qu'elles reposent sur la volonté présumée du testateur (Pothier, Don. et test. n° 346). Mais cette explication ne paraît pas satisfaisante. «En vain, dit-on, que le défunt a préféré pour l'usufruit chacun des légataires à ses héritiers. Cette observation n'est exacte qu'autant que le droit n'appartient qu'à un seul. En cas de concours, le défunt a voulu deux usufruits, car il a voulu un partage avec ses conséquences; et l'effet de ce partage est de créer deux usufruits indépendants l'un de l'autre. Il est vrai que le sort de la nue-propriété réservée aux héritiers, variera suivant qu'il y aura concours ou non. Mais ce n'est pas la seule hypothèse où l'on puisse appliquer l'adage : *Ex facto jus oritur.*» (Machelard, p. 246; Bugnet sur Pothier, t. 8, p. 325, note 1.)

6° Dans le legs fait à un esclave commun à plusieurs maîtres, l'accroissement est impossible, parce que cet esclave acquiert pour chacun d'eux une part du legs proportionnelle aux droits qu'ils ont sur lui-même, *pro partibus dominicis* et que dès lors chacun d'eux a sa part faite dès l'origine et n'a nul titre aux parts des autres. (D'Hauthuille, p. 68. *L.* 20. *de legatis*, 2°). Toutefois, à défaut du droit d'accroissement, la part vacante de l'un des maîtres est acquise aux autres, en vertu d'un autre droit, se basant sur ce principe que l'esclave commun acquiert pour l'un de ses maîtres ce qu'il ne peut acquérir pour l'autre. Ce que la loi 1, § *4, de stip. serv.* dit du cas de stipulation, doit s'étendre à celui de legs : *Persona servi communis ejus conditionis est ut, in eo quod alter ex dominis potest acquirere, alter non potest, perinde habeatur ac si ejus solius esset cui acquirendi facultatem habeat.* C'est en ce sens que s'expliquent les lois qui semblent admettre l'accroissement en pareil cas. (*L.* 67. *de acq. vel omitt. hæred. L.* 1, § 1. *D. de usuf. accresc.*) En un mot, toute la question revient à dire avec Doneau, que la part vacante est acquise aux autres maîtres *non jure accrescendi, sed jure potestatis* (*Cons. L.* 10, chap. 23, § 23). Voir d'Hauthuille sur toute cette question p. 68.

SECTION II.

Des effets de la conjunctio entre légataires.

§ 1. Droit ancien.

Dans l'ancien droit, pour savoir s'il y a lieu à accroissement entre co-légataires, il ne suffit pas de distinguer si le legs a été fait avec ou sans conjonction : il faut encore rechercher quelle est la forme du legs. Or, sous le rapport de la forme, il existe quatre espèces de legs : legs *per vindicationem*, legs *per damnationem*, legs *sinendi modo*, legs *per præceptionem.*

1°) *Legs per vindicationem.* Deux hypothèses :

A. Legs *per vindicationem* fait *conjunctim*, c'est-à-dire à des co-légataires *conjuncti re et verbis ;* exemple : *Tertio et Seio hominem Stichum do lego.* Chacun des co-légataires se trouve appelé au moins éventuellement à la propriété de la totalité de la chose, le testateur l'ayant donnée en entier à chacun d'eux. Ce n'est que dans le cas de concours qu'il y a lieu à partage : *concursu partes fiunt.* Donc, en sens inverse, à défaut de concours, celui des co-légataires qui reste prend la part du défaillant, puisqu'il a droit à la totalité : *cessante concursu cessant partes.* Il y a donc lieu à accroissement dans le legs *per vindicationem* fait *conjunctim.*

B. Legs *per vindicationem disjunctim* (Ex. *Lucio Titio hominem Stichum do lego; Seio eumdem hominem do lego*). Ici encore, quoique les co-légataires soient *conjuncti re tantum*, il y a une vocation éventuelle à la totalité de la propriété : si donc une part devient vacante, elle accroît à l'autre, parce que la cause qui empêchait d'acquérir la totalité n'existe plus. Gaius II, § 199. — Ulp., *Reg., lib. tit.* 24, § 12.

2°) *Legs per damnationem.* Que ce legs soit fait *conjunctim* ou *disjunctim*, il n'y a jamais lieu à accroissement.

A. Le legs *per damnationem conjunctim* n'admet pas l'accroissement à cause de sa nature particulière. En effet, il n'est pas, à la différence du legs *per vindicationem*, translatif de propriété : il ne donne naissance qu'à une créance au profit des légataires et, par conséquent, à une action personnelle Or, comme les créances sont des choses divisibles, celle qui résulte au profit des co-légataires du legs *per damnationem,* fait *conjunctim*, se divise entre eux : *damnatio partes facit; singulis partes debentur* (Gaius, II, § 215. Ulp., *Reg. lib. tit.* 24, § 13. *frag. vatic.* 85.). Chacun des co-légataires ne peut dès lors demander que sa part et, par conséquent, en réalité, il y a autant de legs dictincts que de légataires. Ce défaut de lien commun entre les co-légataires empêche évidemment l'accroissement de se produire. Si l'une des parts se trouve vacante, elle profite donc aux héritiers.

La loi 48, § 8, *de leg.* 1° nous présente un cas remarquable de legs *per damnationem* fait *conjunctim.* Elle suppose un testateur léguant à Titius et à Mævius l'esclave Stichus qui appartient à Titius. Le legs est *per damnationem*, car le testateur a légué la chose d'autrui, et, de plus, Titius ne vient pas au legs, puisqu'il est déjà propriétaire de l'esclave. Est-ce à dire que sa part accroît à celle de Mævius, de telle sorte que celui-ci pourrait réclamer la valeur de tout l'esclave? Nullement. Mævius ne peut demander que sa part, d'abord, parce qu'il n'y a pas lieu à accroissement dans le legs *per damnationem*, et ensuite *quia Titius, quamvis ad legatum non admittatur, partem facit.*

B. Legs *per damnationem* fait *disjunctim.* Quand le legs a été fait *per damnationem* et *disjunctim*, l'héritier se trouve débiteur envers chaque légataire d'une fois la chose ou bien de sa valeur. Ainsi dans le cas de l'esclave Stichus légué *disjunctim* à trois légataires, l'héritier doit l'esclave au premier légataire qui l'actionne, et une somme équivalente à sa valeur à chacun des légataires qui viendront ensuite. Il y a donc ici encore trois créances distinctes et l'absence de tout lien entre les légataires s'oppose à l'accroissement. L'héritier chargé du legs profite donc des défaillances. Il ne saurait en être autrement, car si l'accroissement etait admis, chaque légataire prendrait au delà de ce que le testateur a voulu lui donner. Ainsi, dans le cas de trois légataires, dont la part de l'un se trouverait vacante, si l'on permettait l'accroissement, chacun des deux autres obtiendrait une fois et demi la chose ou sa valeur.

Nous avons dit (et ce point demande maintenant une explication) que l'accroissement ne s'opère pas dans le legs *per damnationem* à cause de la *damnatio* qui divise le legs en autant de dettes distinctes qu'il se trouve de légataires. Dans le legs *per vindicationem*, le testateur transfère directement la propriété aux légataires, sans l'intermédiaire de l'héritier :

si donc il n'a pas fait de parts, chacun d'eux a droit à la totalité. Au contraire, dans le legs *per damnationem*, le testateur fait sa libéralité par l'intermédiaire de l'héritier ; les légataires sont mis en rapport avec lui ; c'est à l'héritier qu'ils doivent s'adresser pour obtenir ce qui leur revient. D'un autre côté, l'héritier se trouve lié envers le testateur par le testament qui primitivement constituait un véritable contrat, une vente *per œs et libram :* il s'est obligé d'accomplir le legs et c'est en cela que consiste sa *damnatio* envers les légataires, c'est-à-dire envers plusieurs créanciers. Or il est de principe en Droit romain, que, sauf le cas de convention contraire entre les parties ou de disposition formelle de la loi, quand il existe plusieurs créanciers d'une même dette, celle-ci se partage en autant de dettes différentes et distinctes. Telle est l'origine de l'axiome *damnatio partes facit.*

3°) Legs *sinendi modo.* — Après avoir parlé des legs *per vindicationem* et des legs *per damnationem,* nous arrivons aux legs *sinendi modo et per præceptionem.* A leur égard, les jurisconsultes romains se montrent beaucoup moins clairs qu'en ce qui concerne les deux premiers.

1° Legs *sinendi modo* fait *conjunctim.* Le legs *sinendi modo* présentait beaucoup d'analogie avec le legs *per damnationem.*

Dans l'un comme dans l'autre, la formule était la même : «*hœres meus damnas esto*» ; dans l'un comme dans l'autre, il y avait *damnatio*, seulement cette *damnatio* portait tantôt sur un *dare*, tantôt sur un *sinere sumere,* selon qu'il s'agissait du legs *per damnationem* ou du legs *sinendi modo.* (Gaius, *comm.* 2, § 201 et 209, cpr.). Dès lors, puisqu'il y a *damnatio*, la question n'est pas douteuse quant à l'accroissement dans le legs *sinendi modo* fait *conjunctim :* il faut l'écarter par application du principe *damnatio partes facit.* Il est vrai que Gaius ne s'explique pas sur ce point, mais c'est précisément parce qu'il suppose qu'il faut appliquer ici purement et simplement les règles du legs *per damnationem.* Du reste, à défaut de Gaius, les *Fragmenta vaticana,* après avoir énoncé la règle : *damnatio partes facit* pour le legs *per damnationem*, disent positivement : « *idemque et si sinendi modo fuerit usufructus legatus.* » (*Fr.* 85, *vatic.*)

Dans le legs *sinendi modo conjunctim*, la part du refusant n'accroît donc pas aux autres co-légataires, mais reste dans l'hérédité.

2° Legs *sinendi disjunctim.* — Dans ce cas, les jurisconsultes romains ne sont pas d'accord, ainsi que nous l'apprend Gaius (*C.* 2, § 215.). *Major illa dissentio*, dit Gaius, *in hoc legato intervenit, si eamdem rem duobus plurisve disjunctim legasti. Quidam putant utrisque solidam deberi, sicut per damnationem : nonnulli occupantis esse meliorem conditionem æstimant; quia, cum in eo genere legati damnetur hæres patientiam præstare, ut, legatarius rem habeat, sequitur ut, si priori patientiam præstiterit et is rem sumpserit, securus sit adversus eum qui postea legatum petierit, quia neque habet rem ut patiatur, eam ab eo sumi, neque dolo malo fecit quominus eam rem haberet.* Ainsi donc, les uns soutiennent qu'il faut appliquer les règles du legs *per damnationem*, que l'héritier doit par conséquent livrer la chose léguée au premier qui se présente, et la valeur de cette même chose aux autres co-légataires : ils s'appuient sur ce que dans le legs *sinendi modo* comme dans le legs *per damnationem* il a *damnatio.* Les autres, tout en reconnaissant ce caractère commun au legs *per damnationem* et au legs *sinendi modo*, repoussent cependant cette solution, parce qu'ils prétendent qu'en outre, le legs *sinendi modo* présente un caractère qui lui est propre ; c'est la *patientia* de l'héritier. Dans le legs *per damnationem*, l'héritier est obligé d'agir : dans le legs *sinendi modo* il n'est tenu qu'à laisser faire, à laisser prendre la chose. Dès lors, lorsque la chose a été prise par l'un quelconque des légataires, il se trouve libéré vis-à-vis des autres et peut les repousser par l'exception de dol : il n'est pas tenu de leur donner la valeur de la chose.

Cette divergence d'opinions est très-importante en ce qui concerne les droits des légataires et les obligations de l'héritier. Dans le premier système, l'héritier doit autant de fois la chose qu'il y a de légataires (soit la chose elle-même, soit sa valeur), et à cet effet, chacun des légataires jouit contre lui d'une *actio in solidum* (Gaius, C. 2, § 213.). Dans le deuxième système, au contraire, l'héritier ne doit qu'une fois la chose, à celui qui se présente le premier : il ne doit pas sa valeur aux autres : aussi l'action intentée par l'un des co-légataires éteint celle des autres, de telle sorte qu'ils se trouvent dans la même position que les *correi stipulandi* vis-à-vis du *correus debendi.*

Mais quelle que soit l'opinion qu'on admette, le doute n'est pas possible en ce qui concerne l'accroissement : que l'héritier soit débiteur d'autant de fois la chose ou sa valeur qu'il y a de co-légataires, ou qu'il ne la doive qu'une fois, dans l'un et l'autre cas l'accroissement est impossible : 1° Si l'on admet que l'héritier doit plusieurs fois la chose, on décide par cela même, qu'il faut assimiler le legs *sinendi modo* au legs *per damnationem*, et nous savons que le legs *per damnationem* n'admet pas d'accroissement : si donc l'un des légataires fait défaut, c'est l'héritier qui en profite; 2° si l'on prétend que l'héritier ne doit qu'une fois la chose, alors l'accroissement n'est pas possible par l'excellente raison qu'il n'y a jamais de parts vacantes : c'est celui qui se présente le premier qui prend tout le legs; sa part n'est donc pas vacante et celle des autres ne l'est pas non plus, puisqu'ils n'ont plus droit à rien. Dans ce système donc pas de milieu : ou tout legs est pris ou tout legs reste vacant (ce qui a lieu quand aucun des légataires ne se présente, quand tous sont incapables). Dans l'un et l'autre cas il ne saurait être question d'accroissement entre co-légataires.

4°) *Legs per præceptionem.* Il existait entre les jurisconsultes romains une controverse sur la question de savoir à qui pouvait s'adresser un legs *per præceptionem.* Les Sabiniens s'appuyaient sur la particule *præ* pour décider qu'il ne pouvait être fait qu'à des héritiers. Les Proculéens pensaient qu'il pouvait s'appliquer même aux étrangers. Faisant abstraction des mots employés par le testateur, pour donner effet à sa volonté, ils prétendaient que la syllabe *præ* n'avait aucune importance à leur égard, que le mot *præcipito*, appliqué à des étrangers, était synonyme de *capito* et que, dès lors, le legs devait valoir; seulement dans ce cas au lieu d'être *per præceptionem*, il constituait en réalité un legs *per vindicationem.* Une constitution d'Adrien, à ce que nous dit Gaius, a fini par faire triompher l'opinion des Proculéens.

Le legs *per præceptionem* peut donc valablement s'adresser soit à des étrangers, soit à des héritiers. De là trois hypothèses que nous allons examiner successivement: 1° Il est fait *conjunctim* ou *disjunctim* à plusieurs *extranei;* 2° il est fait à plusieurs héritiers; 3° il s'adresse à la fois à des *extranei* et à des héritiers.

1re hypothèse. Le legs *per præceptionem* est fait *conjunctim* ou *disjunctim* à plusieurs *extranei.* Dans ce cas, il vaut, avons-nous dit, comme legs *per vindicationem.* Dès lors il faut toujours admettre l'accroissement, que le legs soit fait *conjunctim* ou *disjunctim;* il suffit à cet égard de se reporter à nos développements sur le legs *per vindicationem.*

2e hypothèse. Le legs *per præceptionem* est fait *conjunctim* ou *disjunctim* aux héritiers. Gaius nous apprend que dans ce cas l'héritier (ou les héritiers légataires) jouit de l'*actio familiæ erciscundæ* pour l'obliger les autres au partage, et alors, avant que d'y procéder, il est autorisé, en vertu de cette même action, à prélever sur la masse héréditaire la chose qui lui a été léguée. Or l'*actio familiæ erciscundæ* est une action personnelle. Le legs *per præceptionem* ne constitue donc qu'un droit de créance au profit de l'héritier. Aussi, quand il y a plusieurs héritiers qui viennent, soit *conjunctim*, soit *disjunctim*, à un legs *per præceptionem*, il faut leur appliquer les règles du legs *per damnationem*; chacun d'eux n'a d'action que pour sa part; son action et son droit sont toujours distincts de ceux des autres; si donc la part des héritiers légataires vient à faire défaut, à se trouver vacante, elle n'accroit pas aux autres, mais profite à l'hérédité.

3e hypothèse. Le legs *per præceptionem* s'adresse à la fois à des co-héritiers et à des *extranei*. Ce legs valant à l'égard des *extranei* comme legs *per vindicationem* et produisant à l'égard des co-héritiers légataires les mêmes effets que le legs *per damnationem* entre simples légataires, il faut en conclure : 1° Que les co-héritiers légataires ne profitent jamais des parts vacantes qui peuvent exister de leur côté, soit du côté des *extranei ;* 2° que ces parts vacantes ne restent pas dans l'hérédité ; mais 3° qu'elles profitent aux *extranei* légataires, parce qu'ils sont appelés éventuellement à la totalité de la chose.

Mais ici peut se placer, quant au legs *per præceptionem* fait à un héritier, une remarque importante. Il est un principe certain en Droit romain et qui domine toute cette matière : *Hæredi a semetipso inutiliter legatur* (*L.* 18, *L.* 34, § 11. *L.* 116, § 1er, *de legatis,* 1°). En effet, léguer à un héritier qui accepte, c'est lui donner sa propre chose, c'est le charger de se payer lui-même, s'il est seul. Dès lors, le legs se trouve nul et l'héritier acquiert la chose *non jure legati sed jure hæreditario.* Mais la question devient plus délicate, quand il se trouve plusieurs héritiers : alors le legs est nul pour partie et valable pour partie; nul, dans la proportion de la part que l'héritier légataire prend dans l'hérédité; valable, dans la proportion des parts des autres héritiers. En effet, ce legs, comme les dettes du défunt, tombe à la charge de tous les héritiers, et chacun d'eux, y compris l'héritier légataire, doit en supporter une part proportionnelle à celle qui lui a été donnée dans l'hérédité. L'héritier légataire se doit donc une partie de son legs, et cette partie, qui est proportionnelle à sa part d'hérédité, se trouve frappée de nullité, parce qu'on ne peut pas se devoir à soi-même. De là les conséquences suivantes :

1° Quand le legs s'adresse à tous les héritiers, chacun d'eux prend dans le legs une part en proportion inverse de celle qu'il a dans l'hérédité (Arg. L. 34, § 11. *De leg.*, 1°). Ainsi, par exemple, soit un legs fait à Primus et à Secundus, qui sont en même temps les seuls héritiers, mais inégalement institués, l'un pour un douzième (*uncia*) et l'autre pour onze douzièmes, *ex undecim unciis*. Chacun d'eux doit supporter le passif proportionnellement à sa part d'actif, c'est-à-dire que Primus est tenu pour $^{1}/_{12}$ et Secundus pour $^{11}/_{12}$. Dès lors, par rapport au legs, Primus se doit à lui-même $^{1}/_{12}$ du legs et Secundus lui en doit $^{11}/_{12}$; réciproquement, Secundus se doit $^{11}/_{12}$ du legs et Primus lui en doit $^{1}/_{12}$. Ainsi, le legs, fait à deux héritiers qui sont seuls héritiers, est à la fois valable et nul pour chacun d'eux ; valable, proportionnellement à la part de ses co-héritiers ; nul, proportionnellement à sa propre part. Dans notre exemple, Primus acquiert $^{11}/_{12}$ du legs et Secundus $^{1}/_{12}$. Pour expliquer ce résultat, M. Machelard (p. 28 et suiv.) fait intervenir les règles de l'accroissement, ce qui suppose le legs fait *conjunctim vel disjunctim*. Ce savant auteur dit que le legs de Primus étant nul pour $^{1}/_{2}$, cette part va se joindre à celle de Secundus, qui l'acquiert par voie d'accroissement et en sens inverse, que le même egs étant nul à l'égard de Secundus pour $^{11}/_{12}$, cette part est acquise à Primus au moyen de l'accroissement. Cette proposition peut être contestée. Selon nous, ce n'est pas en vertu de l'accroissement que Primus prend $^{11}/_{12}$ du legs et Secundus $^{1}/_{12}$, mais à titre de créancier. Ainsi, quant à Primus, il a droit à $^{1}/_{12}$ de l'hérédité et de plus à un legs; et comme ce legs est à la charge de l'hérédité, Primus doit y contribuer dans la proportion de sa part héréditaire, c'est-à-dire pour $^{1}/_{12}$. Il est donc son propre créancier et débiteur pour cette part, qui, par conséquent, se trouve nulle; mais il reste créancier de $^{11}/_{12}$, et, pour les obtenir, il peut actionner Secundus; il les acquiert donc, non pas au moyen de l'accroissement, mais en vertu de son titre de créancier. Le même raisonnement s'appliquerait à Secundus, *mutatis mutandis:* cela est tellement vrai que le même résultat se produit non-seulement dans le cas de legs *conjunctim vel separatim*, mais même dans celui de *conjunctio verbis tantum*, preuve évidente que l'accroissement n'intervient pas pour la solution de cette question.

2° Quand le legs, au lieu d'être fait à tous les héritiers, s'adresse seulement à quelques-uns d'entre eux, les héritiers légataires partagent entre eux d'une manière égale les parts du legs qui sont à la charge de leurs co-héritiers non légataires, et de plus, chacun d'eux perd dans le legs une part proportionnelle à celle qui lui est attribuée dans l'hérédité. Ainsi soient quatre institués: Primus pour $^{1}/_{4}$, Secundus pour $^{1}/_{4}$, Tertius pour $^{3}/_{8}$, Quartus pour $^{1}/_{8}$. De plus, Tertius et Quartus sont légataires d'un fonds. Primus étant tenu de $^{2}/_{8}$ des dettes, devra $^{1}/_{8}$ du legs à Tertius et $^{1}/_{8}$ à Quartus; Secundus étant obligé à payer les dettes dans la même proportion, sera tenu à l'égard de chacun d'eux pour $^{1}/_{8}$; quant à Tertius, il doit $^{3}/_{8}$ à Quartus; enfin, Quartus doit $^{1}/_{8}$ à Tertius. Tertius aura donc $^{1}/_{8}$ (de Primus) + $^{1}/_{8}$,

Secundus) + $^1/_8$, (de Quartus), c'est-à-dire $^3/_8$ du legs, et Quartus aura $^1/_8$, (de Primus) + $^1/_8$, (de Secundus) + $^3/_8$ de Tertius, c'est-à-dire $^5/_8$.

3° Quand le legs est fait *conjunctim vel separatim*, tout à la fois à des héritiers et à des *extranei*, au regard des premiers le legs est nul pour une part proportionnelle à celle qu'ils prennent dans l'hérédité, et au regard des seconds le legs est valable sans restriction, sauf application de la règle: *Concursu partes fiunt* (L. 116, § 1er, *de leg.*, 1°).

APPENDICE AU § 1er.

Accroissement dans le cas de legs validé en vertu du sénatus-consulte Néronien.

D'après le sénatus-consulte Néronien, tout legs *per vindicationem* ou *per præceptionem*, ou *sinendi modo*, qui ne peut pas valoir comme tel, n'est plus annulé, mais considéré comme legs *per damnationem* (Gaius, II, § 197). Mais alors se présente la question de savoir quelles seront les règles d'accroissement qu'il faudra appliquer à ce legs? Les jurisconsultes sont loin de s'accorder sur cette question. Les uns, se fondant sur le fragm. 85 des *Vaticana*, décident que dans le legs validé en vertu du s. c. Néronien, on applique pour l'accroissement les règles du legs *per vindicationem* (de Fresquet, 1, p. 475; d'Haulhuille, p. 136). Les autres pensent qu'il faut appliquer les règles du legs dans la forme duquel il a été fait; ainsi, les règles du legs *per vindicationem*, s'il a été fait dans cette forme, ou du legs *per præceptionem*, etc. Ni l'une ni l'autre de ces opinions ne semble satisfaisante. Que dit en effet le n° 85 des *vaticana fragmenta?* Il suppose qu'un testateur a légué à plusieurs personnes et *per vindicationem* l'usufruit de la chose d'autrui. Ce legs est nul comme legs *per vindicationem*, car on ne peut pas employer cette forme pour léguer la chose d'autrui ; mais par application du s. c. Néronien, il vaut comme legs *per damnationem.* Ce point établi, le jurisconsulte suppose qu'un des légataires fait défaut, et il distingue : ou bien le légataire fait défaut avant que le legs n'ait été divisé, avant que l'usufruit n'ait été constitué; ou bien il fait défaut après ce moment ; dans le premier cas, sa part accroît aux autres co-légataires; dans le second cas, il n'y a pas lieu à accroissement.

Cette solution peut s'expliquer ainsi : tant que le legs n'a pas été exécuté, tant que l'usufruit n'a pas été constitué, il y a lieu à accroissement, parce qu'on tient compte de la volonté du testateur, qui est de donner à chacun des co-légataires la totalité, *cessante concursu ;* après la constitution de l'usufruit, on n'admet plus l'accroissement, parce qu'on suppose que les co-légataires ont désormais acquis un droit distinct. Ce dernier point constitue à la fois une dérogation à la règle spéciale pour le cas d'usufruit et un retour aux principes généraux.

S'appuyant sur ce texte, certains auteurs ont généralisé sa décision et posé en principe que dans le cas de legs validé en vertu du s. c. Néronien, on doit toujours appliquer les règles du legs *per vindicationem* en ce qui touche l'accroissement.

D'autres induisent de ce texte qu'à l'époque du s. c. Néronien, on s'occupait avant tout de faire produire effet à la volonté du testateur, que dès lors dans le cas d'un legs quelconque validé par ce s. c., il faut appliquer les principes d'accroissement, non pas du legs *per damnationem*, mais du legs dans la forme duquel il a été fait.

Aucune de ces opinions ne nous paraît, comme nous l'avons déjà dit, satisfaisante, et nous pensons, quoique ce système n'ait pas encore été présenté, que pour les legs validés par le s. c. Néronien, il faut appliquer les principes d'accroissement du legs *per damnationem.* Le frag. 85 des *Vaticana* ne saurait servir d'argument : il faut n'en tenir aucun compte, car il concerne un cas d'usufruit ; or, les legs d'usufruit, comme nous l'avons vu, ont toujours été régis par des principes tout à fait spéciaux. Loin d'argumenter du fragment précité, il faut donc en induire, au contraire, qu'il contient une dérogation aux règles ordinaires de l'accroissement en ce qui touche les legs validés par le s. c. Néronien.

Du moment que ces legs valent et sont considérés comme legs *per damnationem*, pourquoi ne leur appliquerait-on pas aussi les règles d'accroissement de ces legs ? Dans le legs validé par le s. c. Néronien, il y a *damnatio ;* or, *damnatio partes facit ;* l'accroissement n'est donc pas possible, ce qui revient à dire qu'on applique les règles du legs *per damnationem.*

§ 2. De l'accroissement entre co-légataires sous l'empire des lois caducaires.

Les détails dans lesquels nous sommes entrés en parlant de l'accroissement dans les hérédités, nous dispensent de nous arrêter longtemps sur cette matière : les règles que nous avons posées sur les cas de caducité, de biens *in causa caduci* pour les héritiers, sont en général applicables aux légataires. Nous nous contenterons donc de poser les suivantes :

1° Même sous l'empire des lois caducaires, on continue d'appliquer pour les *bona vacantia* les anciennes règles de l'accroissement, ce qui a lieu notamment quand une disposition est considérée *pro non scripta*, pour une cause quelconque, par exemple, par suite du décès du légataire avant la confection du testament.

2° Sans avoir aboli le *jus accrescendi*, les lois papiennes lui ont cependant imposé quelques restrictions, en établissant qu'il y aurait caducité dans certains cas, où, précédemment, les biens étaient considérés comme vacants. Ainsi, elles ont déclaré que les legs valables dans le principe et infirmés du vivant même du testateur, seraient assimilés aux caducs (*in causa caduci*), et, par conséquent, on substitua aux anciens principes de l'accroissement ceux des lois caducaires.

3° Dans le cas de legs caduc ou *in causa caduci*, la *caducorum vindicatio* appartient 1° aux co-légataires *patres conjuncti re et verbis;* puis aux co-légataires *conjuncti verbis tantum;* puis aux co-légataires *conjuncti re tantum*, sans qu'il y ait lieu, du reste, de distinguer entre les différentes espèces de legs (Gaius, II, § 206 à 208. L. 89, *de leg.*, 3°). Cette préférence des *conjuncti verbis tantum* sur les *conjuncti re tantum* constitue une bizarrerie qu'il est difficile de justifier, « si ce n'est, en disant avec M. Ortolan, « qu'il ne s'agit pas ici d'un droit d'accroissement résultant « du testament, mais d'une attribution que la loi fait elle-« même pour récompenser la paternité. » A défaut de co-légataires conjoints, les *caduca* appartiennent 2° aux héritiers institués dans le même testament et ayant des enfants; 3° aux légataires non conjoints, mais *patres;* 4° au trésor public.

§ 3. De l'accroissement entre co-légataires sous Justinien.

Nous avons vu le s. c. Néronien valider les legs jusqu'alors considérés comme nuls pour vice de forme. Constantin alla plus loin: il abolit la nécessité de termes sacramentels et, dès lors, on ne s'occupa plus des expressions employées par le testateur que pour savoir s'il avait entendu donner au légataire un droit de créance ou un droit de propriété (*Const.* 21. *C. de legatis,* 6, 37). Enfin, Justinien déclara qu'il n'existerait plus désormais qu'une seule espèce de legs, dont l'exécution pourrait être réclamée soit par l'*actio ex testamento*, soit par la *condictio*, soit par la *rei vindicatio*, suivant les circonstances. Tous les legs sont donc confondus ; mais les anciennes règles qui dominent sont celles du legs *per vindicationem*. Ainsi, Justinien déclare que dorénavant l'accroissement sera possible dans tous les legs faits *conjunctim* ou *disjunctim* (§ 8, *I. de leg.*, 2. 20).

La règle est générale : l'accroissement se fait dans tous les cas, même dans les legs qui consistent en une obligation. Sous ce dernier rapport, Justinien introduit une innovation remarquable : Quoiqu'une obligation se divise de plein droit et qu'en réalité il y ait autant de legs distincts que de parts, l'accroissement a lieu dans ce cas. « L'esprit d'unité de Justi-«nien, dit M. Ortolan, simplifie, mais à la charge de ne plus « tenir compte de ces nuances délicates que découvre un rai-«sonnement subtil.»

Du reste, même sous Justinien, il faut encore entre les légataires un lien commun, une *conjunctio re et verbis* ou *re tantum*, pour que l'accroissement puisse se produire. Ainsi, la simple *conjunctio verbis* ne suffit pas pour donner naissance au *jus accrescendi*. Cette proposition est toutefois vivement controversée. Il est des auteurs qui soutiennent que même dans l'ancien Droit la *conjunctio verbis tantum* pouvait produire l'accroissement entre co-légataires. On s'appuie à cet effet sur la fameuse L. 89, *de leg.*, 3°, extraite du 6e livre du Commentaire de Paul sur les lois *Julia et Papia Poppæa*, et où ce jurisconsulte s'exprime dans les termes suivants: «*Præfertur igitur omnimodo cæteris, qui et re et verbis conjunctus est; quod si re tantum conjunctus sit, constat non esse potiorem; si vero verbis conjunctus sit, re autem non, quæstionis est an cunjunctus potior sit? Et magis est ut ipse præferatur.*»

Mais, comme l'a fait remarquer Hugo pour la première fois, ce texte est relatif à la loi *Papia Poppœa*, c'est-à-dire à l'attribution des parts caduques. En effet, cette loi faisait passer les légataires *conjuncti verbis tantum* avant les *conjuncti re tantum;* mais, comme il s'agit de caducité, il est évident que ce texte est complétement étranger à la matière de l'accroissement et ne prouve absolument rien. Cela est tellement vrai qu'il se trouve en opposition avec tous les autres textes des Instituts et du Digeste. Ainsi, par exemple, au § 8, *de legatis,* les Inst. parlent des légataires *conjuncti (id est re et verbis)* et des *separati (conjuncti re tantum)*, mais elles passent sous silence les *conjuncti verbis tantum* (voy. aussi L. 11, *de usuf. accresc.*, 7, 2). En outre, si dans cette Loi Paul avait eu l'intention de parler de la *conjunctio verbis* dans ses rapports avec le droit d'accroissement entre co-légataires, il n'aurait pas posé la question de savoir si la *conjunctio verbis* donne lieu à un droit de préférence sur les *conjuncti re,* mais bien plutôt celle de savoir si cette *conjunctio* donne seulement lieu à un droit d'accroissement. Ajoutez à cela que la *conjunctio verbis* ne procurant pas un droit de préférence entre co-héritiers (L. 66, *de hæred. inst.*), on ne voit pas pour quelles raisons elle produirait effet entre co-légataires. Enfin, il est évident qu'un accroissement entre *conjuncti verbis* heurterait les intentions du testateur, car, comme le dit fort bien Voët: *In sola verbali conjunctione testator ab initio singulis partes dedit adeoque hi concursu partes non faciunt quas ab initio jam habuerant.*

L'accroissement n'existait donc pas dans l'ancien Droit entre co-légataires *conjuncti verbis tantum.* Certains auteurs, tels qu'Holtius, Rudorff, Mayer, Mühlenbruch, tout en admettant cette solution prétendent que Justinien a modifié cette règle, et permis l'accroissement entre *conjuncti verbis tantum* par suite d'un vestige des lois caducaires. Ce système ne saurait être sérieusement soutenu après une lecture attentive du § 11 de la *Const. de cad. toll.* et du § 8 *I. de leg.* Justinien, loin d'y signaler une réforme, laisse voir, au contraire, qu'il entend faire revivre entièrement l'ancien Droit sous ce rapport. Ainsi, dans l'ancien Droit, l'expression *legati conjuncti* désigne les *conjuncti re et verbis*, et celle de *separati* les *conjuncti re tantum*. Eh bien, nous retrouvons ces mêmes mots et avec le même sens dans le § 8 *I. de legatis.* Enfin ces mots, nous les voyons encore dans la *Const. un.* § 11, et il est évident que leur signification est restée la même que dans les Instituts. Si Justinien avait entendu changer le sens de ces mots, il n'aurait pas manqué d'en prévenir tout le monde par une disposition formelle. L'opinion contraire, d'après laquelle Justinien a modifié le *jus antiquum* en admettant l'accroissement au profit des *conjuncti verbis*, est donc insoutenable, puisqu'elle mène à dire que ce prince a introduit ces modifications, tout en continuant d'employer les anciens mots, sans prévenir que désormais ils changeraient de signification, comme si une disposition aussi importante pouvait être tacite, comme si, sans en avertir personne, on pouvait donner aux mots un sens différent de celui qu'ils avaient eu jusqu'alors.

L'accroissement s'opère donc sous Justinien, comme dans l'ancien Droit, seulement au profit des co-légataires *conjuncti re et verbis* et des co-légataires *conjuncti re tantum.* Mais se fait-il encore *ipso jure* et *cum onere*? Sous ce rapport, des changements ont été introduits par la *Const. un.*, § 11 *de cad. toll.*, et il importe de distinguer selon que le legs a été fait *conjunctim* ou *disjunctim.*

1° Legs fait *conjunctim*, c'est-à-dire legs où tous les co-légataires sont *conjuncti re et verbis.* — Dans le cas de legs *conjunctim*, l'accroissement est devenu volontaire, facultatif. Lors donc qu'une part se trouve vacante, les autres co-légataires sont libres de profiter ou non de l'accroissement. De là peuvent naître trois hypothèses : ou bien tous les co-légataires consentent à prendre la part vacante, et alors on la partage entre eux tous ; ou bien tous, quoique ayant accepté leurs portions personnelles, refusent l'accroissement, et dans cette hypothèse la part vacante reste dans l'hérédité ; ou bien enfin, parmi les co-légataires, les uns acceptent, les autres refusent l'accroissement, auquel cas la part vacante se partage en entier entre ceux-là.

Toutefois si l'accroissement est facultatif, d'un autre côté il se fait toujours *cum onere*, sans qu'il y ait lieu de rechercher si le testateur, d'après les termes dont il s'est servi, a entendu imposer une charge personnelle ou en grever la part elle-même, abstraction faite de la personne du légataire.

2e Legs fait *disjunctim*, c'est-à-dire où les légataires sont *conjuncti re tantum.* — Lorsqu'il s'agit d'un legs fait *disjunctim*, Justinien revient aux anciens principes et, appliquant la règle : *concursu tantum partes fiunt, solidum cuique datur*, il décide que l'accroissement a lieu forcément, bon gré, mal gré, au su comme à l'insu des légataires ; il maintient aussi cette autre maxime de l'ancien droit *non alienum sed suum tantum legatum immunitum habet*, et déclare que l'accroissement s'opère *sine onere*, à moins que le testateur n'ait formellement voulu le contraire, soit même implicitement, comme, par exemple, quand il a fait entendre qu'il impose la charge à quiconque recueillera la part.[1]

Ainsi donc et en deux mots, dans le legs *disjunctim* l'accroissement a lieu forcément, mais *sine onere*, tandis que dans le legs *conjunctim*, il est facultatif, mais se fait *cum onere.*

---

1. On ne pouvait pas mettre des legs à la charge des légataires (*a legatario legari non potest*) mais des fidéicommis, des conditions onéreuses (*si monumentum fecerit*).

CHAPITRE III.

De l'accroissement dans les donations à cause de mort et dans les fidéicommis.

SECTION PREMIÈRE.

Accroissement dans les donations à cause de mort.

L'accroissement n'est pas possible entre co-donataires d'une même chose *conjuncti re et verbis* ou *re tantum*. Lorsqu'une chose ou un ensemble de biens est donné *conjunctim vel separatim* (mots employés dans le sens qu'ils ont entre légataires), si l'un des donataires n'accepte pas sa part dans la donation, ou se trouve empêché de la prendre pour un motif quelconque, cette part n'accroît pas aux autres donataires; elle est censée n'avoir jamais existé. Le donataire n'est, en effet, ni un héritier, ni un légataire, ni un fidéicommissaire, et aucune loi ne dit que le droit d'accroissement ait existé de plein droit dans les contrats et dans les actes entre vifs.

Cette décision s'applique même à la donation *mortis causa*, mais seulement jusque sous Justinien. A partir de cet empereur, la donation à cause de mort a été complétement assimilée au legs, et dès lors il faut décider que les co-donataires *mortis causa conjuncti vel disjuncti* profitent de l'accroissement. En vain a-t-on essayé de soutenir l'opinion contraire (Faber, *De error. pragm.*, *decad.* 48, *err.* 10). Le doute ne semble pas possible en présence des § 1, *I. de donat.*; *const. ult. de don. mort. caus.*; *const. un.*, § 14 *de cad. toll.* Dans les deux premiers de ces textes, il est dit d'une manière générale que la donation à cause de mort est, quant à ses effets, assimilée aux legs. Or, l'accroissement rentre dans les effets des legs : *ad effectum pertinet jus accrescendi.* Le dernier de ces textes étend à la *mortis causa donatio* les règles qui précèdent; or, ces règles sont relatives à l'accroissement entre co-légataires.

Pour expliquer le *jus accrescendi* dans les donations à cause de mort, on dit que le défunt préfère tous les donataires à l'héritier, et que dès lors, si l'accroissement ne se produisait pas, sa volonté ne serait pas accomplie, puisqu'au lieu d'aller aux co-donataires, la part vacante profiterait à l'héritier.

SECTION II.

Accroissement dans les fidéicommis.

Dans l'ancien Droit, les fidéicommis étaient, sous le rapport de l'accroissement, assimilés au legs *per damnationem.* Il n'y avait donc pas lieu à accroissement même entre fidéicommis *conjuncti vel disjuncti;* l'héritier chargé du fidéicommis profitait des parts vacantes. Les motifs d'exclusion du *jus accrescendi* dans les fidéicommis sont les mêmes que pour le legs *per damnationem;* les fidéicommissaires ne sont pas tous appelés concurremment et directement à sa propriété; ils n'ont qu'un droit de créance, lequel se divise entre chacun d'eux proportionnellement à sa part, *damnatio partes facit.* Il y a donc, à proprement parler, autant de fidéicommis spéciaux et distincts que de fidéicommissaires, (Pothier, *ad Pand.*, *L.* 30, § 415 et 416), et on applique dès lors les principes du legs *per damnationem.* Ainsi, quand une même chose a été donnée *disjunctim* à deux fideicommissaires, l'un prend la chose et l'autre sa valeur. (*L.* 20, *de leg.*, 3°; *L.* 85, § 5 *de leg.*, 1°.) De même, en cas de fidéicommis à titre particulier fait *conjunctim*, l'objet du fidéicommis se partage entre les fidéicommissaires.

Mais il me semble, quoique cette question n'ait pas encore été examinée, qu'en cas de fidéicommis à titre universel *disjunctim*, on doit s'écarter des principes du legs *per damnationem.* Si on les appliquait, il faudrait, en effet, décider que l'héritier doit donner au premier fidéicommissaire qui se présente, l'hérédité ou la quote-part qui lui a été laissée par le testateur, et aux autres une valeur égale à cette hérédité, ou à cette quote-part, ce qu'il est impossible d'admettre. Il faut évidemment décider que les fidéicommissaires à titre universel *disjuncti*, n'ont droit à eux tous, qu'à une fois l'hérédité, que par la force même des choses on doit les assimiler aux fidéicommissaires *conjuncti*, de telle sorte que si une de leur part vient à se trouver vacante elle profitera à l'héritier.

Voët, au siècle dernier, a prétendu que déjà dans l'ancien Droit l'accroissement était admis entre fidéicommissaires *conjuncti vel disjuncti;* il s'est appuyé sur ce que telle est la volonté présumée du défunt. Sans doute, si celui-ci a exprimé sa volonté à cet égard, l'héritier fiduciaire, à raison même de sa bonne foi, à laquelle le défunt s'est rapporté, ne s'opposera pas à l'accroissement entre les fidéicommissaires, d'autant plus que dans ce cas les parts vacantes font l'objet pour ainsi dire d'un nouveau fidéicommis.[1] Mais si le testateur a gardé le silence, les parts vacantes doivent profiter à l'héritier fiduciaire. Du reste, la question n'est plus douteuse depuis la découverte des *Frag. vat.*, où il est dit sous le § 85 : *In fideicommissis autem id sequimur quod in damnatione.*

1. Aussi n'y a-t-il pas, à proprement parler, accroissement.

Toutefois, sous Justinien, les règles de l'ancien Droit furent profondément altérées. D'une part, cet empereur n'admit plus qu'une seule espèce de legs correspondant en général au legs *per vindicationem* de l'ancien Droit; d'autre part, il assimila complètement les fidéicommis aux legs. De cette double innovation, il résulta que désormais l'accroissement eut lieu entre fidéicommissaires comme entre légataires et suivant les mêmes règles. *Const. un.*, § 11 et 14 *de cad. toll.* (6, 51); § 35, *I. de leg.* (2, 20).

DROIT CIVIL FRANÇAIS.

DU DROIT DE RÉTENTION.

GÉNÉRALITÉS.

§ 1er. Toute personne qui se trouve liée par une obligation doit l'accomplir. Ce principe est fondamental; la loi positive ne l'a pas créé : elle n'a fait que le reconnaître et le munir de sanctions. Dès l'origine des sociétés, on voit les lois grossières et primitives des peuples l'appliquer avec une extrême rigueur. C'est la personne même du débiteur qui garantit au créancier l'exécution de l'obligation : ses biens sont aussi acquis au créancier, mais comme accessoires de la personne; d'où l'adage: « Qui confisque le corps, confisque les biens. » Plus tard, le respect de la liberté individuelle amène un adoucissement : le créancier s'attaque directement aux biens ; la liberté de l'obligé ne répond plus qu'accessoirement de la dette. — Tel est encore aujourd'hui l'esprit du Code Napoléon; il restreint la contrainte par corps dans des limites très-étroites; mais d'un autre côté, il applique dans toute son étendue la règle : Qui s'oblige oblige le sien (art. 2092).

§ 2. Le Code Napoléon confère donc un gage général à tout créancier sur tous les biens du débiteur. Il est vrai que la loi admet quelques exceptions à ce principe : tantôt certains biens échappent totalement aux poursuites des créanciers, comme, par exemple, les immeubles dotaux, et, en général, tous les biens inaliénables, les biens incessibles, tels que les droits d'usufruit, d'usage, d'habitation, les biens insaisissables (581 à 593, C. pr. civ.); tantôt il se peut que le droit d'agir sur les biens du débiteur existe, mais soumis à des conditions restrictives (2206, 2209, 2212); ainsi, les créanciers d'un mineur n'ont le droit d'attaquer ses immeubles qu'après avoir épuisé ses meubles; de même, les créanciers hypothécaires ne peuvent poursuivre la vente des immeubles qui ne leur sont pas hypothéqués qu'en cas d'insuffisance de ceux qui le sont; de même encore, les créanciers sont obligés de suspendre leurs poursuites lorsque le débiteur justifie par baux authentiques que le revenu net et libre de ses immeubles, pendant une année, suffit pour le paiement intégral de la dette, capital, intérêts et frais, et qu'il en offre la délégation. Mais enfin, à part ces quelques exceptions, tous les biens mobiliers et immobiliers, corporels et incorporels, présents et à venir du débiteur, forment le gage de ses créanciers, et ce principe s'applique même quand la personne qui s'engage valablement ne peut pas disposer de certains de ses biens; ainsi le créancier d'une femme ou d'un mineur valablement obligé, jouit du droit de gage même sur les biens dont cet incapable ne peut pas disposer.

§ 3. Alors se présente la question de savoir comment s'exerce ce droit de gage, s'il existe plusieurs créanciers ? En jouiront-ils concurremment ou dans l'ordre des dates de leurs créances ?

Tous les créanciers sont égaux entre eux : le fait qu'une obligation a été contractée antérieurement à une autre, n'établit aucun titre de préférence. Tel est le principe dominant et qui dérive du droit naturel. Il en résulte que, quand le patrimoine du débiteur se trouve insuffisant pour satisfaire intégralement tous les créanciers, chacun doit subir une réduction proportionnelle. Mais comme un grand nombre de personnes, dans la crainte de ne plus rentrer dans la totalité de leurs fonds, s'abstiendraient de prêter, les nécessités du crédit ont amené le législateur à permettre d'écarter ou à écarter lui-même assez souvent ce principe, pour donner place, contrairement aux règles du droit naturel, à des sûretés spécialement établies au profit de certains créanciers. Tels sont le gage, l'antichrèse, l'hypothèque, le privilége qu'on appelle sûretés réelles, parce qu'elles portent sur des choses du débiteur ou d'un tiers, par opposition aux sûretés personnelles. Il semble, quand on s'en tient à la rédaction de l'art. 2094, que le privilége et l'hypothèque soient les seules sûretés réelles admises par le Code Napoléon; mais il n'en est rien. Le nantissement constitue aussi une sûreté réelle; on lui donne le nom de gage ou d'antichrèse, selon qu'il porte sur un meuble ou sur un immeuble.

§ 4. Outre ces sûretés réelles que nous venons d'énumérer, il en est encore une autre dont la loi n'a pas parlé *in extenso*, quoique son existence soit incontestable: c'est le droit de rétention. Il consiste dans la faculté donnée à tout créancier à raison d'une chose appartenant à autrui et dont il se trouve en possession, d'en refuser la restitution jusqu'à ce qu'on le paie intégralement.

§ 5. Contrairement à toutes les autres sûretés réelles qui tirent exclusivement leur origine de la loi positive, le droit de rétention se rattache directement au droit naturel; il est moins une dérogation au principe de l'égalité des créanciers, que la sanction de cette maxime d'équité, d'après laquelle, quand deux personnes se trouvent réciproquement créancières et débitrices, l'une ne peut contraindre l'autre à exécuter son obligation si, de son côté, elle refuse d'accomplir la sienne. La base même sur laquelle repose le droit de rétention, laisse entrevoir d'avance qu'il doit être d'une application fréquente; le Droit romain, le Droit féodal, le Droit canonique, les coutumes et ordonnances royales, le Code Napoléon le mentionnent dans leurs dispositions. Mais, chose remarquable, toutes ces législations se sont contentées de le citer : elles le supposent préexistant, preuve incontestable qu'il vient du droit naturel, et en donnent quelques applications sans tracer les principes sur lesquels il repose. Le Code Napoléon lui-même n'a pas comblé la lacune des lois romaines et de notre ancien Droit à cet égard : il n'a pas défini, il n'a pas organisé le droit de rétention, et c'est à peine si l'on découvre quelques articles épars qui le mentionnent (art. 545, 570, 865, 867, 1612, 1613, 1673, 1749, 1885, 1948, 2082, 2087, 2280, voy. Cod. comm. 306 et 577).

§ 6. Étudier successivement, sous le rapport de la législation actuelle, les principes généraux sur lesquels repose le droit de rétention, ses caractères, les conditions nécessaires à son existence, les créances qu'il garantit, les biens sur lesquels il porte, les droits et obligations qu'il engendre, soit de la part du rétenteur, soit de la part du propriétaire de la chose retenue, les voies juridiques au moyen desquelles il s'exerce ou se conserve, l'étendue qu'il faut lui donner, les causes qui amènent son extinction, tel sera l'objet de ce travail. Toutefois, avant de l'aborder, il est nécessaire, pour embrasser cette matière dans toute son étendue, de tracer sommairement les principes qui la régissaient, non-seulement dans notre ancien Droit, mais encore en Droit romain.

CHAPITRE PREMIER.

Aperçu historique du droit de rétention.

SECTION PREMIÈRE.

Du droit de rétention chez les Romains.

§ 1er. Nous avons dit dans les notions générales, servant d'introduction à cette étude, que le droit de rétention se basait essentiellement sur les principes de l'équité et du droit naturel. C'était faire pressentir d'avance quelle a été son origine chez les Romains : le droit de rétention doit sa naissance au prêteur. Il ne faut cependant pas dire, comme on l'a fait, qu'à l'origine il était complétement étranger au Droit civil. Dans le contrat réel de gage qui remplaça la vente avec fiducie à une époque inconnue, ne rencontre-t-on pas au profit du gagiste et par l'effet de la tradition, le droit de rétention sur la chose? Ce droit de rétention était même le seul dont jouissait le créancier gagiste; il ne pouvait pas vendre la chose à moins que le débiteur ne lui en eût formellement conféré la faculté[1] (Bonjean, § 285; Schilling, § 209; Troplong, Nantissement n° 7). De plus, dans l'origine, quand le créancier avait perdu la détention de la

1. Plus tard on admit d'une manière générale que le créancier pourrait toujours vendre, après avoir mis le débiteur en demeure de payer par trois sommations successives (L. 4. *de pigneratitia actione* (13. 7) — L. 6, § 8. *Communi dividundo* 10. 3. — L. 12, § 10. *Qui potiores in pignore* 20. 4 — L. 14, § 5 *de diversis temporalibus præscriptionibus* 44. 3.)

chose, il n'avait à sa disposition aucun moyen civil pour la recouvrer (Nœdt, *De pign. et hyp. Arg.* de la loi 17, § 2, *de pactis*) ; dans la suite seulement on remédia aux inconvénients de cette situation et on vit notamment le prêteur établir la *possessio ad interdicta* au profit du créancier gagiste. Mais enfin, dès l'abord, ce dernier n'avait joui que d'un droit de rétention et, par conséquent, il est inexact de prétendre que ce droit était complétement étranger au Droit civil (en ce sens : Troplong, Nantissement n° 12; Rauter, Revue, année 1841).

§ 2. Toutefois, il faut le reconnaître, le droit de rétention doit tout son développement au prêteur : il lui a donné un caractère de généralité qu'il n'avait jamais présenté jusqu'alors, en lui faisant revêtir la forme d'exception de dol. Quand un demandeur voulait reprendre sa chose sans remplir vis-à-vis du défendeur l'obligation qui lui incombait à raison de cette chose, le prêteur donnait au défendeur l'exception de dol dont le résultat était de repousser le demandeur et de maintenir le défendeur en possession. L'exception de dol se délivrait chaque fois que la prétention du demandeur, quoique légitime, suivant les règles du droit strict, présentait néanmoins quelque chose d'inique (L. 1, § 1, *de doli mali et metus exceptione*, 44, 4). L'injustice, que le droit de rétention avait pour objet de prévenir, c'était de voir un demandeur contraindre un défendeur à remplir son obligation, tout en refusant d'exécuter celle dont il était tenu vis-à-vis de ce dernier.

§ 3. On peut donc définir à Rome le droit de rétention la faculté donnée au défendeur de repousser la demande au moyen de l'exception de dol, et de rester en possession de la chose du demandeur, quand celui-ci se trouve son débiteur et refuse de le désintéresser. Le droit de rétention se reconnaît dans les passages du *Corpus* sous le nom de *reten-*

tio, retinere potest; sous celui *d'exceptio doli* (*L.* 1, *pr. de pign. et hypoth.; L.* 26, § 4, *L.* 51, *de condictione indebiti; L.* 14, § 1, *Commun. dividundo; L.* 4, § 9, et *L.* 14, *de doli mali except.*).

§ 4. A Rome, comme en France, le droit de rétention était accessoire et indivisible, cessible entre vifs, transmissible héréditairement (*L.* 14, § 1, *Commun. dividundo;* Voët, 16, 2, 20). Seulement, tandis que chez nous, on le range parmi les droits réels, à Rome, il constituait un droit essentiellement personnel.

§ 5. Pour jouir du droit de rétention il faut :

1° Qu'on ait la possession ou la détention de la chose que l'adversaire veut faire exhiber ou restituer (*L.* 14, § 1, *Commun. dividundo*, 10, 3, § 30, *I. de rerum divisione*, 2, 1). Il n'est pas nécessaire d'une possession dans le sens strict de ce mot; il suffit d'une détention (*L.* 1, *pr.*, *de pignor. et hypoth.*, 20, 1; *L.* 8 et *L.* 18, § 4, *commodati*, 13, 6). Mais faut-il au moins une cause licite[1]? Il y a lieu de distinguer : ou bien le droit de rétention doit garantir une créance née postérieurement à la prise de possession du rétenteur, ou bien il s'agit d'une créance qui lui est antérieure en date. Dans le premier cas, l'existence d'une *justa causa* n'est pas exigée; elle l'est, au contraire, dans le second. Tout autre système rendrait impossible une conciliation entre les lois 36, § 5 et 38 *de hæreditatis petitione*, 5, 3, d'une part, et d'autre part, la loi 27 *de pignoribus et hypothecis*. 20, 1. (En sens contraire, Mühlenbruch, *Doc. pand.*, § 136.)

2° Que l'on soit créancier de celui à qui l'on oppose la rétention (*L.* 14, *de donationibus*, 39, 3). Quant à la question de savoir s'il faut que cette créance soit liquide, elle se ré-

---

1. *Justa causa*, mais dans un sens différent de celui où on l'emploie quand il s'agit d'acquérir la propriété par usucapion.

sout par une distinction; s'il s'agit d'un procès où le juge ne peut que condamner ou absoudre, cette condition n'est pas exigée, s'il s'agit d'un procès où le juge a le droit d'opérer la compensation des deux dettes, ce qui a lieu dans les actions de bonne foi, la créance en question doit être liquide (Thibaut, *Pandecten*, § 3, 11). Mühlenbruch pense à tort que la question doit toujours être résolue affirmativement par *arg. de la const.* 14, § 1, *de compens* (§ 136).

3° Qu'il y ait connexité, ou, pour mieux dire, rapport entre la créance et la chose retenue (*debitum cum re junctum*), ou à défaut de connexité, que le droit de rétention résulte de la volonté expresse ou même tacite des parties, ce qui a lieu, par exemple, dans le cas de gage. Certains auteurs rejettent cette troisième condition; ils admettent le droit de rétention dans tous les cas, même lorsque la créance n'existe pas à l'occasion de la chose, par cela seul que le rétenteur se trouve créancier de celui qui réclame cette chose. Cependant cette nécessité d'un rapport entre la créance et la chose résulte nettement de la plupart des textes du Digeste, où il est question du droit de rétention (*L.* 50, § 1, *de hæreditatis petitione*, 5, 3; *L.* 27, § 5 et *L.* 48, *de rei vindicatione*, 6, 1; *L.* 2, *pr. de lege Rhodia de jactu.*, 14, 2; *L.* 8, *pr. de pigneratitia action.*, 13, 7; *L.* 18, § 4, *Commodati.*, 13, 6; *L.* 15, § 2, *de furtis*, 47, 2; *L.* 13, § 8, *de act. empt. et vend.*, 13. 1; *L.* 13, § 8. *de ædilitioe dicto*, 21, 1; *L.* 9, § 3, *de damno infecto*, 39, 2; *L.* 8. *de incendio, ruina*, 47, 9). En vain présente-t-on dans l'opinion contraire deux fragments, *L.* 1, *pr. de pign. et hypoth.*, 20, 1 et *L.* 27, § 4, *de condictione indebiti*, 12, 6; car, si dans ces deux lois les jurisconsultes romains accordent le droit de rétention, c'est uniquement parce qu'ils croient voir, avec plus ou moins de raison, dans les hypothèses qui leur sont soumises, un rapport entre la créance et la chose retenue.

Quand toutes les conditions que nous venons d'énumérer, se trouvent réunies, le droit de rétention existe toujours, à moins que la demande de celui qui réclame sa chose, ne soit de la nature de celles pour lesquelles la loi n'admet ni compensation, ni rétention, comme on en voit des exemples dans les *Const.* 11, *depositi*, 4, 34; *const. unic.*, § 5, *de rei uxoriæ actione*, 5, 13; *L.* 5 *de dote prælegata*, 33, 4).

§ 6. Le droit de rétention supposant une détention physique, ne s'applique qu'aux choses corporelles, mobilières ou immobilières; les choses incorporelles n'en sont pas susceptibles.

§ 7. De ce que le droit de rétention se présente sous forme d'exception de dol, résultent les conséquences suivantes :

1° Le droit de rétention peut garantir une obligation naturelle, les obligations de cette espèce se faisant valoir par voie d'exception (Ant. Faber, *Rationalia ad L.* 11, § 2 *de pign. act. vel contra.;* Cujas, *Obs., lib.* 18, *cap.* 10).

2° Le droit de rétention est purement personnel. Soutenir qu'il présente à Rome un caractère réel, comme quelques auteurs l'ont fait, c'est se mettre en contradiction flagrante avec les principes les plus élémentaires de la procédure romaine sur l'exception de dol.

3° Le droit de rétention, comme toute exception de dol, peut être opposé à toutes les actions, aux actions *in rem* ou *in personam*, aux actions *bonæ fidei* comme aux actions *stricti juris* et aux actions arbitraires. Toutefois ses effets varient suivant qu'il s'agit de l'une ou l'autre de ces actions. Ainsi, quand le demandeur intente une action de bonne foi, le défendeur, pour user du droit de rétention, n'est pas obligé de faire insérer l'exception de dol dans la formule; il lui suffit d'opposer le dol devant le juge qui alors en tient compte, et opère la compensation des deux dettes. Au contraire, s'il s'agit d'une action de droit strict, les principes sont beaucoup plus rigoureux. Le défendeur doit faire insérer son exception dans la formule, sous peine de se voir condamner à rendre la chose au demandeur, et de perdre ainsi la garantie de sa créance, résultat très-désastreux surtout quand le droit de rétention protége une obligation purement naturelle, puisqu'alors le créancier se trouve dépourvu de tout moyen de la faire valoir.

D'un autre côté, quand le défendeur a fait insérer l'exception de dol, non-seulement il jouit du droit de rétention, mais encore le demandeur se trouve repoussé. C'est à tort qu'on a soutenu (Cabrye, § 25) qu'ici aussi le juge a droit d'opérer la compensation entre les deux créances. Une pareille doctrine heurte de front les règles de la procédure romaine suivant lesquelles, dans les actions de droit strict, le juge ne peut que condamner ou absoudre.

§ 8. Les cas de rétention étaient très-nombreux en Droit romain; ils devaient se présenter toutes les fois que le détenteur d'une chose se trouvait créancier du propriétaire et à l'occasion de cette chose. Cependant il y avait certaines hypothèses où, malgré la réunion des conditions requises, le droit de rétention était formellement prohibé par la loi pour des raisons particulières. Ainsi, dans l'ancien Droit, le commodataire pouvait retenir la chose jusqu'au paiement des indemnités auxquelles il avait droit, mais Dioclétien lui enleva cette prérogative (*L.* 18, § 4, *Commodati* 13, 6; *L.* 15, § 2 et *L.* 59 *de furtis* 47, 2; *const.* 4, *de commod.* 4, 28). Justinien a pris une disposition analogue à l'égard du dépositaire (*Const.* 11, *depositi.* 4, 34).

§ 9. L'hypothèse où l'on rencontrait le droit de rétention le plus fréquemment, était celle d'un possesseur de bonne ou de mauvaise foi exerçant ce droit à l'occasion des impenses faites sur la chose. Voici les principales règles du Droit romain à cet égard :

1° S'il s'agit d'impenses nécessaires, le possesseur, de bonne ou de mauvaise foi, jouit du droit de rétention tant que le propriétaire ne l'indemnise pas intégralement (*const.* 5, *de rei vindicatione.* 3, 32). Mais, pour qu'il en soit ainsi, il faut supposer que la chose existe encore. Lorsqu'elle est périe, il y a lieu de distinguer: ou bien il est tenu de la valeur de la chose (ce qui se présente, par exemple, quand la chose a péri depuis sa demeure, quand la perte résulte de son dol ou de sa faute, quand, étant de mauvaise foi, la chose a péri même par simple cas fortuit, mais depuis la *litis contestatio*, quand son obligation de restituer se trouve novée en une obligation de payer une somme d'argent: *L.* 15, § 1 et 3; *L.* 17, *L.* 21, *L.* 22, *de rei vind.* 6, 1; *L.* 40, *de hæred. petitione*, 5, 3), et alors il en déduit, par voie de compensation, la créance résultant de ses impenses; ou bien il n'en est pas tenu (ce qui a lieu, par exemple, quand il est de bonne foi, et si la chose a péri depuis la *litis contestatio. L.* 40 *de hæred. petitione.* 5, 2; *L.* 15, § 3; *L.*16, § 1; *L.* 27, § 2, *de rei vind.* 6, 1), et dans ce cas, comme le propriétaire n'a aucune action contre lui, ce qui l'empêche de faire valoir ses impenses par voie d'exception, et comme la loi ne lui donne pas d'action pour ses impenses, le possesseur ne reçoit aucune indemnité, à moins qu'il ne s'agisse d'une chose d'une hérédité qu'il détient, auquel cas, s'il est actionné en restitution de cette hérédité, il peut user du droit de rétention, et ne rendre les autres objets de l'hérédité, que déduction des impenses faites sur la chose périe. C'est ce que décide la loi 38, *in fine*, *de hæred. petitione* 5, 3, seulement elle n'accorde ce droit qu'au possesseur de bonne foi; on ne voit pas pour quels motifs elle le refuse au possesseur de mauvaise foi, puisqu'il est admis à se faire indemniser de ses impenses nécessaires.

2° S'il s'agit d'impenses utiles, le possesseur de bonne foi jouit d'une créance et du droit de rétention jusqu'à concurrence du bénéfice qu'elles procurent au propriétaire, lorsque celui-ci, au lieu de les faire enlever (*L.* 27, § 5 *de rei vind.* 6, 1), préfère les conserver, et qu'il y aurait injustice à le laisser profiter de ces améliorations sans indemniser le défendeur (*L.* 9, *Negotiis gestis* 3, 5; *L.* 38 *de rei vind.*). *A contrario* donc, dans le cas où il n'y aurait pas injustice à laisser profiter le propriétaire de la plus-value, aucune indemnité n'est due (*L.* 27, § 5; *L.* 28; *L.* 30, *de rei vind.*). — Quant au possesseur de mauvaise foi, il ne peut pas se faire indemniser de ses dépenses utiles, comme le prouvent tous les textes (*L.* 37, *de rei vind.; L.* 7, § 12, *de acq. rerum dominio* 41, 1; *const.* 5, 11, 16, *de rei vind.* 3, 32; § 30, *J. de divisione rerum*, 2, 1), à moins qu'elles n'aient porté sur un objet d'une hérédité (*L.* 38, *de hæred. petit.*); dès lors, puisqu'il n'existe pas de créance, il ne peut pas non plus être question du droit de rétention. Mais, à défaut de ce droit, le possesseur de mauvaise foi peut faire enlever ses impenses, pourvu qu'il n'en résulte pas de détériorations. (*L.* 37, *de rei vind.*; *const.* 5, *de rei vind.*)

3° En ce qui concerne les impenses *voluptuaires*, le possesseur de bonne foi, comme le possesseur de mauvaise foi, n'a droit à aucune indemnité ; mais on lui donne le droit de les enlever, si l'enlèvement peut s'effectuer sans préjudice (*L.* 27, *pr. negotiis gestis. L.* 3, § 4, *de in rem verso*, 15, 3. *L.* 32, § 5, *de adm. et periculo tutorum*, 26, 7).

Quand, au lieu d'impenses relatives à la chose, il s'agit d'impenses faites à l'occasion des fruits, le possesseur de bonne ou de mauvaise foi peut, sans qu'il y ait lieu de distinguer entre les impenses nécessaires et les impenses utiles, les déduire des fruits qu'il est tenu de restituer, et opposer l'exception de dol si le demandeur se refuse à cette déduction (*L.* 36, § 5, *de hæred. petit.*, 5, 3. *L.* 51. *pr. familiæ erciscundæ*, 10, 2. *L.* 7, *pr. soluto matrimonio*, 24, 3).

§ 10. C'est surtout quand il s'agit de remboursement d'impenses au profit d'un possesseur que le droit de rétention présente réellement une incontestable utilité. L'exception de dol était en effet l'unique moyen donné au défendeur à l'action réelle pour se faire indemniser de ses impenses: il n'avait pas la *condictio indebiti*, car, dans l'hypothèse, il n'y avait pas eu translation de propriété de l'indu (*L.* 33, *de cond. ind.* 12, 6), ni l'*actio negotiorum gestorum*, puisque, pour jouir de cette action, il ne suffit pas d'avoir fait quelque chose d'utile à autrui, mais qu'il faut encore avoir eu l'intention de gérer ses affaires, ni l'action de mandat, car aucun contrat n'a été passé, et les dépenses ont été faites à l'insu du propriétaire, ni l'*actio* ni *factum*, car aucun fait n'est intervenu de la part de ce dernier. La rétention est donc l'unique moyen pour le possesseur de se faire indemniser, et cela est tellement vrai que s'il n'oppose pas l'exception de dol, il n'a aucune voie juridique pour se faire payer, sauf cependant à lui de se faire réintégrer en possession, au moyen des interdits, dans le cas où les conditions requises pour jouir de cette voie prétorienne se trouvent réunies, et à opposer ensuite le droit de rétention sous forme d'exception de dol.

Quand on se trouvait en détention ou en possession de la chose d'autrui par suite d'un contrat ou quasi-contrat, comme, par exemple, dans le cas de commodat, dans celui de gage, dans celui de gestion d'affaires, le droit de rétention pour créances à l'occasion de la chose était beaucoup moins nécessaire; le détenteur pouvait, en effet, quand il avait négligé d'user de la rétention, se faire indemniser par l'action contraire résultant du contrat ou quasi-contrat. Mais, même dans ces cas, le droit de rétention présentait de l'utilité; d'une part, il stimulait le débiteur désireux de rentrer en possession de sa chose, à s'acquitter promptement; d'autre part, les prétentions du demandeur et les contre-prétentions du défendeur étaient examinées et résolues dans un seul et même procès, ce qui constituait une économie de temps et de frais.

§ 11. Le droit de rétention prend fin en Droit romain :

1° Par l'extinction de la créance qu'il garantit.

2° Par la perte de la possession de la chose, à moins que le rétenteur ne soit pas un simple détenteur, mais un possesseur *ad interdicta,* comme le créancier gagiste, ou même *ad usucapionem*, auquel cas il jouit des moyens prétoriens pour se faire réintégrer en possession, et alors aussi renaît son droit de rétention. Du reste, quoique le droit de rétention se trouve éteint par la perte de la possession, la créance qu'il garantissait n'en subsiste pas moins (*L.* 50, § 1, *de hæred. petit. L* 14, § 1, *Communi divid. L.* 18, § 4, *Commodati*), et on peut en exiger le paiement par voie d'action, sauf l'hypothèse où elle se trouverait être du nombre de celles que l'on ne peut faire valoir que par le moyen de l'exception (*L.* 51, *de cond. indeb.*, 12, 6. *L.* 48, *de rei vind. L.* 14, § 1. *Communi dividundo. L.*,33, *in fine*, *de condict. indeb. L.* 14, *de doli mali et metus except.* 46, 4). Mais, dans ce dernier cas, si le débiteur a volontairement payé, la répétition lui est refusée; il a accompli une obligation naturelle.

3° Par l'anéantissement de la chose retenue.

4° Par la renonciation du rétenteur à son droit.

SECTION II.

Du droit de rétention sous la législation barbare et féodale.

Les lois barbares, malgré leur brièveté sur les matières civiles, parlent cependant du gage qu'elles désignent sous le nom de *vadium*, *gnadium*, *vadinionium* (Pardessus, Loi salique, p. 643), et elles défendent de l'enlever de vive force au créancier gagiste (Laferrière, Hist. du Droit français, III, p. 24). Elles emploient même à cet effet un terme technique, *disvadare*, *id est*, nous dit Ducange (v° *vadium*) *pignus auferre et retinere*. L'existence du droit de rétention comme accessoire du gage est donc hors de doute; mais prétendre que ce droit existait dans d'autres cas et indépendamment du gage, ce serait se jeter dans des conjectures dont la justification est à peu près impossible.

Au contraire, l'existence du droit de rétention est incontestable, même en dehors du droit de gage, dans le Droit féodal. Ainsi, la loi *si vasallus in fundo*, 41, 28 et *L.* 2, *feudorum*, donnent ce droit au vassal et à ses héritiers pour les impenses nécessaires et utiles qu'ils ont faites, quand le fief finit par la voie de la concession, sans la faute du vassal (voy. Basnage, sur l'art. 125 de la Coutume de Normandie. Dumoulin, sur la Coutume de Paris, t. Ier, § 1er. Gloss. V, nos 76, 77 et 82 *in fine*). De même, quand le seigneur d'un fief faisait construire un étang ou une garenne, il pouvait y comprendre les terres de ses sujets, mais à charge de les indemniser, et ceux-ci jouissaient d'un droit de rétention tant qu'ils ne l'avaient pas été (Loysel, Inst. coutumières, liv. 2, t. 2, art. 27. Anjou, art. 29. Maine, 34. Tours, 37). Toutefois, le droit de rétention ne prit pas de grands développements sous le Droit féodal. Il rencontra dans l'intérêt des seigneurs un obstacle à sa généralisation, parce qu'il avait pour effet, en réunissant les litiges, de diminuer le nombre des procès (Dall., v° Rétention, n° 5); or, les seigneurs, percevant un impôt assez élevé sur chaque procès, s'efforçaient au contraire d'en voir croître le nombre (Toullier, liv. 3, t. 3, n° 356. Cabrye, § 50).

SECTION III.

Du droit de rétention dans notre ancien Droit.

§ 1er. Nous venons de dire que les seigneurs, dans un intérêt purement pécuniaire, s'efforcèrent toujours de restreindre le droit de rétention. Néanmoins, il faut le reconnaître, leurs tentatives finirent par échouer complétement, et l'influence du Droit romain ne tarda pas à l'emporter, non-seulement dans les pays de Droit écrit, mais même dans les pays de Droit coutumier. Les coutumes renferment quelques dispositions où se trouve mentionné le Droit de rétention. Ainsi, l'art. 175 de la coutume de Paris porte : «Dépens d'hôtelage, livrez par hostes à pèlerins ou à leurs chevaux sont privilégiez et viennent à préférer devant tout autre sur les biens et chevaux hôtelez et les peut *l'hôtelier retenir* jusqu'au paiement, et si aucun autre créancier les voulait enlever l'hôtelier a juste cause de s'y opposer.» L'art. 372 de la coutume d'Orléans mentionne aussi un cas de rétention: «Celui qui retrait aucun héritage est tenu de payer les réparations et impenses nécessaires faites sans fraude par celui sur lequel il a été retrait, icelles préalablement liquidées.» De même encore, l'art. 305 de la coutume de Paris et l'art. 306 de la coutume d'Orléans accordent au co-héritier le droit de rétention pour ses impenses sur l'immeuble qu'il doit rapporter à la succession. Enfin, on lit dans l'art. 13, chap. 32 de la coutume du Nivernais : «Ceux qui ont fait les moissons et cueillettes de grains, bleds, vendanges et vins ; aussi voituriers par eau et par terre peuvent, pour leur salaire, faire *arrêter* et *empêcher* les bleds, vendanges, vins, charrettes et chevaux, marchandises et biens de leurs débiteurs, à la requeste desquels ils ont besoigné : et tiennent tels arrests et empêchements jusques à plein paiement, et s'il y a opposition, le créancier en cas de deny, informera de sa debte dedans un seul et bref délai qui lui sera préfixé par le juge.» M. Dalloz prétend qu'il faut écarter cette disposition de la théorie de la rétention.

Cet article, il est vrai, ne mentionne pas le droit de rétention, mais il l'admet implicitement : si le créancier a le droit de faire *arrester et empêcher*, quand il n'est pas en possession de ces biens, *a fortiori*, jouit-il du droit de rétention, lorsqu'il les a sous sa main ; c'est ce que nous apprend Guy Coquille. Dans son commentaire sur cette disposition, on lit :

«La saisie et arrêt, ici mentionnée, est à l'effet de la rétention que la loi octroie en tous cas, à celui qui a employé son bien et son labeur à faire quelque besogne ou à conserver la chose d'autrui en laquelle il veut user de rétention. Nos lois de France, qui ont bien souvent réprouvé toutes voies de fait, et qu'aucun de son autorité se fasse droit et prenne sa raison par ses mains, ont trouvé meilleur de faire saisir sous autorité de justice. » Et, après avoir constaté ce droit de faire saisir-arrêter, il ajoute : «Toutefois, si la chose était en possession du mercenaire sans vice, ni fraude, je crois que, sans faire saisir, il pourrait user de rétention ; et est la rétention octroyée par le Droit romain, non pas pour appréhender, mais pour retenir de son autorité, sans le juge, si la chose est en sa puissance.» On cite encore les dispositions suivantes des coutumes où il est parlé du droit de rétention d'une manière plus ou moins complète : Berry, des exécutions, 19 et 20 ; Bourbonnais, 135 ; Rennes, 395 ; Anjou, 29; Le Maine, 34; Tours, 37; Calais, 243; Etampes 154; Nantes, 188 ; Montfort, 180.

§ 2. Mais toutes ces dispositions sont spéciales : elles appliquent le droit de rétention, sans nous apprendre ses caractères, les conditions auxquelles il est soumis. Toutefois, il est incontestable qu'en cette matière, comme dans beaucoup d'autres, les jurisconsultes recouraient au Droit romain qu'ils considéraient comme droit modèle pour combler les lacunes des coutumes (Guy Coquille : question première. Duparc-Poullain, Principes du Droit français, liv. 1, chap. 1, n° 5 Voyez aussi de Serres, Inst. du Droit français, liv. 1, t. 1, § 4). C'est ainsi que d'Argentré, dans son commentaire sur la coutume de Bretagne (6e édit. col. 860, D), Guy Coquille, sur l'art. 13, chap. 32, de la coutume du Nivernais, accordent le droit de rétention, quoique ces coutumes n'en parlent pas, par application des principes du Droit romain.

Toutefois, il résultait évidemment de cet état de choses une incertitude fâcheuse sur l'étendue du droit de rétention, sur ses caractères, sur les conditions requises pour en jouir ; de là, de nombreux abus, de sérieuses difficultés. Ce point est hors de doute, car on vit de bonne heure le pouvoir royal intervenir et s'occuper du droit de rétention dans ses ordonnances. Mais ces dispositions furent elles-mêmes très-insuffisantes : c'est à peine si deux ou trois points furent réglés d'une manière définitive : le reste demeura dans le domaine de l'incertitude et de la controverse.

Il est certain que les plaideurs, les gens de mauvaise foi, profitant de l'absence de règles fixes sur le droit de rétention, en avaient souvent abusé d'une manière scandaleuse. Souvent aussi, les possesseurs de mauvaise foi attendaient qu'ils aient été condamnés pour réclamer leurs impenses, lorsqu'on voulait exécuter la sentence; de cette manière, en vertu de leur droit de rétention, ils se faisaient maintenir en possession, et pour prolonger cet état de choses très-préjudiciable à l'adversaire, ils mettaient beaucoup de lenteur dans la vérification et la liquidation de leurs créances; souvent encore, les possesseurs de bonne foi eux-mêmes, outrés de dépit, en se voyant obligés d'abandonner un immeuble, usaient de ce même stratagème, dans le seul but de causer préjudice à leur adversaire.

Il y avait là une fraude évidente qui demandait une répression urgente : ce fut l'objet des ordonnances royales.[1] François Ier, dans son ordonnance de Villers-Cotterets, de 1539[2], dont le principal but était d'abréger la durée des procès, prit la disposition suivante à l'égard du droit de rétention (art. 97) :

« Et si sur l'exécution du jugement ou arrêt, était requis connaissance de cause pour améliorations, réparations ou autres droits qu'il conviendra liquider, le condamné sera tenu de vérifier et liquider lesdites réparations, méliorations ou autres droits, pour lesquels il prétend rétention des lieux et choses adjugées, dans un certain bref délai, seul et péremptoire, qui sera arbitré par les exécuteurs, selon la qualité des matières et distance des lieux. » Ainsi, la liquidation et la vérification des impenses devaient se faire dans un certain délai pendant lequel on jouissait du droit de rétention, mais, passé ce délai, que le chiffre de la créance fût ou non déterminé, on était privé de la chose. L'inconvénient signalé précédemment avait ainsi disparu en partie. Toutefois, pendant le délai donné pour vérifier et liquider les impenses, l'exécution de la sentence demeurait suspendue et le propriétaire continuait à se trouver privé de la possession de sa chose. On se plaignit alors que l'exécution des

1. M. Mourlon, Exam. crit., p 659, prétend que le droit de rétention a été introduit dans notre ancienne France par les ordonnances royales. C'est là une erreur: on le rencontrait déjà dans les coutumes, comme on a dû s'en apercevoir par ce qui précède, et les ordonnances royales, loin d'introduire le droit de rétention, n'ont fait que le restreindre.

2. C'est cette même ordonnance qui substitua le français au latin dans les actes notariés, procédures et jugements, abrégea les procès et créa l'insinuation en matière de donation entre vifs.

arrêts se trouvait constamment entravée par le droit de rétention qu'invoquait la partie condamnée. Le chancelier Michel de l'Hospital, dans la fameuse ord. de 1566, rendue sous le règne de Charles IX, inséra une disposition où il permit au propriétaire de rentrer immédiatement en possession de sa chose, nonobstant les contre-prétentions de son adversaire condamné, en fournissant caution de lui payer sa créance dès qu'elle serait liquidée.

Cette disposition fut renouvelée sous Louis XIV, dans son ord. de 1667 sur la procédure civile, sauf en un point : précédemment le propriétaire pouvait de suite fournir caution et rentrer ainsi en possession de son immeuble; l'ord. de 1667 ne lui donne plus ce droit qu'après l'expiration du délai fixé par le juge pour la liquidation des impenses. Voici du reste l'art. 9, titre 27 de cette ordonnance :

« Celui qui aura été condamné à laisser la possession d'un héritage, en lui remboursant quelques sommes, espèces, impenses ou méliorations, ne pourra être contraint de quitter l'héritage qu'après avoir été remboursé, et, à cet effet, il sera tenu de faire liquider les espèces, impenses et méliorations, dans un seul délai qui lui sera donné par l'arrêt ou jugement; sinon, l'autre partie sera mise en possession des lieux en donnant caution de les payer après qu'elles auront été liquidées. »

§ 3. Tels sont les textes qui mentionnent le droit de rétention dans notre ancienne France. Voyons maintenant de quelle manière on les a interprétés.

D'après M. Cabrye, le droit de rétention est possible toutes les fois qu'un détenteur se trouve créancier pour une cause quelconque du propriétaire de cette chose; autrement dit, cet auteur n'exige pas le *debitum cum re junctum*, système excessivement large, mais qu'il restreint ensuite par cette autre proposition : le droit de rétention ne peut s'exercer qu'autant que la loi l'accorde formellement; en dehors de ces cas, il n'y a pas lieu à rétention, lors même que la condition de connexité, entre la créance et la chose, se trouverait remplie.

Il vaut mieux rejeter ces deux propositions et dire : le droit de rétention peut s'exercer toutes les fois qu'il y a *debitum cum re junctum*, lors même que la loi n'en parlerait pas; mais pour qu'on en jouisse, quand cette condition n'est pas remplie, il faut un texte formel de la loi ou la convention expresse des parties. Cela résulte de la manière la plus évidente des différents textes précités; tous supposent qu'il existe une certaine connexité entre la créance et la chose, et que, dans tous les cas où elle se rencontre, il y a lieu à rétention.

Tel est aussi le système des anciens jurisconsultes. Ainsi Voët nous dit : *Præcipue retentioni locus est ob id quod occasione rei retentæ debetur, veluti ob impensas in eam factas* (*ad Pand. de compensatione*, § 20.). On induit, il est vrai, de ce texte que Voët ne reconnaît nullement la nécessité pour la créance d'une origine liée à la chose retenue elle-même. Mais alors comment traduire *occasione rei?* L'idée de Voët semble être qu'on doit admettre le droit de rétention toutes les fois qu'il y a créance *occasione rei*, à l'occasion de la chose; s'il dit *præcipue*, c'est parce que le droit de rétention peut se présenter même dans d'autres cas, pourvu alors, qu'à défaut de connexité, il existe un texte de loi.

Pothier paraît encore plus formel dans le passage suivant : « Lorsque, dit-il dans son Traité sur le domaine de propriété, 3e partie, chap. 1er, art. 6, n° 343, sur l'action en revendication, le demandeur a justifié de son droit, le possesseur est condamné à lui délaisser la chose revendiquée; mais, dans *certains cas*, lorsque le possesseur a déboursé quelque somme ou contracté quelques obligations pour la libération, la conservation ou l'amélioration de la chose qu'il est condamné à délaisser, le possesseur qui excipe de ces impenses n'est condamné à la délaisser qu'à la charge par le demandeur de le rembourser au préalable de ce qu'il a déboursé et de l'indemniser. »

On s'appuie aussi sur ce texte et on prétend qu'il résulte bien de ces lignes que le droit de rétention n'avait lieu que dans des cas spéciaux et déterminés. Sans doute, Pothier dit : *dans certains cas*, mais ces cas précisément sont tous ceux où il y a connexité entre la dette et la créance, ainsi que cela résulte des développements qu'il donne pour expliquer ces mots.

Il est vrai qu'on objecte des textes de jurisconsultes où le droit de rétention est accordé, quoique l'on n'y rencontre aucune connexité entre la créance et la chose retenue (voy. notamment Pothier, Du nantissement, chap. 2, n° 47), mais c'est parce que, dans ces cas, il existe un texte formel de loi[1], et ici il faut prendre le mot loi dans le sens large qu'il présente sous notre ancien Droit, où il comprend non-seulement les ordonnances, déclarations et édits royaux, mais encore les coutumes, les dispositions du Droit romain qui avaient été admises, etc.

§ 4. Il faut pour qu'il y ait lieu à rétention dans notre ancien droit :

1° Qu'on détienne la chose; du reste, une simple détention suffit;

2° Qu'elle appartienne à celui dont le rétenteur est créancier;

1. C'est en ce sens que les anciens auteurs disent souvent que le droit de rétention n'existe que dans les cas formellement prévus par la loi. *Retentio tribuitur certis tantum in causis.* (Doneau, t. 6. p. 854.)

3° Qu'il y ait connexité entre la dette et la créance, ou qu'à défaut de connexité, le droit de rétention soit formellement accordé par un texte de la loi ou par la convention des parties.

Le droit de rétention présente dans notre ancien Droit le mêmes caractères qu'à Rome; seulement, de personnel il est devenu réel. La nature même de l'exception de dol s'opposait chez les Romains à ce qu'il put présenter un caractère de réalité. Dans notre ancien Droit, au contraire, la procédure ne ressemblait en rien à celle des Romains, et, dès lors, il n'est pas étonnant que le droit de rétention se trouve parmi les droits réels. On peut par conséquent l'opposer non-seulement aux créanciers chirographaires, mais même aux créanciers ayant des droits de préférence. Toutefois, les jurisconsultes n'étaient pas d'accord sur ce dernier point. Les uns permettaient d'opposer ce droit seulement aux créanciers ayant des droits de préférence postérieurs à la rétention (Dumoulin, *Tractatus contractuum; quæstio* 36, n° 278); d'autres l'accordaient contre tous les créanciers, qu'ils fussent antérieurs ou postérieurs à l'époque où il avait pris naissance (Claude Serres, Institutions, l. 2, t. 8, § 1; Dumoulin, sur Paris, titre 11, art. 138, n° 16 et 17). Du reste, cette question ne paraît avoir été jamais parfaitement élucidée, car Duparc-Poullain (Principes, liv. 3, chap. 20, n°s 3 et 159) semble adopter les deux systèmes.

Dans tous les cas, il est certain que le droit de rétention donnait lieu à un droit de préférence, et, en cela, il jouait un rôle beaucoup plus important qu'à Rome.

D'un autre côté, il était devenu moins nécessaire, par la raison que dans les cas où l'on ne jouissait à Rome que du droit de rétention, nos anciens jurisconsultes accordaient toujours une action en remboursement même quand on avait perdu la possession de la chose. « En France, dit Claude Serres (Inst. du Droit français, liv. 2, t. 1, § 30), où les formules des actions sont abrogées, et où l'on ne se rattache qu'à l'équité, il est indifférent, quant aux remboursements des bâtiments et réparations, que l'on soit en possession du fonds ou que l'on n'y soit plus, et on peut le demander directement et sans circuit. »

§ 5. Le cas le plus fréquent où il y avait lieu à rétention, est celui d'impenses faites sur la chose; on peut poser en principe que notre ancien Droit avait en général admis les régles des Romains, sauf exception en ce qui concerne les retraits. Ainsi :

1° Le possesseur de bonne foi et le possesseur de mauvaise foi jouissaient du droit de rétention, pour se faire indemniser de leurs impenses nécessaires;

2° A l'égard des impenses utiles, le possesseur de bonne foi obtenait seul le droit de rétention, et seulement jusqu'à concurrence de la plus-value. Pothier, cependant, tout en refusant ici le droit de rétention au possesseur de mauvaise foi, pensait que les juges pouvaient ordonner qu'on l'indemnisât de la plus-value; c'était là, suivant le savant jurisconsulte, une question abandonnée à la sagesse des tribunaux;

3° En ce qui touche les impenses voluptuaires, le possesseur ne pouvait que les enlever et à la condition qu'il n'en résultât aucune détérioration. Cependant, quelques auteurs accordaient même pour ces dépenses le droit de rétention au possesseur de bonne foi (Serpillon, sur l'Ord. de 1667, tit. 27, art. 9).

On dérogeait à ces règles quand il s'agissait de retraits : on n'accordait dans ces cas le droit de rétention que pour les impenses nécessaires (Grimaud, des Retraits, liv. 1, chap. 1; Coutumes d'Angoulême, art. 79; d'Anjou, art. 378; de Nantes, art. 84). Cependant, les coutumes de Montargis (chap. 16, § 14) et d'Orléans (art. 293) donnaient le droit de rétention même pour les impenses utiles.

SECTION IV.

Du droit de rétention sous la législation intermédiaire.

Dans la législation intermédiaire, de même que dans notre ancien Droit, la rétention n'a pas fait l'objet d'un ensemble de règles coordonnées entre elles. En l'absence de principes nouveaux, il est évident que le droit de rétention a continué d'être régi par les anciennes maximes. Nous trouvons cependant, dans la période révolutionnaire, quelques lois qui reconnaissent le droit de rétention d'une manière formelle. Ainsi, d'après la loi des 22 novembre et 1er décembre 1790, les acquéreurs de certains domaines nationaux, sujets à rachat perpétuel, ne peuvent être dépossédés sans avoir préalablement reçu ou avoir été mis en demeure de recevoir leur finance principale avec leurs accessoires (art. 25). De même, la loi des 7 juin, 6 août 1791, relative aux domaines congéables, porte dans son art. 21, que le domanier ne peut être expulsé qu'à condition d'être *préalablement* remboursé des améliorations dont le prix lui est dû. De même encore, l'art. 1er de la loi du 28 septembre, 6 octobre 1791, intitulée: «Décret concernant les biens et usages ruraux et la police rurale», consacre le principe en vertu duquel un propriétaire ne peut être exproprié pour cause d'utilité publique que moyennant une préalable indemnité, de telle sorte que tant qu'il ne l'a pas reçue, il a le droit de retenir son immeuble.

CHAPITRE II.

Notions générales sur le droit de rétention.

§ 1er. On peut définir le droit de rétention un droit réel, indivisible et accessoire, accordé, en général[1], au possesseur ou au détenteur de la chose d'autrui et en vertu duquel il est autorisé à en conserver la possession ou la détention jusqu'au paiement de ce qui lui est dû, à raison ou à l'occasion de cette chose, ou même de toute autre dette, lorsqu'il existe à cet égard une disposition expresse de la loi ou une convention formelle des parties. On appelle rétenteur celui qui jouit de ce droit, et rétentionnaire celui dont la chose est retenue.

D'après M. Dalloz (Rép., v° rétention, n° 1), le mot rétention présente encore un sens plus large et désigne le fait de détenir une chose appartenant à autrui, quelle que soit la cause de cette rétention, même illicite, comme en cas de vol; mais il faut rejeter cette opinion, car elle repose sur une confusion entre la détention et la rétention.

§ 2. Le droit de rétention émane du droit naturel: il repose sur ce principe éminemment équitable que nul ne peut être tenu de remplir ses obligations vis-à-vis de celui qui, obligé à son tour envers lui, ne veut pas s'exécuter (Cabrye, p. 5). Le cas d'application le plus fréquent de ce droit est celui d'un possesseur qui, après avoir fait des impenses, se trouve actionné en revendication par un propriétaire qui

---

1. Nous verrons un cas où le propriétaire use du droit de rétention sur sa propre chose.

refuse de lui tenir compte de ses déboursés. Il serait inique d'obliger le possesseur à restituer, surtout quand il a été de bonne foi, sans que le propriétaire l'indemnise. Mais l'injustice paraît encore plus choquante si, au lieu d'un possesseur, on suppose un mandataire, un dépositaire, à qui la chose du mandant ou du déposant a occasionné des dommages ou des dépenses. Cette situation résulte en effet du consentement même du déposant ou du mandant qui, en livrant sa chose au dépositaire, au mandataire, l'a chargé de la conserver. Le refus de la part du revendiquant d'indemniser au préalable constituerait un véritable dol, dans le sens large de ce mot, dol que la loi positive, pure sanction de la loi naturelle, réprime en accordant au créancier un droit de rétention, c'est-à-dire une espèce de gage, *quasi pignus.*

§ 3. Pour bien connaître la nature du droit de rétention, il importe de le comparer à d'autres droits avec lesquels il présente plus ou moins d'analogie.

1° Ainsi, il ne faut pas confondre la rétention avec la détention : l'une est un droit, l'autre n'en est pas un. «La détention est la possession envisagée comme un fait pur et simple, dégagé de toute relation avec l'acquisition ou l'exercice d'un droit. La détention consiste à tenir une chose sous sa puissance, indépendamment de toute intention de la soumettre à l'exercice d'un droit : elle ne produit par elle-même aucun effet juridique.» (Aubry et Rau, I, § 184). Au contraire, le fait de retenir une chose résulte d'un droit qui prend naissance par la volonté de la loi ou celle des parties, et le droit de rétention produit des effets juridiques très-remarquables, puisqu'il autorise à conserver la chose jusqu'à paiement intégral et constitue ainsi indirectement un droit de préférence. — Dans la rétention on rencontre bien une détention, mais une détention résultant d'un *quasi jus pignoris.* De plus, pour jouir du droit de rétention, il faut nécessairement détenir. Le mot détention présente donc un sens plus large que celui de rétention : tout rétenteur est en même temps détenteur, mais tout détenteur ne jouit pas du droit de rétention.

2° Si la rétention diffère de la détention *a fortiori*, présente-t-elle aussi des caractères qui la font distinguer de la possession. Pour jouir de la possession, il faut être propriétaire ou au moins avoir l'intention de posséder comme propriétaire (*animus domini*). Au contraire, le rétenteur, loin de se dire propriétaire, reconnaît cette qualité à un autre, par cela même qu'il use de son droit de rétention. On doit donc le classer parmi les précaristes et décider qu'il ne peut jamais usucaper.

3° Si maintenant nous comparons le gage à la rétention, nous voyons que tout droit de gage suppose le droit de rétention ; mais que la proposition inverse n'est pas vraie. Le gage résulte le plus souvent d'un contrat ; la rétention de la loi. Le créancier gagiste jouit d'un privilége et peut, pour obtenir le paiement de ce qui lui est dû, faire ordonner en justice que le gage lui demeurera en propriété, d'après une estimation à faire par experts : tous ces droits sont refusés au simple rétenteur.

4° Du gage nous passons à l'antichrèse. Dans le cas d'antichrèse, comme dans celui de rétention, tout droit de préférence se trouve éteint avec la perte de la possession de la chose ; mais le simple rétenteur ne jouit pas du droit que la loi accorde à l'antichrésiste, de percevoir les fruits de l'immeuble, sauf à les imputer sur ce qui lui est dû. — De même que le gage ne peut porter que sur des meubles, de même l'antichrèse ne peut être concédée que sur des immeubles : au contraire, le droit de rétention pur et simple s'exerce également sur les uns et sur les autres.

5° Différence entre le droit de rétention et le privilége.

Le créancier privilégié, qui fait procéder à l'aliénation de la chose sur laquelle porte son privilége, a un droit de préférence sur le prix de la vente ; au contraire, le rétenteur ne vient qu'au marc le franc avec les autres créanciers, quand il fait vendre lui-même la chose. Si la vente, au lieu d'être pratiquée par le créancier rétenteur, l'était par tout autre créancier ou par le débiteur lui-même, le rétenteur jouirait alors, mais indirectement, d'un droit de préférence, en ce sens qu'on ne pourrait le contraindre à se dessaisir tant qu'il n'aurait pas été intégralement payé.

6° Les différences entre la rétention et l'hypothèque sont si saillantes qu'il semble inutile de s'y arrêter longuement. L'hypothèque crée un droit de suite, un droit de préférence, un droit de vente; elle est soumise à certaines formalités de publicité ; elle s'éteint par des causes particulières ; elle existe indépendamment de toute possession de la chose qu'elle grève. Sous tous ces rapports, elle diffère essentiellement du droit de rétention.

7° Mise en fourrière. (Loi des 28 sept., 6 oct. 1791, titre II, art. 12 ; Déc. 18 juin 1811.) Elle ressemble singulièrement au droit de rétention : d'abord, parce qu'elle peut s'exercer sans l'intervention des tribunaux, ensuite et surtout parce qu'elle a lieu à l'occasion d'une dette, présentant un rapport intime avec les choses sur lesquelles elle porte. La loi précitée suppose, en effet, un propriétaire dont le champ a été envahi et endommagé par des bestiaux ou volailles abandonnés. Ce propriétaire a le droit de tuer ces animaux, s'ils se trouvent encore sur son terrain ; mais, il peut aussi, dans ce cas, et il doit dans tous les autres, se contenter de les prendre, de les mettre immédiatement en fourrière publique : ils sont ensuite vendus après un délai de 8 jours, et le propriétaire, dont les biens ont subi des dégâts, s'indemnise sur le prix de vente. — Malgré ces deux ressemblances, il ne faut pas confondre la mise en fourrière avec le droit de rétention. D'abord, il n'est pas nécessaire, pour pouvoir recourir à la mise en fourrière, que le propriétaire du champ envahi se trouve en possession des animaux; la loi suppose, il est vrai, qu'ils ont été abandonnés par leur maître, mais on ne peut induire de là qu'ils doivent se trouver en possession de la victime du dégât: les animaux peuvent avoir quitté le champ envahi: il suffit qu'ils se trouvent encore en état d'abandon. En second lieu, la mise en fourrière est nécessairement suivie dans les huit jours de la vente des animaux. Au contraire, le droit de rétention suppose la détention de la chose sur laquelle on l'exerce et, en aucun cas, le rétenteur n'est obligé de procéder à sa vente dans un certain délai.

Il nous reste encore à signaler parmi les institutions qui se rapprochent du droit de rétention :

8° Le saisie-arrêt sur soi-même. L'existence de cette saisie est, à la vérité, vivement révoquée en doute; mais en supposant qu'elle soit admise, ce que l'on peut fortement contester, car non-seulement la loi n'en parle pas, mais encore elle contient au titre de la matière des dispositions qui lui sont tout à fait antipathiques[1], on ne peut nier qu'elle diffère du droit de rétention proprement dit. D'abord, elle doit être suivie de la procédure à fin de vente ou de paiement (à moins qu'on ne soutienne qu'elle n'est pas soumise aux règles du titre des saisies-arrêts); au contraire, le droit de rétention n'est jamais suivi nécessairement d'exécution. Puis la saisie-arrêt peut s'exercer pour toute espèce de dettes, tandis que le droit de rétention ne naît qu'autant qu'il y a connexité entre la créance et la chose retenue.

§ 4. Il est temps d'étudier de plus près le droit de réten-

1. On tire aussi pour la négative un argument de l'art. 1298 du C. N.

tion; mais avant d'aborder cette étude, il convient de signaler un écueil que n'ont pas su éviter tous les jurisconsultes. En l'absence de toute théorie sur le droit de rétention dans le Code Napoléon, on est *a priori* naturellement porté à recourir au Droit romain, pour s'aider de ses lumières. Sans doute, cette législation peut être d'un grand secours; mais cependant il importe de ne pas s'attacher trop servilement à ses dispositions et, pour la consulter avec fruit, il faut dès l'abord se rappeler que certaines institutions romaines, dont tout a disparu jusqu'au dernier vestige, exerçaient une notable influence sur le caractère, la nature et les effets des droits : telle était surtout la procédure, soit des actions de la loi, soit formulaire. Si ces institutions ont disparu, il est évident que les droits sur lesquels elles produisaient certains effets ont dû subir des modifications. Ainsi, nous n'avons plus en Droit français la division des contrats de droit strict et de bonne foi, ni les actions *stricti juris* et *bonæ fidei*, ni les interdits, ni même le système d'exceptions. De même, le droit de rétention s'exerçait sous la forme d'exception de dol: dès-lors il en empruntait tous les caractères et notamment était purement personnel. Faut-il en conclure qu'en Droit français il présente le même caractère? Il n'y a pas lieu d'examiner ici cette question vivement controversée; mais il est évident que pour la résoudre on ne peut pas s'appuyer sur le Droit romain.

CHAPITRE III.

Caractères du droit de rétention.

§ 1. Nous avons déjà vu que le droit de rétention, tout en donnant au rétenteur la faculté de rester en possession de la chose, tant qu'il n'a pas été payé, ne constitue cependant pas un privilége. En effet, le privilége crée un droit de préférence au profit du créancier et en vertu duquel il se fait payer avant tout autre sur le prix de vente sans qu'il y ait lieu de s'occuper de quelle manière la chose grevée a été transformée en argent, de distinguer, selon qu'elle a été vendue, sur la poursuite du créancier privilégié lui-même, ou sur celles des autres créanciers. Au contraire, le droit de rétention ne donne droit à un paiement intégral que d'une manière tout à fait indirecte, à raison du droit dont jouit le créancier de se refuser à la restitution tant qu'il n'a pas reçu la somme qui lui est due. De plus, le rétenteur doit se trouver en possession de la chose : s'il la perd, il retombe parmi les créanciers simplement chirographaires et n'est plus payé qu'au marc le franc. Si donc il met lui-même la chose aux enchères, il est censé par là même renoncer à son droit de rétention et n'obtient plus qu'un paiement partiel, à la différence du créancier privilégié. On appelle dès lors avec raison le droit de rétention un privilége indirect, un privilége improprement dit ; mais, peut-être vaudrait-il même mieux lui refuser ce nom et se contenter de dire qu'il constitue une sûreté d'une nature spéciale, *sui generis*, et subordonnée à des conditions qui lui sont propres.

§ 2. On détermine les caractères de cette sûreté en disant qu'elle est accessoire, indivisible, principale et non subsidiaire, réelle et non personnelle.

§ 3. Le droit de rétention est accessoire. Comme toutes les sûretés du même genre, et notamment les priviléges et hypothèques, le droit de rétention suppose une créance dont il est la garantie et dont il suit le sort. Ainsi, quand cette créance prend fin par un quelconque des modes d'extinction des obligations, il s'éteint avec elle. Du reste, il n'est pas nécessaire que la créance garantie soit civile : elle peut n'être que naturelle.

§ 4. Le droit de rétention est indivisible. Les jurisconsultes romains mentionnent déjà ce caractère, non-seulement quand le droit de rétention est l'accessoire du droit de gage (*L.* 65, *de evict. L.* 8, § 2. *L.* 9, § 3. *L.* 11, § 3 et 4, *de pign. act. L.* 19, *de pign. et hyp. Const.* 1 et 2, *de luitione pign.*), mais même quand il existe seul sans se rattacher à un autre droit (*L.* 13, § 8, *de act. empt. et vend.*). Dans notre ancienne jurisprudence, l'indivisibilité du droit de rétention était formellement reconnue (Pothier, Nantissement, n°s 42 et 43) et on la retrouve encore aujourd'hui dans les textes du Code Napoléon. Ainsi, l'art. 867 porte : «Le co-héritier qui fait le rapport en nature d'un immeuble, peut en retenir la possession jusqu'au remboursement effectif *des sommes* (c'est-à-dire de toutes les sommes et non pas seulement de partie des sommes) qui lui sont dues pour impenses ou améliorations. » L'art. 1675 est encore plus formel. Après avoir mentionné les obligations du vendeur qui use du pacte de rachat, il dit que ce dernier ne peut entrer en possession qu'après avoir satisfait *à toutes ces obligations.* L'acheteur jouit donc du droit de rétention tant qu'il n'a pas été intégralement payé. Enfin, l'art. 2083 va encore plus loin : «Le gage est indivisible, dit-il, nonobstant la divisibilité de la dette entre les héritiers du débiteur et ceux du créancier» (voy. encore art. 1948, 2082).

L'indivisibilité du droit de rétention ne saurait donc être révoquée en doute. Quant à sa justification, elle semble facile : s'il est injuste de la part du demandeur de vouloir exiger la restitution de sa chose sans indemniser le rétenteur, la même iniquité se représente, lorsqu'au lieu d'un refus de paiement, il n'offre qu'un paiement partiel.

Lorsqu'on dit que le droit de rétention est indivisible, cette proposition signifie qu'il affecte chacun et chaque partie des objets sur lesquels il porte pour la totalité comme

3

pour chaque portion de la créance, de telle sorte qu'il subsiste en entier jusqu'au paiement intégral de cette dernière. Ainsi :

1° Le créancier qui a reçu un paiement partiel ne peut pas être contraint de renoncer à son droit de rétention pour une part proportionnelle. En sens inverse, après avoir abandonné une partie des objets sur lesquels porte son droit de rétention, il ne perd pas ce droit pour une partie correspondante de sa créance, mais, au contraire, en jouit sur les objets qu'il a conservés jusqu'à parfait paiement.

2° Lorsqu'un créancier, dont la créance se trouve garantie par un droit de rétention sur une ou plusieurs choses du débiteur, vient à mourir en laissant plusieurs héritiers, quoique la créance se divise entre eux, celui de ces héritiers qui a reçu sa part ne peut pas remettre au débiteur la chose retenue tant que ce dernier n'a pas payé les autres héritiers : à raison de l'indivisibilité du droit de rétention, chaque héritier peut, pour sa seule part dans la créance, exercer ce droit sur la totalité de la chose ou des choses qu'il grève.

3° Réciproquement, si le débiteur décède, sa dette se divise entre ses héritiers, et chacun d'eux se libère en payant sa part, mais le créancier peut user de son droit de rétention tant qu'il n'a pas été payé par tous les héritiers ou, pour mieux dire, tant qu'il n'a pas reçu un paiement intégral, car un seul des héritiers pourrait le contraindre à restituer en l'indemnisant complétement.

§ 5. Le droit de rétention est principal et non subsidiaire. Cette proposition signifie que le droit de rétention n'est pas accordé seulement à défaut de toute autre sûreté : on peut en jouir concurremment avec d'autres garanties.

§ 6. Le droit de rétention est réel et non personnel. Les auteurs sont loin de se trouver d'accord sur ce point. Suivant les uns, le droit de rétention a toujours été personnel, à Rome, comme sous le Code Napoléon; suivant d'autres, il a toujours été réel. Quoique personne ne l'ait encore fait, je pense qu'il vaut mieux rejeter ces deux systèmes et en adopter un troisième, d'après lequel, à Rome, le droit de rétention était personnel, tandis qu'il était réel dans notre ancien Droit et l'est encore aujourd'hui sous l'empire du Code Napoléon.

Les jurisconsultes, dans l'opinion desquels le droit de rétention présentait un caractère de réalité chez les Romains, ont omis de se reporter aux principes de la procédure. Du moment que l'*exceptio doli* est personnelle, on se met en contradiction flagrante en déclarant réel le droit de rétention, puisque ce droit n'était qu'une spécialité de l'*exceptio doli* (Voy. à cet égard la *Const. un. Etiam ob chirog. pec.* VIII, 26.). «*Jus retentionis*, dit avec raison M. Lerminier, *non a possessione pendet. Revera nihil aliud est quam exceptio doli quædam.*» (*De possesione analytica Savignanæ doctrinæ exceptio*, n° 6). En vain s'appuie-t-on dans le système contraire sur ce que le rétenteur jouit de l'*actio furti* lorsqu'on lui a volé la chose retenue (*L.* 14, § 1, et *L.* 15, § 2, *de furtis*). Cette considération ne prouve absolument rien, puisque l'*actio furti* n'était pas seulement accordée à ceux qui jouissaient d'un droit réel sur la chose, mais à tous ceux qui avaient un intérêt quelconque à sa conservation, pourvu que cet intérêt fut légitime et direct. Ainsi, de simples détenteurs précaires pouvaient intenter l'action de vol par cela seul qu'ils étaient obligés par le contrat à la restitution de la chose, tels que le *conductor operis*, c'est-à-dire celui à qui l'on a remis des matières premières pour la confection d'un objet d'art, le commodataire jusque sous Justinien.[1]

On s'appuie aussi, pour soutenir la réalité du droit de rétention, sur la loi 29, § 2, *de pign. et hyp.* XX, 1, où il est dit que l'acheteur d'un fonds hypothéqué jouit du droit de rétention contre les créanciers hypothécaires, lorsqu'il a fait reconstruire des bâtiments incendiés, pour se faire indemniser de la plus-value résultant de ces constructions. Cette solution se comprend sans qu'il soit nécessaire d'attribuer au droit de rétention le caractère de droit réel. L'acheteur peut opposer, dans l'hypothèse, le droit de rétention aux créanciers hypothécaires, non pas parce que ce droit est réel, mais parce qu'il y aurait injustice de laisser les créanciers s'enrichir au détriment de l'acheteur. L'idée de dol est excessivement large et vague en Droit romain : il y a dol toutes les fois qu'une personne s'enrichit injustement au détriment d'une autre. Aussi en résulte-t-il que le créancier se trouve protégé par le droit personnel de rétention d'une manière presqu'aussi efficace que si ce droit était réel.

La cause de la personnalité du droit de rétention chez les

---

1. Jusque sous ce prince, l'action de vol était accordée au commodataire à l'exclusion du propriétaire (Gaius, III, § 206), mais les jurisconsultes romains étaient en désaccord sur la question de savoir à quel moment le commodataire devait être solvable pour jouir de l'*actio furti*, si c'était au moment où le vol avait été commis ou bien à celui où il comptait intenter l'action; et la discussion durait encore à cet égard lorsque Justinien, au lieu de trancher la question, posa en cette matière un principe nouveau: Il accorda le choix au propriétaire entre l'*actio commodati* contre le commodataire ou l'*actio furti* contre le voleur, mais de telle sorte cependant que ces deux actions s'excluaient l'une l'autre. Cependant l'exercice de l'*actio commodati* ne privait le propriétaire de l'action de vol que quand il avait déjà connaissance de vol au moment où il l'intentait. *Furti actio ei competit cujus interest rem salvam esse, licet dominus non sit* (Gaius, III, § 203, 205, 206. — § 13, 15, 16. *I. de oblig. quæ ex delicto* IV, 1. — *Const.* 22, *pr.* § 1 et 2, *de furtis*).

Romains résultait de la forme qu'il revêtait en justice. Bien différentes étaient les règles de la procédure dans notre ancienne France, tant dans les pays de coutume que dans ceux de droit écrit. Aussi ne doit-on pas s'étonner d'y rencontrer le droit de rétention avec un caractère essentiellement réel. Ici une controverse sérieuse ne semble pas possible : la réalité du droit de rétention est reconnue par les coutumes, les ordonnances, les écrits des jurisconsultes. « *Jus retentionis est reale*, dit Dumoulin, *quia præfertur omnibus proprietariis et directis et utilibus et omnibus creditoribus etiam hypothecariis, etiam hypotheca expressa, nedum tacita.* » (Coutume de Paris, tit. XI, art. 138, n°s 16 et 17.) Voyez encore : Dumoulin, *loc. cit.*, t. I, § 1, *gloss.* 5, v° le fief, n° 94. — Dumoulin, *Tract. contract. et usur. Quæst.* 36, n° 278. — *Cout.* 50, des coutumes notoires. — Jean Desmares, décision 176. — Basnage, Hypoth., chap. 16. — Duparc Poullain, Principes, L. 3, chap. 20, Sect. 5, n° 159. — Cout. de Paris, art. 175.

Nous arrivons maintenant à la législation actuelle, et nous disons que le droit de rétention est encore réel[1]. Cela ré-

---

1. En ce sens : Cabrye, n° 74. — Tarrible, Rép. de Merlin, v° Priv. de créance, sect. 1, n° 6 et sect. 4, § 5, n° 1. — Demolombe, Dist. des biens, n° 682. — Mourlon, Exam. crit., n°s 215, 222 et suiv. — Duranton, XVIII, n° 560. — Proud'hon. Usufruit n° 90. — Valette, Priv. et Hyp, n° 7. — Charlemagne, Encyclop. du droit. v° Antichrèse, n° 37. — Boileux, sous l'art. 2094. — Lyon, 27 août 1849. Dall., Jur. gén. v° Rétention n° 77. — Cass., 31 mars 1851. D. P. 51. 1. 65. — Caen, 12 février 1853. J. P. 53. 2. 294. — En sens contraire : Delvincourt III, p. 212, note 1. — Rauter, Revue étrangère, 1841 et 1843. — Aubry et Rau, III, § 438. — Troplong, Nantissement n° 42 et suiv., 524, 552 et suiv.; Priviléges, n° 256. — Martou, Cons. de la loi belge sur les hypothèques, I, n°s 34 et 259. — Dalloz., Dict. v° Rétent. n° 6. — Bruxelles, 27 octobre 1819. Dall., Dict. v° Rétention n° 77. Cass., 11 juillet 1855. ib. — Liège, 14 juillet 1821. Rennes, 24 août 1827 ; Bastia, 9 mai 1838 ; Paris, 24 juillet 1852. J. P. 38 2. 297 et 53. 2. 293.

sulte : 1° de l'ancien Droit; 2° des travaux préparatoires du Code Napoléon; 3° du texte même des dispositions relatives au droit de rétention; 4° de l'esprit du Code Napoléon qui, en admettant le droit de rétention, a évidemment entendu lui faire produire des effets importants; 5° de ce que l'antichrèse est un droit réel; or, l'antichrèse est au droit de rétention ce qu'est le particulier au général.

Puisque le droit de rétention constituait un droit réel dans notre ancienne jurisprudence, n'est-il pas évident que si les rédacteurs du Code Napoléon avaient entendu modifier les principes admis jusqu'alors, ils l'auraient au moins laissé entrevoir dans une disposition à cet égard. Au contraire, ils se contentent de mentionner le droit de rétention dans quelques textes disséminés, preuve évidente qu'ils ont entendu s'en rapporter purement et simplement à l'ancien état de choses.

Cette solution se trouve, du reste, confirmée par les travaux préparatoires du Code Napoléon. Il en ressort jusqu'à l'évidence que l'intention constante du législateur, en accordant le droit de rétention à certains créanciers, a été non pas de les prémunir contre le dol de leur débiteur, mais bien plutôt de créer en leur faveur une sûreté garantissant leurs droits. Or, pour que la rétention constitue une sûreté, il faut qu'elle soit opposable aux tiers. C'est ainsi qu'il a été dit à propos du droit de rétention du dépositaire : « De la part de ce dernier (du déposant), tout consiste à rembourser au dépositaire les dépenses qu'il a faites pour la conservation du dépôt, et à l'indemniser des pertes que ce dépôt aurait pu lui causer; mais, jusqu'au paiement de ces dépenses et indemnités, le dépôt peut être retenu, *car il est naturellement, et sans le secours d'aucune stipulation, le gage des créances dont il est la cause* » (Extrait du registre des délib. du Cons. d'État sur le dépôt, p. 4). M. Réal a reproduit la même idée, dans des termes à peu près identiques, devant le Corps législatif. M. Favard est allé encore plus loin et a positivement reconnu, au droit de rétention, le caractère de réalité qu'on lui conteste en l'appelant privilége. «Le dépositaire, a-t-il dit, a un privilège pour le remboursement de ses frais, puisque la loi l'autorise à retenir le dépôt *quasi quodam jure pignoris* jusqu'à l'entier paiement de ce qui lui est dû.» Qu'on ne reproche pas à cet orateur de s'être servi d'un terme inexact, puisqu'à l'époque où il l'employait on n'avait pas encore traité la matière des priviléges, et on ignorait dans quel sens on le prendrait plus tard; le seul but de M. Favard, en se servant de cette expression, a été de constater la réalité du droit de rétention, car qui dit privilége, dit droit de préférence sur les autres créanciers, et, par conséquent, droit qui leur est opposable.

On trouve, du reste, des traces évidentes de cette théorie dans les articles du Code relatifs au droit de rétention. Il résulte de leur texte que ce droit ne constitue pas une simple exception de dol, opposable seulement au débiteur; il en est parlé d'une manière générale, sans distinction entre le débiteur et les tiers. Tels sont les art. 867, 1948, 2082: *Ubi lex non distinguit nec nos distinguere debemus.* Enfin, l'art. 1749 dit positivement: «Les fermiers ou les locataires ne peuvent être expulsés, qu'ils ne soient payés par le bailleur ou, à son défaut, par le nouvel acquéreur, des dommages et intérêts ci-dessus expliqués.» Si le fermier peut opposer son droit de rétention au nouvel acquéreur, c'est que la loi le considère comme un droit réel, car s'il était personnel, le fermier ne pourrait s'en prévaloir que contre son bailleur.

Dans le système de la personnalité du droit de rétention, on arrive à voir, dans ce droit, non plus une sûreté de la créance, mais un simple stimulant; sa seule efficacité consiste à exciter le débiteur, désireux de rentrer dans la possession de sa chose, à s'acquitter de sa dette. Or, tel n'est pas le seul but que la loi s'est proposé. Avant tout, elle a voulu instituer une sûreté d'une nature spéciale, comme on l'a déjà dit précédemment. Pour que ce but soit rempli, il faut que le droit de rétention soit réel, c'est-à-dire opposable aux tiers et surtout aux autres créanciers du débiteur; s'il en était autrement, ceux-ci pourraient dépouiller le rétenteur, faire vendre la chose, et partager entre eux tous, y compris le rétenteur, le prix de la vente au marc le franc. Nier la réalité du droit de rétention, c'est donc lui refuser toute efficacité, c'est la rendre inutile : autant vaudrait le rayer du Code.

Supposons, par exemple, un dépositaire créancier à l'occasion de la chose (1948); dans l'opinion que nous rejetons, le dépositaire ne pouvant opposer son droit qu'au déposant, on en arrive à conclure que tout acquéreur de la chose peut en évincer le dépositaire, que les créanciers du déposant ont le droit de s'en emparer, de la faire vendre, et de venir en concours sur le prix avec le rétenteur, ou même de le primer s'ils jouissent de priviléges. On le voit, rien n'est plus facile au déposant que d'évincer indirectement le dépositaire, et dès lors, le droit de rétention ne constitue pas une sûreté. Et cependant, le législateur a entendu lui accorder une sûreté. MM. Réal et Favard se sont expliqués catégoriquement sur ce point.

De même, l'antichrèse ne constituerait pas une sûreté si on ne pouvait l'opposer aux tiers. Le débiteur pourrait, dès le lendemain, faire disparaître son effet en vendant ou en hypothéquant la chose.

Cette considération, qui nous paraît cependant capitale, n'arrête pas les partisans du système contraire, et pour soutenir que l'antichrèse doit être rangée parmi les droits personnels, ils s'appuient sur l'art. 2091 aux termes duquel l'antichrèse demeure sans effet « à l'égard de ceux qui pourraient avoir des droits sur l'immeuble. » Cet article, dit-on, ne distingue pas : tous ceux qui ont des droits sur l'immeuble, peuvent attaquer l'antichrèse; donc l'antichrèse n'est opposable qu'au débiteur. — On répond à cette objection, que si l'on recherche l'intention du législateur dans cet article, on ne peut nier qu'il doit s'entendre uniquement des créanciers ayant des droits réels antérieurs à celui de l'antichrésiste[1]. Il y a plus : cette interprétation ressort même des termes de la loi. L'article porte en effet : « Tout ce qui est statué au présent chapitre, ne préjudicie pas aux droits que des tiers *pourraient avoir* sur le fonds de l'immeuble remis à titre d'antichrèse. » Ces mots : « pourraient avoir », laissent bien entendre qu'il s'agit uniquement de droits antérieurs à ceux de l'antichrésiste. Si la loi avait voulu étendre cette règle aux droits postérieurs, elle aurait employé une formule différente, et, par exemple, aurait dit : « pourraient avoir ou acquérir. »

L'art. 2091 signifie donc tout simplement que l'antichrèse n'est pas opposable à ceux qui avaient des droits sur l'immeuble avant sa constitution. Peut-être, dira-t-on, qu'ainsi interprétée, cette disposition proclame une règle incontestable, qu'il était inutile de la rappeler. Cette objection serait-elle exacte, qu'on pourrait répondre : *quod abundat non vitiat*, et citer plusieurs articles du même genre dans le Code Napoléon. Mais il n'en est rien, et même, entendu dans le sens que nous lui donnons, l'article présente une certaine utilité, car il met fin à une controverse qui divisait, dans l'ancien Droit, nos jurisconsultes : les uns prétendaient que l'antichrèse ne pouvait pas être opposée aux créanciers ayant

1. Cet esprit du législateur résulte nettement de ce qu'a dit le tribun Gary à cet égard au Corps législatif. (Fenet, XV, p. 220.)

des droits réels antérieurs à celui de l'antichrésiste; les autres soutenaient que l'antichrèse donne un droit de préférence même sur les créanciers antérieurs (Duparc Poullain VII, p. 333, n° 108. Denizart, v° Antichrèse. Troplong, Nantissement, n° 573).

On s'appuie aussi, dans le système contraire, sur le deuxième alinéa de ce même article, portant que dans le cas où le créancier antichrésiste aurait sur le fonds des priviléges ou hypothèques légalement établis et conservés, il les exercera à son ordre, comme toute autre créance. Il semble cependant impossible de conclure de cette disposition, que le droit de rétention est purement personnel; elle dit, comme le fait justement remarquer M. Pont (Hyp., p. 15), « une chose fort raisonnable, eu égard aux deux droits distincts et différents essentiellement par leurs effets et leur objet, dont elle suppose la co-existence entre les mains du même créancier, l'un de ces deux droits ne pouvant exclure l'autre, ni le remplacer. »

La réalité du droit d'antichrèse résulte aussi des textes du Code de commerce. Ainsi, l'art. 446 de ce Code annule les actes constitutifs d'antichrèse, et, d'une manière plus générale, de nantissement consentis dans les dix jours qui précèdent l'époque déterminée par le tribunal, comme étant celle de la cessation de paiement. Si, dans cette hypothèse, on annule l'antichrèse, c'est évidemment parce qu'elle préjudicierait aux autres créanciers; or, pour leur porter préjudice, il faut qu'elle constitue un droit réel.

Et maintenant si, mettant de côté les arguments de texte, on se contente d'observer la manière dont se trouve traitée l'antichrèse, la place qu'elle occupe dans le Code, on y découvre encore une preuve de son caractère réel. — Le Code Napoléon admet deux espèces de sûretés : les sûretés personnelles et les sûretés réelles. Il parle d'abord des premières (le cautionnement, la contrainte par corps). Puis, il passe aux sûretés réelles : c'est l'objet des titres XVIII et XIX du livre 3. Dans ces titres, la loi étudie successivement le gage, l'antichrèse, les priviléges, les hypothèques. Dès lors, comment admettre que l'antichrèse constitue un droit porsonnel, quand on la voit précédée et suivie de toutes les autres sûretés réelles?

Mais ce n'est pas tout. L'antichrèse se trouve pour ainsi dire accolée au gage, et la loi les réunit sous le nom commun de nantissement (2071, 2072). Comment le législateur pourrait-il désigner par un même mot deux sûretés diamétralement contraires, car rien n'est plus opposé à un droit réel qu'un droit personnel. On ne peut donc nier que le législateur a vu dans le gage et dans l'antichrèse deux garanties de même nature. Cela résulte, du reste, très-nettement de la discussion au Corps législatif. Le discours de M. Gary est fort précis à cet égard (Fenet, XV, p. 213). De même, il a été positivement dit au Conseil d'État : « L'antichrèse est à l'immeuble ce que le gage est au meuble. » (Extrait des délib. sur le nantiss., p. 6.)

Enfin, la loi du 23 mars 1855 est venue confirmer la thèse que nous soutenons en soumettant l'antichrèse à la formalité de la transcription (art. 2). Il est vrai que la loi exige aussi la transcription de certains droits personnels, de baux d'une longue durée (18 ans) et aussi de certaines quittances de fermages non échus; mais, au lieu de mentionner l'antichrèse avec ces baux et ces quittances, elle a soin d'en parler, sous le même n° que des servitudes, des droits d'usage et d'habitation et de la placer même avant eux et après avoir traité des hypothèques, de sorte que l'antichrèse se trouve au milieu des droits réels, preuve évidente qu'elle aussi présente ce caractère.

Revenons maintenant au droit de rétention en général et,

pour terminer, voyons quelles sont les considérations que l'on fait valoir dans l'opinion contraire.

On dit d'abord que si la loi avait entendu faire du droit de rétention une cause légitime de préférence, elle en aurait formellement parlé dans l'art. 2094.

Résoudre ainsi la question, ce n'est pas se poser sur le véritable terrain : il ne s'agit pas, en effet, de savoir si le droit de rétention constitue une cause légitime de préférence, mais s'il faut la ranger parmi les droits réels ou parmi les droits personnels. Or, la rétention n'est pas, en elle-même, une cause de préférence : elle n'aboutit qu'indirectement à un paiement intégral. Cela est tellement vrai que si le rétenteur perd la possession ou fait vendre lui-même la chose, il ne vient plus qu'au marc le franc : le rétenteur est donc un simple créancier chirographaire, jouissant d'une sûreté qui consiste dans le droit de conserver la chose jusqu'à paiement intégral, mais non d'un droit de préférence. Dès lors, on comprend parfaitement que le législateur ait passé la rétention sous silence dans l'art. 2096.

On objecte encore que dans notre système, l'antichrèse est un droit plus fort que l'hypothèque ; mais pour repousser ce reproche, il suffit de rappeler que si, d'une part, le créancier antichrésiste prime tous les créanciers chirographaires et les créanciers hypothécaires postérieurs à la constitution de l'antichrèse, d'autre part il est primé par les créanciers hypothécaires dont les droits sont antérieurs au sein.

On fait encore une autre objection en s'appuyant sur le 2e alinéa de l'art. 2082. On dit que, lors des travaux préparatoires, il a été déclaré qu'on entendait reproduire dans cet article la disposition de la *Const. un. Etiam ob chir. pec.* On cite à l'appui ces paroles de M. Berlier : « La disposition de l'art. 2082 n'est pas introductive d'un droit nouveau ; elle n'est que la reproduction de la loi romaine ; à la vérité, le projet de Code ne l'avait pas conservée, mais il est bon de la rétablir, ainsi que l'ont demandé plusieurs tribunaux » (Fenet XV, p. 197). Or, la loi romaine en question décidait positivement que le gage retenu par le créancier, pour sa seconde créance, ne produisait qu'un droit personnel contre son débiteur. Donc, conclut-on, dans l'article précité, il ne s'agit aussi que d'un droit de rétention purement personnel.

Cette objection a l'inconvénient de ne reposer que sur les paroles de M. Berlier. On peut en contester l'exactitude et prétendre qu'elles ne sont que la reproduction de la manière de voir de cet orateur. Sans doute, l'idée-mère de l'art. 2082 se retrouve dans le *Const. Etiam ob chir. pec.* Mais notre article, loin de la reproduire purement et simplement, l'a modifié sous plusieurs rapports. Ainsi, à Rome, ce droit de rétention donné au créancier gagiste, existait au profit d'une créance quelconque, quelles que fussent son origine, sa date, sa nature, l'époque de son exigibilité. Au contraire, sous l'empire du Code Napoléon, il ne s'applique qu'aux créances postérieures à la constitution du gage et exigibles avant celle que ce gage avait d'abord pour objet exclusif de garantir. Cette première différence semble assez importante. Mais il en est encore une autre: La loi romaine accordait le droit de rétention dans cette hypothèse, parce qu'elle voyait un dol dans le fait de la part du débiteur de réclamer sa chose avant d'avoir payé toutes ses dettes. Au contraire, la loi française, en établissant ce droit, s'est proposé de créer *une sûreté par interprétation de la volonté présumée des parties.* Or, pour qu'il y ait réellement sûreté, il faut que le droit de rétention soit réel. Aussi l'article en question a-t-il entendu que ce droit fût opposable aux tiers comme le droit de gage garantissant la première créance. Cela résulte d'abord du texte même de l'article 2082: « Le créancier ne pourra être contraint de se dessaisir de gage avant d'être entièrement payé de l'une et de l'autre dette, *lors même qu'il n'y aurait eu aucune stipulation pour affecter le gage* au paiement de la seconde. » La loi suppose donc que, dans l'intention des parties, la chose garantit aussi le paiement de la seconde dette. Mais, puisque la première dette se trouve garantie par *un droit réel*, est-il présumable que les parties, si elles s'étaient expliquées, auraient établi un *droit personnel* à l'égard de la seconde? La négative résulte nettement de ces paroles de M. Gary sur notre article: « L'absence d'une pareille clause (l'orateur entend parler d'une clause affectant le gage en garantie à la seconde créance) semble s'opposer à ce qu'on fasse servir de *sûreté* pour une dette *un gage qui n'y a pas été affecté.* Mais *la volonté présumée* du créancier vient à l'appui de la disposition de la loi. Observons qu'il s'agit d'une dette contractée postérieurement à la mise en gage pour sûreté de la première. En exigeant ce gage, le créancier a montré qu'il ne se fiait pas à la personne du débiteur, *et la sûreté qu'il a prise une fois, il est censé l'avoir conservée* pour la garantie *de sa seconde créance* » (Fenet, XVI, p. 216). C'est bien plutôt dans ces paroles que dans celles de M. Berlier qu'il faut chercher la saine interprétation du 2e alinéa de l'art. 2082.

CHAPITRE IV.

Des diverses espèces de droits de rétention.

§ 1. Le droit de rétention est légal ou conventionnel. L'un est celui que la loi accorde formellement ou même implicitement, par cela seul qu'il y a connexité entre la créance et la chose retenue. L'autre se rencontre dans le gage et l'antichrèse dont il n'est que l'un des accessoires. — Mais le droit de rétention conventionnel peut-il exister en dehors des cas de gage et d'antichrèse? Peut-on convenir qu'un créancier ne jouira que d'un simple droit de rétention sur la chose, sans privilège, sans droit de se faire attribuer la chose en paiement comme dans le gage, sans droit de faire les fruits siens comme dans l'antichrèse? Dans l'ancien Droit on répondait affirmativement (Molineus, *Tractatus contractuum et usurarum. Quæst.* 36, n° 278), et il faut encore admettre la même solution. Sans doute, on pourrait la contester en disant qu'il n'est pas permis aux particuliers de créer des droits de préférence en dehors des cas où la loi les y autorise; mais, une pareille objection n'aurait rien de sérieux, car la loi, par cela même qu'elle donne aux parties le droit de grever leurs biens des droits de gage et d'antichrèse, leur permet *a fortiori* de consentir des droits de rétention purs et simples. Qui peut le plus peut le moins : les parties ne font dans ce cas qu'user d'une partie des droits que la loi leur confère.

Pour que le droit de rétention conventionnel, principal ou accessoire au gage ou à l'antichrèse existe entre parties, il faut deux conditions : le consentement des parties et la tradition de la chose. Tant que la chose n'a pas été délivrée, le créancier peut l'exiger, mais il ne jouit pas encore du droit de rétention. Au regard des tiers, il faut de plus, dans le cas d'antichrèse, quelle que soit la somme garantie, quelle que soit la valeur de l'immeuble (2085), la rédaction d'un acte et sa transcription depuis la loi de 1855. Du reste, cet acte est exigé même entre les parties : la preuve testimoniale ne serait jamais admise, mais on pourrait user des autres moyens de preuve et notamment de l'aveu, du serment. Dans le cas de gage, il faut en matière excédant 150 francs[1], un acte authentique ou sous seing privé dûment enregistré[2] et contenant les énonciations prescrites par l'art. 2074. Du reste, un seul acte suffit, le contrat de gage étant unilatéral. Enfin, dans le cas de rétention conventionnelle pure et simple, comme la loi ne l'a pas réglé, il suffit de retourner aux règles ordinaires et d'exiger la rédaction d'un acte, seulement en matière excédant 150 fr. : il n'est pas nécessaire pour qu'on puisse l'opposer aux tiers qu'il ait été enregistré, ni même qu'il ait été transcrit (dans le cas où ce droit de rétention grèverait un immeuble), la loi de 1855 gardant le silence le plus absolu à cet égard ; il suffit qu'il ait acquis date certaine d'une manière quelconque.

Pour pouvoir grever une chose du droit de rétention conventionnel, il faut en être propriétaire et avoir la capacité d'aliéner (Pothier, Nantissement n° 27). Ceci est vrai aussi du cas de gage et de celui d'antichrèse, avec cette différence toutefois, qu'en cas de gage et de droit de rétention pur et simple, portant sur une chose mobilière, le créancier qui a reçu de bonne foi un objet dont le débiteur n'était pas propriétaire, peut cependant en refuser l'extradition au véritable propriétaire, à moins qu'il ne s'agisse d'une chose perdue ou volée. (Aubry et Rau III, § 433. — Troplong, Nantissement 70 à 72. — Locré, Exposé de Berlier, XVI, p. 29 et 30.)

---

1. « Ces termes, qui doivent être pris *secundum subjectam materiam*, se rapportent à la somme pour laquelle il y a conflit d'intérêts entre le créancier nanti et les autres créanciers. Or cette somme est évidemment inférieure à 150 fr., lorsque, soit la valeur de l'objet mis en gage, soit la créance pour laquelle le gage a été fourni, ne s'élève pas à ce chiffre. » Aubry et Rau III, § 433, note 3. En ce sens: Duranton XVIII. 511.

2. Il ne lui suffirait pas d'avoir acquis date certaine: l'art 2074 est formel à cet égard et tout doit s'interprêter rigoureusement en cette matière. En sens contraire: Cabrye, p. 186 et suiv. — Troplong, Nantissement, nos 197 et suiv.)

Du reste, même dans le cas d'antichrèse de la chose d'autrui ou de gage (et par analogie il faut encore en dire autant du cas où il y aurait seulement un droit de rétention conventionnel) d'une chose perdue ou volée, certains effets se produisent entre les parties : ainsi, le créancier doit rendre la chose, lorsqu'on le paie; le débiteur ne peut pas la réclamer sans acquitter sa dette. De plus, comme le créancier risque toujours de se trouver évincé par le véritable propriétaire, il a le droit d'exiger du débiteur une autre sûreté et, à son défaut, de se faire payer immédiatement. (Arg., art 1188, 2020, 2131.)

Quelquefois le droit de rétention légal et le droit de rétention conventionnel peuvent se trouver réunis sur la même chose et au profit du même créancier.

Tel est le cas d'un créancier jouissant du droit de rétention conventionnel sur une chose pour laquelle il fait des dépenses : il a un droit de rétention légal pour la seconde créance résultant de ses impenses.

Du reste, le droit de rétention légal, comme le droit de rétention conventionnel, ont le même but, sont soumis aux mêmes règles, présentent des caractères identiques.

Cependant il convient de signaler entre eux quelques différences. Ainsi :

1° Le droit de rétention légal résulte de la loi qui le fonde sur un principe d'équité; le droit de rétention conventionnel résulte de la volonté des parties et se justifie avant tout par cette idée que les conventions sont obligatoires. 2° Il est de règle que le rétenteur n'a pas la jouissance de la chose. Toutefois on peut y déroger dans le cas de rétention conventionnelle. 3° Quand il s'agit d'une rétention légale, le débiteur, après avoir payé, ne jouit, pour réclamer sa chose, que de l'action en revendication; au contraire, dans le cas de rétention conventionnelle, il le peut encore par l'action personnelle résultant du contrat. 4° Lorsque la chose, sur laquelle s'exerce le droit de rétention, vient à périr par cas fortuit ou par force majeure, le créancier peut ou ne peut pas en exiger une autre pour remplacer la première, selon qu'il s'agit du droit de rétention conventionnel ou du droit de rétention légal. 5° Le droit de rétention légal ne peut garantir que des obligations valables selon le Droit civil; le droit de rétention conventionnel peut garantir même des obligations purement naturelles. Toutefois, cette dernière différence n'est pas admise par tout le monde et notamment d'après les principes du système exposé plus haut, qui voit dans le droit de rétention l'application d'une règle d'équité et l'étend même en dehors des cas où la loi en a formellement parlé, il faut rejeter cette différence et décider d'une manière générale que tout droit de rétention, même légal, peut garantir toute obligation, même purement naturelle.

Certains auteurs, au lieu de diviser le droit de rétention en conventionnel ou légal, disent, ce qui revient au même, qu'il est volontaire (*voluntarium*) ou forcé (*necessarium*), et ensuite, ils subdivisent le premier en conventionnel ou testamentaire, et le second en légal ou judiciaire; mais ces distinctions ne présentent aucun intérêt.

§ 2. Le droit de rétention est exprès ou tacite. Cette distinction ne s'applique qu'au droit de rétention légal; car le droit de rétention conventionnel est toujours et nécessairement exprès. Au contraire, on dit que le premier est exprès ou tacite, selon qu'il résulte d'une disposition formelle de la loi ou de l'interprétation extensive des dispositions de la loi sur cette matière, ce qui a lieu toutes les fois que se trouve remplie la condition de connexité entre la créance et la chose retenue.

§ 3. Le droit de rétention est simple ou qualifié (on dit aussi principal ou accessoire) selon qu'il existe seul et indépendamment de tout autre droit, ou qu'il se joint à un autre droit dont il est l'accessoire, comme dans le cas de gage et d'antichrèse. Du reste, cette division ne présente pas un grand intérêt : tout ce qu'on peut dire, c'est que le droit de rétention principal peut se trouver réuni au droit de rétention accessoire et même lui survivre, comme, par exemple, dans le cas d'un créancier gagiste qui a fait des dépenses nécessaires sur la chose engagée et auquel le débiteur n'a remboursé que la créance primitive.

CHAPITRE V.

Conditions requises pour l'existence du droit de rétention.

§ 1. Pour que l'on jouisse du droit de rétention, il faut la réunion des conditions suivantes :

1° Que l'on soit en possession ou en détention de la chose sur laquelle on prétend exercer ce droit ;

2° Que l'on soit en général créancier du propriétaire de la chose.

Tous les auteurs sont d'accord pour exiger la réunion de ces deux conditions. Mais il n'en est plus de même pour le reste. Les uns veulent, en troisième lieu, qu'il y ait connexité entre la créance et la chose retenue, et, en quatrième lieu, que la loi accorde expressément le droit de rétention. Te est le système de M. Mourlon (Examen crit.). D'autres se contentent d'exiger que la créance soit née à l'occasion de la chose ou par rapport à elle et accordent le droit de rétention dans tous les cas où l'on rencontre le *debitum cum re junctum*, même quand la loi n'en parle pas formellement (Proud'hon, Domaine de propriété, II, n° 569. — Rauter,

Revue étrangère, 1841, p. 769. — Aubry et Rau, I, 2e édition, § 184. — Dalloz, Rép. v° Rétention n° 4. — Toullier, III, n° 130. — Duranton, IV, n° 382. — Enfin, d'après un troisième système, au contraire, il ne faut donner le droit de rétention que quand la loi le permet d'une manière positive (Cabrye, n° 70, p. 118). De ces trois opinions, la première paraît inadmissible sous tous les rapports : du moment que M. Mourlon n'accorde le droit de rétention que dans les cas où la loi en parle formellement, on ne voit plus pour quelles raisons il exige, en outre, qu'il y ait connexité entre la dette et la chose retenue. La loi a décidé qu'il y aurait droit de rétention ; cela doit suffire. Bien plus logique nous paraît, sous ce rapport, le troisième système, celui qu'a mis en avant M. Cabrye : il n'admet le droit de rétention qu'autant qu'il existe un texte formel de loi, mais aussi a-t-il soin de rejeter la condition de connexité. Cependant il vaut mieux adopter le système suivant :

Pour que le droit de rétention puisse être admis, tantôt il faut connexité entre la dette et la créance, tantôt cette connexité n'est pas nécessaire. Il convient à cet égard de distinguer :

A. La loi a-t-elle formellement accordé le droit de rétention, dans ce cas peu importe qu'il y ait ou non *debitum cum re junctum ;* il en est de même du cas où à défaut du texte de la loi, les parties sont convenues d'accorder le droit de rétention. Ici encore, que la créance soit ou non née à l'occasion de la chose retenue, le droit de rétention doit être admis.

B. Mais à défaut de texte formel de loi ou de convention, pour qu'on admette le droit de rétention, il faut *debitum cum re junctum,* c'est-à-dire une dette née à l'ccasion de la chose ou par rapport à elle. Ici le droit de rétention est accordée par interprétation extensive du Code Napoléon : en général, et sauf quelques rares exceptions, toutes les fois qu'il parle du droit de rétention, il s'agit de créances nées à l'occasion de la chose retenue ; par des raisons qui ne tarderont pas à être exposées, on en induit qu'il entre dans son esprit d'accorder le droit de rétention par cela seul qu'il y a connexité entre la dette et la créance.

§ 2. Ces généralités posées, étudions successivement chacune des conditions nécessaires à l'existence du droit de rétention.

Première condition. — Il faut être en possession (*sensu lato*) de la chose sur laquelle on prétend user du droit de rétention. Le mot même de rétention prouve jusqu'à l'évidence la nécessité de cette première condition : pour retenir il faut détenir. Cette condition est de l'essence du droit de rétention, elle résulte de la nature même des choses, et cela est tellement vrai qu'on la rencontre déjà en Droit romain (§ 30, *I. de rer. div.*, 30, 1. — *L.* 14, § 1. *Communi dividendo*). De même la plupart des textes du Code Napoléon, relatifs au droit de rétention, supposent nettement le rétenteur en possession de la chose. (867, 1673, 1749, 2082, 2087.)

Puisque le droit de rétention implique l'idée de possession, il suit de là qu'on ne peut l'exercer que sur les objets que l'on a en son pouvoir. On ne saurait en effet retenir un objet que l'on ne détient pas (Cass. req. 18 avril 1843. Dall., Dict. v° commiss. n° 50. — Nancy, 24 août 1844. Dall., Dict. v° rétention, n° 15. — Caen, 3 janv. 1849. D. P. 51, 2, 103. — Cass. 4 août 1852. Dall., 52, 1, 197. — Cass., 24 févr. 1857. D. P. 57, 1, 65. — Paris, 1er déc. 1859. Dall., 60, 5, 63.)

Du reste, il n'est pas nécessaire qu'il y ait possession civile ; une simple détention matérielle suffit. Il en était déjà ainsi en Droit romain (*L.* 3, § 15 ; *L.* 4 ; *L.* 7, § 1, *in fine ad exhibendum* = *L.* 9, *De rei vindicatione.* — *L.* 1 *pr. in fine de pign. et hyp.* — *L.* 8 et *L.* 18, § 4. *Commodati*) et dans notre ancien Droit (Dard, Alliance des lois romaines avec le Droit. français, § 120). La question ne peut faire de doute sous le Code Napoléon, puisque nous le voyons formellement accorder le droit de rétention au fermier et au dépositaire (1749, 1948). Il y a plus : dans le cas de rétention conventionnelle, le rétenteur peut posséder, par l'intermédiaire d'un tiers, qui détient la chose en son nom et pour son compte (art. 2076). Mais il ne suffit pas, bien entendu, que ce tiers se trouve en possession de la chose; il faut que par la convention des deux parties il ait été chargé de la garder dans l'intérêt du créancier (Aubry et Rau, III, § 433. — Paris, 12 janvier 1846. Sir. 50, 2, 566. — Paris, 15 nov. 1850. Sir. 50, 2, 567. En sens contraire, Rouen, 14 juin 1847. Sir. 49, 2, 25.)

Le droit de rétention existe non-seulement au profit du possesseur de bonne foi, mais même au profit du possesseur de mauvaise foi (en sens contraire, Pau, 9 août 1837. Dall., Rép., v° Minorité, n° 509). Cependant, on est communément d'accord pour le refuser à celui qui est entré en possession par suite d'un délit et notamment au voleur, à celui qui s'est rendu coupable d'un abus de confiance, etc. Cette règle ne se trouve pas dans le Code Napoléon; mais elle est une application des principes généraux du droit. *Nemo auditur propriam turpitudinem allegans. — Spoliatus ante omnia restituendus. — Hoc de jure utimur ut quidquid omnino per vim fiat, aut in vis publicæ aut in vis privatæ crimen incidat* (*L.* 152 *de diversis regulis juris*). (En ce sens : Rauter, Revue, p. 782. Demoly, p. 14.)

La condition de possession de la chose étant de l'essence du droit de rétention, les parties ne pourraient pas convenir que l'une d'elles jouirait de ce droit sans que cette condition fût remplie. (Cass. 4 août 1852. Dall., 52, 1, 197.)

Deuxième condition. — Il faut être créancier du propriétaire de la chose retenue. Cette seconde condition peut se subdiviser. D'abord, il faut une créance; toute sûreté est, en effet, un droit accessoire supposant l'existence d'un droit principal; ensuite, il faut que l'on soit créancier du propriétaire de la chose retenue. Cependant, cette dernière proposition ne doit pas être entendue d'une manière aussi absolue que la première; il est trois cas où l'on jouit du droit de rétention, quoique l'on ne soit pas créancier du propriétaire de la chose.

A. Dans le cas de gage conventionnel, il peut se faire qu'un tiers consente à grever de ce droit de gage et par conséquent aussi du droit de rétention, sa chose comme garantie de la dette d'autrui. (2077-2090.)

B. Quelquefois le débiteur donne en gage à son créancier la chose d'autrui, et même dans cette hypothèse le créancier jouit du droit de rétention, pourvu qu'il soit de bonne foi, que la chose engagée soit un meuble, qu'il ne s'agisse pas d'une chose perdue ou volée. (2279. Delvincourt, III, p. 106, nº 5. — Pont. Priv. et hyp., nº 119. — Mourlon, Examen crit., p. 241.)

Dans l'ancien Droit, cette seconde exception n'était pas admise d'une manière générale. Quelques coutumes la rejetaient; le plus grand nombre l'admettaient. Les unes se basaient sur le principe *nemo plus juris in alium transferre potest quam et ipse habet*, qu'elles avaient admis d'une manière générale en matière de transmission de droits réels mobiliers; telle était la coutume d'Orléans, dont Pothier avait reproduit la doctrine (nº 7 de son traité du nantissement). — D'autres coutumes, au contraire, rejetaient complétement les règles du Droit romain, pour rester fidèles au principe: *Les meubles n'ont pas de suite.* Cette maxime était admise, même au profit du créancier gagiste et par conséquent du rétenteur. *Apud Gallos pignorum mobilium persecutio hypothecaria nulla est, si ab alio quam ipso debitore possidentur. Id enim est quod aiunt:* Les meubles n'ont pas de suite (Faber, sur la *L.* 5., § 8 *de trib. act.;* dans le même sens, arrêt du 7 févr. 1636, Troplong, Nantissement, § 71). C'est cette théorie qui a passé dans notre législation, et si le Code Napoléon ne l'a pas formellement dit dans ses dispositions relatives au gage ou à la possession des meubles, ce point n'en a pas moins été parfaitement établi lors de la discussion et à l'exposé des motifs du titre du nantissement; si on ne l'a pas reproduit dans le Code, c'est qu'on a jugé inutile de le faire, à raison même de la généralité du principe.

C. Il peut se faire dans certains cas qu'un propriétaire jouisse du droit de rétention sur sa propre chose. Sans doute, par cela seul qu'un propriétaire se maintient en possession de sa chose, on ne peut pas dire qu'il exerce le droit de rétention; il use de son droit de propriété, mais il peut arriver que ce seul droit ne soit pas suffisant et que, pour se faire maintenir en possession de sa chose, il soit obligé de recourir au droit de rétention. Cette hypothèse se présente lorsqu'en vertu d'une cause juridique il est tenu d'abandonner momentanément la possession de sa chose à un tiers et qu'il a fait sur cette chose des dépenses dont le fardeau incombait à ce dernier. Dans ce cas, il peut user du droit de rétention, tant que ce tiers ne l'indemnise pas. Telle est l'hypothèse d'un propriétaire dont la chose se trouve grevée d'un droit d'usufruit ou qui l'a louée au profit d'un tiers. Si ce propriétaire, se trouvant encore en possession de sa chose, a fait des dépenses qui étaient à la charge de l'usufruitier ou du locataire, ce qui a lieu, par exemple, lorsque cet usufruitier ou ce locataire la lui a confiée en dépôt ou se trouve en demeure de la retirer, il jouit du droit de rétention tant qu'on ne l'indemnise pas de ses dépenses.

Se présente maintenant la question de savoir si, pour jouir du droit de rétention, il suffit d'une créance quelconque, même purement naturelle. En droit romain et dans notre ancienne France, la question n'était pas douteuse: une créance purement naturelle pouvait se trouver garantie par le droit de rétention (Duparc-Poullain, Principes, liv. 3, chap. 1er, nº 105). En est-il de même sous le Code Napoléon? A raison des incertitudes qui dominent la matière des obligations naturelles et celle du droit de rétention, tous les auteurs se sont abstenus d'examiner cette question. Cependant il vaut mieux la résoudre, dût-on donner une solution erronée.

Pour la négative on peut faire valoir les considérations suivantes: Le Code Napoléon a singulièrement restreint les effets des obligations naturelles. A Rome, elles pouvaient faire l'objet d'un gage, d'une hypothèque, elles pouvaient entrer en compensation. Aujourd'hui, si l'on peut encore discuter en ce qui touche le premier de ces effets, quant au second, le doute est impossible: les obligations naturelles ne peuvent plus entrer en compensation (Aubry et Rau, III, § 297, texte et note 16; § 326, texte et note 11.— Toullier VI, 388. — Duranton, X, 25). Or, le droit de rétention ne présente-t-il pas de nombreux rapports avec la compensation? — Puis enfin, il faut restreindre les effets des obligations naturelles à ceux dont a parlé le Code Napoléon. Or, nulle part il ne dit que ces obligations pourront se trouver garanties par un droit de rétention.

Pour l'affirmative, au contraire, on peut dire: Aucun texte ne s'oppose à ce que les obligations naturelles fassent l'objet d'un gage ou d'une hypothèque. *A fortiori* donc peuvent-elles être garanties par un simple droit de rétention. Si ces obligations ne pouvaient être munies d'aucune garantie, on comprendrait qu'on rejetât le droit de rétention. Mais, il est incontestable qu'elles peuvent être valablement cautionnées (art. 2012). Pourquoi dès lors repousser le droit de rétention, d'autant plus que rien n'indique l'intention de la part du législateur de déroger sur ce point à l'ancien Droit et au Droit romain.

Enfin, le droit de rétention n'est-il pas, à la différence de la plupart des autres sûretés, une émanation directe du droit naturel, ne repose-t-il pas sur les principes les plus solides de l'équité; or, s'il est équitable de donner le droit de rétention à des créanciers qui, indépendamment de cette garantie, jouissent d'une action pour faire valoir leurs droits en justice, ne l'est-il pas encore bien plus de l'accorder à des créanciers qui se trouvent privés de ce dernier moyen? — Ces différentes considérations me font adopter ce dernier système de préférence au premier.

Troisième condition. — Il faut connexité entre la créance et la chose retenue, à moins que le droit de rétention ne résulte d'un texte formel de la loi ou de la convention des parties. Autrement dit, le droit de rétention doit être admis, même dans le cas où la loi ne le mentionne pas, pourvu qu'en outre des deux conditions que nous venons d'étudier, il y ait *debitum cum re junctum.* S'il existe un texte formel de loi ou une convention, cette dernière condition n'est plus nécessaire; le droit de rétention doit toujours être admis, qu'il y ait ou non connexité entre la créance et la dette. Tel est le cas de l'art. 2082, celui de l'art. 1749. (Voyez en ce sens: Battur, Priv. et hyp., n° 80 et suiv.; Troplong, Priv. et hyp., n° 258, et Nantissement, n° 149; Aubry et Rau, 2e édition, I, § 184, p. 370; Boileux, sous l'art. 2094; Rauter, Revue 1841; Marcadé, sous l'art. 575; Demolombe, Distinction des biens, n° 682; Dalloz, Rép., v° Rétention, n° 11. En sens contraire, Mourlon, Exam. crit., n° 231; Cabrye, n° 67 et suiv.)

Pour justifier notre solution d'une manière satisfaisante, il convient d'examiner quel est l'esprit général du Code Napoléon à l'égard du droit de rétention. Or, d'un côté il est incontestable que le droit de rétention repose sur une idée d'équité et émane directement du droit naturel. D'un autre côté, il est également incontestable que le Code Napoléon ne contient sur le droit de rétention que des dispositions éparses, que notre législateur n'a pas fait une théorie du droit de rétention. Quant à l'exactitude à ces deux points, personne ne l'a jamais méconnue, même les jurisconsultes du système contraire.

Si le droit de rétention est de droit naturel, il en résulte qu'il a l'autorité d'un principe, qu'il doit être accordé d'une manière générale, qu'on ne peut le refuser que par exception, car, comme l'a parfaitement dit Mirabeau, «la société n'est point établie pour anéantir nos droits naturels, mais pour en régler l'usage, pour en assurer l'exercice» (Discours sur les successions, lu après sa mort à l'Assemblée nationale, le 2 avril 1791).

Sont-ce là les idées qui ont dirigé les rédacteurs du Code Napoléon, quand ils ont eu occasion de parler du droit de rétention? Ont-ils entendu en faire un droit exceptionnel, exorbitant? Le doute n'est pas possible à cet égard.

Les dispositions du Code Napoléon relatives au droit de rétention se trouvent disséminées dans ses principaux titres. De ces dispositions, toutes, sauf une ou deux exceptions, accordent le droit de rétention, quand il y a *debitum cum re junctum*. Elles ne sont donc que des applications d'un principe plus élevé, auquel elles se rapportent. Ce principe, nous l'avons déjà mentionné: nul ne peut être tenu de remplir ses obligations vis-à-vis de celui qui, obligé à son tour envers lui, ne veut pas s'exécuter; celui-ci s'enrichirait injustement au détriment de celui-là. *Oportet neminem cum alterius destrimento injuria locupletari.*

Le droit de rétention a donc pour base l'équité; cela suffit pour justifier sa généralité. Il faut donc, dès lors, l'étendre aux hypothèses qui présentent de l'analogie avec celles où le Code Napoléon l'a formellement accordé; car toutes les dispositions légales, basées sur des principes d'équité, sont susceptibles d'extension : c'est là une règle d'herméneutique incontestable et incontestée.

Mais ce n'est pas tout. D'autres arguments viennent encore à l'appui de ce système.

D'abord, nous l'avons prouvé, le Droit romain et notre ancien Droit admettaient la rétention d'une manière générale: ils ne la considéraient pas comme constituant un droit exceptionnel. Rien n'indique dans le Code l'intention de la part du législateur de déroger à ce système. Au contraire, toutes ses dispositions ne sont que la reproduction incomplète des règles de l'ancien Droit sur la rétention, et, de plus, quand il veut s'en éloigner, il le fait d'une manière formelle. C'est ainsi qu'il est des cas où il accorde le droit de rétention, quoiqu'il n'y ait pas connexité entre la créance et la chose retenue, et d'autres où il le refuse d'une manière formelle, malgré l'existence du *debitum cum re junctum*. Or, serait-il nécessaire de défendre formellement le droit de rétention dans ces dernières hypothèses, s'il constituait un droit exceptionnel?

Qu'on n'objecte pas qu'en suppléant au silence du législateur, on n'applique plus la loi, mais on la fait. Ce reproche serait mérité, si le Code Napoléon gardait un silence absolu en ce qui touche le droit de rétention ou s'il développait cette matière d'une manière complète. Au contraire, les dispositions qui concernent le droit de rétention présentent des lacunes, des insuffisances. Dès lors, le devoir de l'interprète n'est-il pas de combler ces lacunes au moyen de l'interprétation extensive? Ne doit-on pas rechercher, dans les rares dispositions relatives à ce sujet, l'esprit qui a présidé à leur rédaction? Or, nous voyons dans le Code des applications nombreuses du principe d'après lequel le droit de rétention existe, lorsqu'il y a *debitum cum re junctum*. Il admet donc ce principe et, dès lors, il faut l'appliquer dans tous les cas où il peut se présenter.

On dit aussi : le droit de rétention constitue un droit de préférence, un privilége indirect; or, les droits de ce genre s'interprètent restrictivement. — Il est vrai que les droits de préférence ne sont pas susceptibles d'extension. Mais il ne semble pas exact de ranger la rétention parmi ces droits : pour s'en convaincre, il suffit de se rappeler la différence qui existe entre le créancier privilégié et le créancier rétenteur, dans le cas où il vend lui-même la chose, objet de son droit. Puis, même en admettant que la rétention constitue un privilége, ce n'est pas une raison pour interpréter les dispositions qui la concernent dans le même sens que celles qui sont relatives aux autres droits de ce genre : le gage, l'antichrèse, le privilége, l'hypothèque s'appliquent d'une manière restrictive, parce qu'ils forment des institutions contraires au droit naturel, à l'équité qui proclame, pour le cas de partage, l'égalité de tous les créanciers, en présence du patrimoine de leur débiteur. Au contraire, le droit de rétention, quoique constituant aussi, mais indirectement, une dérogation à cette règle, se base sur le droit naturel.

En outre, du moment qu'il y a connexité entre la créance et la chose retenue, pourquoi distinguer entre les cas où le Code Napoléon accorde expressément ce droit et ceux où il garde le silence? En quoi la position des créanciers diffère-t-elle dans ces deux cas? Il n'y a aucune raison pour donner un droit de rétention aux créanciers que mentionne le Code et pour le refuser à ceux qu'il passe sous silence. On doit même aller plus loin et dire qu'il y aurait injustice d'établir une distinction entre eux, la position de ceux-ci étant tout aussi favorable que celle de ceux-là.

Toutefois, si le droit de rétention doit toujours être accordé quand il y a connexité entre la créance et la chose retenue, c'est par une extension des dispositions du Code Napoléon, résultant de l'esprit même du législateur; dès lors, on n'en doit pas admettre d'autres. Partant de cette idée, il faut décider que, dans le doute, c'est-à-dire lorsque la condition de connexité entre la dette et la chose retenue n'apparaît pas d'une manière bien évidente, le juge doit rejeter le droit de rétention.

A plus forte raison convient-il aussi de refuser ce droit toutes les fois qu'il n'y a aucune connexité entre la créance et la chose retenue. La seule circonstance qu'à défaut de droit de rétention le créancier ne pourra obtenir qu'un paiement partiel, quelle que soit la nature de la dette, qu'elle ait ou non un rapport avec l'objet retenu, ne suffit pas pour justifier l'exercice du droit de rétention.

§ 3. Du reste, les conditions que nous venons d'énumérer sont les seules nécessaires à l'existence du droit de rétention. Ainsi, il n'est pas exigé que la créance du rétenteur soit liquide. Rien dans la loi ne pourrait servir de fondement à une pareille exigence. C'est donc à tort qu'il a été jugé que l'acquéreur d'une hérédité, dont la vente générale qui lui a été faite par l'héritier apparent a été annulée, n'est pas recevable à retenir les biens de l'hérédité jusqu'au remboursement des sommes qu'il a payées à la décharge de l'hérédité, parce que la prétention de l'héritier apparent donne lieu à une liquidation qui retarderait la mise en possession de l'héritier légitime (Agen, 19 janv. 1842. Dall., v° Succession, n° 572). Aussi cet arrêt a-t-il été vivement critiqué par les auteurs (Toullier, n° 150. — Duranton, n° 382. — Dalloz, v° Rétention, n° 52).

Cependant, comme le rétenteur pourrait par dol mettre un temps très-long pour arriver à la liquidation de sa créance et conserver ainsi injustement la chose retenue au détriment de son débiteur, qui, du reste, est tout disposé à l'indemniser, on doit décider, afin d'empêcher l'iniquité d'un pareil état de choses, que les tribunaux, saisis de l'affaire, ont le droit de fixer au rétenteur un délai dans lequel il devra faire procéder à la liquidation de sa créance. Ce délai expiré sans qu'on soit arrivé à la liquidation, on pourra priver le créancier de son droit de rétention, à moins qu'il ne justifie d'impossibilités qui l'auraient empêché d'accomplir cette opération dans le délai prescrit (Trèves, 29 août 1807. Dall., v° Rétention, n° 53). Il existait à cet égard dans l'ancien Droit des dispositions formelles, comme nous l'avons fait remarquer plus haut, et rien n'indique dans le Code qu'on ait entendu retirer aux tribunaux ce droit si équitable.

§ 4. Il n'est donc pas nécessaire que la créance soit liquide. Du reste, il est bien entendu que, pour que le droit de rétention existe, il faut qu'il n'ait rien de contraire aux bonnes mœurs et à l'ordre public. Ainsi, il ne peut pas porter atteinte à la liberté individuelle. Par exemple, il serait inique de retenir la personne de l'enfant mis en pension par ses parents, tant que ceux-ci n'auraient pas payé le prix de cette pension.

Toutefois, on n'a pas pensé nécessaire de joindre cette condition aux précédentes, par l'excellente raison qu'elle n'est pas spéciale au droit de rétention.

§ 5. Reste la question de savoir si ces conditions sont suffisantes au regard des tiers? D'abord, il est certain que le droit de rétention n'est pas soumis, comme l'hypothèque et la plupart des priviléges, à certaines formes de publicité (Battur, Priv. et hyp., n° 98). Mais depuis la loi du 23 mars 1855 est-il soumis à la transcription ? La négative n'est pas douteuse en présence du silence que garde cette loi. Comme elle contient une énumération limitative des droits soumis à la formalité de la transcription, ce ne serait plus interpréter la loi, mais la faire, que de suppléer à son silence, en déclarant que ses dispositions doivent s'étendre au droit de rétention.

Il est cependant deux cas où ce droit se trouvera porté à la connaissance des tiers par suite d'une transcription.

1° D'abord se présente le cas d'antichrèse, dont le droit de rétention est un des éléments : la loi du 23 mars 1855 soumet le droit d'antichrèse à la formalité de la transcription (art. 2).

2° D'un autre côté, il peut se faire qu'un contrat de vente soit transcrit avant le paiement du prix de vente et avant la délivrance de la chose. Dans ce cas, la transcription opérée dans le but d'assurer le privilége du vendeur (2108) et la translation de propriété au regard des tiers portera en même temps à leur connaissance l'existence du droit de rétention.

Sauf ces deux hypothèses, le droit de rétention n'est pas rendu public par des moyens légaux. C'est une lacune regrettable que l'on peut reprocher à la loi de 1855 en ce qui touche le droit de rétention sur les immeubles. On s'explique que la loi n'ait pas exigé de formalités de publicité à l'égard du droit de rétention sur les meubles, puisqu'elle n'en prescrit pas non plus pour les autres droits réels qui peuvent les grever. Il y a plus; eût-elle établi des règles pour la publicité de ces derniers droits, on comprendrait néanmoins qu'elles n'eussent pas été appliquées au droit de rétention, car ce droit suppose la chose possédée (*lato sensu*) par un créancier et, dès lors, en vertu des principes de l'article 2279, les autres créanciers, c'est-à-dire les tiers, ne peuvent pas considérer cet objet comme compris dans le gage général que constitue le patrimoine de tout débiteur. La seule possession de la chose mobilière avertit donc suffisamment les tiers.

Mais il n'en est pas de même quand il s'agit d'immeubles. Dès lors, il semble regrettable que le législateur de 1855 n'ait pas songé au droit de rétention et n'ait pas soumis son existence à des formalités de transcription qu'il prescrit pour les autres droits réels.

CHAPITRE VI.

Quelles sont les créances au profit desquelles le droit de rétention peut exister.

§ 1. Le droit de rétention ne garantit que les créances présentant une certaine connexité avec la chose retenue. A défaut de cette connexité, pour qu'une créance se trouve munie du droit de rétention, il faut une disposition expresse de la loi ou une convention formelle des parties contractantes. Du reste, le droit de rétention peut protéger une créance résultant d'une obligation purement naturelle comme une créance civile. Ces diverses propositions résultent des développements qui précèdent; il est donc inutile d'y insister plus longtemps.

§ 2. Mais il est un point qui n'a pas encore été examiné. Suivant M. Dalloz, si l'on ne consultait que les principes du droit naturel, on serait porté à croire que le droit de rétention doit garantir, sans aucune distinction, toutes les créances dont on jouit contre le propriétaire de la chose, quelle que soit la cause de ces créances, et lors même qu'elles ne présenteraient aucune connexité avec l'objet retenu (Dalloz, Rét., n° 27). Ce système ne paraît pas exact. Même au point de vue du droit naturel, la rétention ne doit exister que *propter debitum cum re junctum*. En effet, avant tout, pour qu'un droit existe, il faut qu'il ait une cause; or, cette cause, quant au droit de rétention, on ne la découvre pas en dehors du cas de connexité. Sans doute, même en dehors de ce cas, le droit de rétention est possible, mais pour qu'il en soit ainsi, il faut quelque chose de plus, savoir, la volonté de la loi ou celle des parties qui alors lui sert de cause. En l'absence de cette volonté, on ne comprend plus le droit de rétention à propos d'une créance ne présentant aucun rapport avec la chose retenue. Ainsi, Primus, débiteur de mille envers Secundus, lui prête un objet. D'après M. Dalloz, il est de droit naturel que Secundus puisse user du droit de rétention, et conserver cette chose tant qu'il n'est pas remboursé de sa somme de mille. Avec un pareil système, qui ne voit que tous les objets qu'un débiteur pourrait livrer à son créancier, en vertu de contrats quelconques, à titre de commodat, de louage, de dépôt, ne constitueraient en réalité que des gages? Mais alors tous les rapports contractuels se trouveraient intervertis. On arriverait à confondre l'exécution de divers contrats n'ayant aucun rapport entre eux; un déposant pourrait refuser de restituer la chose déposée, parce qu'il se trouverait créancier d'une somme précédemment prêtée au déposant. Et cependant, il y a deux contrats distincts : l'exécution de l'un ne dépend nullement de celle de l'autre. Le déposant, le bailleur seraient contraints de laisser leur chose chez le dépositaire, le fermier, parce que celui-ci serait créancier à un titre quelconque. De pareils résultats semblent bien éloignés des principes du droit naturel.

§ 3. Ainsi, en règle générale, le droit de rétention doit être accordé pour toute créance née par rapport à la chose retenue, mais il ne faut l'accorder qu'à ces créances.

La jurisprudence est unanime sur ce point, et vient corroborer la doctrine que nous avons présentée. Il a été jugé:

1° Que le notaire créancier d'une faillite, à raison des frais et déboursés pour actes passés devant lui par le failli, peut refuser aux syndics la délivrance d'expéditions de ces actes avant le remboursement de ce qui lui est dû. (Paris, 13 octobre 1834, Dall., Rép. v°, Notaire, n° 532.)

2° Que les notaires ont le droit de refuser l'expédition d'un acte, tant qu'ils ne sont pas payés de leurs honoraires (Trib. de la Pointe-à-Pitre, 13 mars 1838, *ibid.*). — De même, on doit accorder aux huissiers le droit de retenir les actes qu'ils ont faits jusqu'à ce qu'ils soient payés; la connexité entre ces actes et la créance ne peut être contestée : la créance est née des actes eux-mêmes. Mais si, au lieu d'actes, il s'agit de titres préexistants confiés au notaire ou à l'huissier, le droit de rétention, sur ces titres, doit être refusé, parce que la créance résultant des déboursés, n'est pas née à l'occasion de ces titres.[1]

D'un autre côté, la jurisprudence a refusé le droit de rétention pour défaut de connexité. Ainsi, il a été décidé: 1° qu'un receveur d'enregistrement, après avoir enregistré des

1. Il en était autrement en Droit romain. *Item si retentione aliqua procurator uti velit, non facile ab eo lis erit transferenda* (L. 25 *de proc. et def.*) Dans notre ancien Droit français, une ordonnance de 1453, art. 43 et 44, sans distinguer entre les actes créés par les procureurs et les titres des parties, interdisait le droit de rétention pour leurs salaires sur les instruments et pièces du procès. Mais cette interdiction n'existait qu'à l'égard des salaires. Ainsi, les procureurs avaient le droit de rétention en ce qui concerne leurs avances et leurs déboursés. (Arrêt de 1547. Coquille. Quest. et rép. n° 256. — Voy. Pothier, Mandat n° 133. — Berriat Saint-Prix, p. 73. — Bioche, Dict. v° Huissier, n° 111.)

actes de notaire, dont les droits ne lui ont pas été payés en totalité, ne peut pas retenir ces actes jusqu'à ce que ces droits lui aient été payés. (Championnière et Rigaud, n° 3804. — Dalloz, v° Enregistrement, n° 5193.)

2° Qu'un notaire ne peut pas retenir les sommes provenant du prix de ventes immobilières passées devant lui, pour se faire payer les frais non taxés d'autres actes, ni établir une compensation entre les frais et les sommes retenues, sa créance, jusqu'à la taxe, n'étant pas liquide, qu'en conséquence le notaire qui a ainsi indûment retenu des sommes appartenant à ses clients, doit être condamné à les restituer sans déduction, et qu'il est passible des intérêts du jour de la demande. (Angers, 24 mai 1843, Dall., v° Notaire, n° 533.)[1]

§ 4. Reste pour terminer ce chapitre, une dernière question dont il n'y aurait pas lieu de parler, si elle n'avait pas été soulevée et mal résolue par le Conseil d'État.

Le droit de rétention peut-il être exercé pour créances dont on jouit contre l'État? L'affirmative ne semble pas douteuse. Cependant, le Conseil d'État, par une décision du 19 juillet 1854 (Dall., 55, 3, 17), a admis un système contraire, en déclarant que le propriétaire, sur le terrain duquel a été établi, avec autorisation du préfet, le chantier d'une entreprise de travaux publics, n'est pas fondé, en cas de faillite de l'entrepreneur, à retenir, jusqu'au paiement de l'indemnité qui lui est due, les matériaux de l'entreprise, alors que l'enlèvement en est réclamé par l'administration elle-même après acquisition, ni, par suite, à demander une

---

1. C'est dans le même esprit que la loi des 14-21 mai 1851 (D. P. 51. 4. 69) défend au patron de retenir le livret de l'ouvrier pour les avances qu'il lui a faites. Il n'y a aucune connexité entre la dette de l'ouvrier résultant de ces avances et son livret. (Dalloz, Rép. v° Industrie n° 136.)

indemnité d'occupation pour le temps durant lequel, à partir de son refus, les matériaux auraient continué d'embarrasser le terrain. M. Dalloz commence par combattre cette décision : « Ce droit de rétention, dit-il, que le réclamant prétendait exercer, paraît cependant découler de la force des choses. On l'accorde au propriétaire pour garantie de l'exécution d'un contrat de louage passé volontairement. Comment le lui refuser dans un cas où on lui impose l'obligation de céder, moyennant indemnité, la jouissance de son terrain? » (Dall., *loc. cit.*) J'admets parfaitement cette observation, mais je ne suis plus d'accord avec le savant auteur, lorsqu'ensuite il essaie néanmoins de justifier la décision du Conseil d'État, en disant : « Le Conseil d'État a peut-être pris ici en considération cette double circonstance, que c'était contre l'État, lequel n'est réputé ni insolvable, ni de mauvaise foi, que le propriétaire voulait exercer le droit de rétention, et qu'il existait dans l'espèce des valeurs suffisantes, sur lesquelles il avait un privilége pour le paiement de sa créance. » Ces raisons ne justifient pas l'entorse donnée aux principes par le Conseil d'État. On jouit tout aussi bien du droit de rétention contre les débiteurs solvables et de bonne foi, que contre les débiteurs insolvables et de mauvaise foi, car ce droit ne constitue pas seulement une garantie, mais encore un moyen de stimuler le débiteur d'acquitter sa dette.

CHAPITRE VII.

Sur quelles choses peut porter le droit de rétention.

§ 1. Toutes les choses corporelles aliénables, qu'elles soient mobilières ou immobilières, peuvent se trouver frappées d'un droit de rétention. Telle est la règle. Ainsi :

1° Les choses incorporelles ne peuvent pas être l'objet d'un droit de rétention. En effet, la rétention suppose une détention physique, ce qui est impossible quand il s'agit d'une chose incorporelle. Toutefois, si un droit ne peut pas être l'objet d'une rétention, du moins on peut retenir la chose, objet de ce droit. Aussi, quand on dit que les droits d'usufruit, d'emphytéose sont susceptibles de rétention, cette proposition doit être prise en ce sens que les biens soumis à ces droits peuvent être retenus (*L.* 11, § 2; *L.* 15. *Quæ res pignori*). Mais ce droit de rétention, comme du reste toutes les charges réelles, consenties par l'usufruitier, s'éteint avec son droit d'usufruit.

Les créances ne peuvent pas non plus faire en elles-mêmes l'objet d'un droit de rétention. Il est vrai qu'on peut, d'après l'art. 2081, donner une créance en gage. Il semble dès lors que la rétention est également possible, puisqu'elle constitue une des parties du gage. Mais, le gage résultant d'une convention, peut être signifié au débiteur dont la dette a été donnée en gage, ce qui l'empêche de se libérer entre les mains de son créancier. C'est cette considération qui a amené le législateur à permettre de donner une créance en gage. Or, le droit de rétention ne se prête pas à ce mode de saisie (Demoly, Thèse, p. 17).

Du reste, à défaut de la créance, le droit de rétention peut s'exercer dans certaines hypothèses sur le titre qui la constate, ainsi que nous avons eu occasion de le voir précédemment.

2° Le droit de rétention peut s'exercer sur les meubles comme sur les immeubles (Merlin, v° Priv. de créance, sect. 4, § 5, n° 1. — Battur, Priv. et hyp., n° 95).

3° Les choses insaisissables ne peuvent pas faire l'objet d'un droit de rétention. Par cela même que la loi leur attribue cette qualité, elle déclare implicitement qu'elles ne peuvent être le gage des créanciers. Ainsi, notamment tout ce qui a le caractère d'aliments ne peut faire l'objet d'un droit de rétention (Rauter, Revue, 1841, p. 774). «La conservation de la vie est un droit naturel fort supérieur à celui de la rétention, et l'on ne saurait hésiter entre eux.» (Dalloz, Rétention, n° 58).

4° Les choses inaliénables ne sont pas susceptibles de rétention, et cette règle s'applique non-seulement aux choses frappées d'une inaliénabilité absolue, mais même aux choses dont l'aliénation n'est défendue que d'une manière relative Ainsi, ne peuvent pas faire l'objet d'un droit de rétention:

A. Les choses du domaine public.

B. Les biens majoratisés. Le décret du 1er mars 1808 (art. 40 à 47) les déclare en effet inaliénables, imprescriptibles, insaisissables. Ils ne peuvent pas non plus être frappés d'hypothèque, même légale.

C. Les soldes de retraite, les traitements de réforme, les pensions de la Légion d'honneur et, en général, toutes les pensions payées par l'État. Il existe cependant une exception : La femme d'un pensionnaire de l'État, envers laquelle son mari ne remplit pas les obligations qui lui sont imposées par l'art. 214, peut faire retenir administrativement (et même faire saisir) le tiers de la pension militaire ou civile de ce dernier (Avis du Conseil d'État des 22 décembre 1807 et 11 janvier 1808. —Loi du 11 avril 1831, art. 28.—Loi du 18 avril 1831, art. 30. — Loi du 19 mai 1834, art. 20. — Loi du 9 juin 1853, art. 26. —Aubry et Rau, IV, § 471, note 15).

D. Les droits d'usage et d'habitation, ou pour mieux dire, les choses sur lesquelles portent ces droits et en tant seulement qu'elles en sont affectées.

M. Demoly (Thèse pour le doctorat, p. 17) admet cependant que le créancier d'un débiteur, jouissant d'un droit d'usage ou d'habitation, peut user du droit de rétention à l'encontre de ce dernier, sur la chose grevée de cette servitude personnelle. « Supposez, dit-il, un héritier qui a fait « des impenses nécessaires sur la maison dont l'habitation a « été léguée ou qui, dans l'ignorance du testament, a fait des « constructions utiles sur le terrain dont l'usage a été légué; « il est certain qu'il a droit au remboursement de ses im- « penses et il n'est pas moins certain qu'il ne peut être dé- « possédé qu'après ce remboursement. Le droit de rétention « fera donc obstacle à celui de l'usage jusqu'à ce qu'il ait été « éteint par le paiement de ce qui lui est dû. »

Sans doute, il serait équitable d'accorder, dans ce cas, le droit de rétention; mais, s'il est permis de suppléer à la loi au moyen de l'équité, il ne l'est pas de l'abroger sous prétexte d'équité. Les art. 631 et 632 déclarent que les droits d'usage et d'habitation ne peuvent être cédés, ni loués. Or, d'une part, la rétention d'une chose grevée de l'un de ces droits aboutirait au même résultat que leur cession ou leur location. D'autre part, sous prétexte de droit de rétention, on pourrait indirectement opérer des cessions et des locations, contrairement au principe qui défend de faire indirectement ce qu'il est prohibé de faire directement.

Il faut encore rejeter le droit de rétention par la raison que les droits d'usage et d'habitation ont jusqu'à un certain point, comme cela résulte de l'esprit du Code Napoléon (voy. art. 630 et 633), un caractère alimentaire[1]. Or, nous avons vu que les aliments ne sont pas susceptibles de rétention.

E. Les immeubles dotaux. Ainsi, l'acquéreur d'un immeuble dotal ne peut, au cas où la vente vient à être annulée à raison de l'inaliénabilité de la chose vendue, en retenir la

---

1. *Verbum vivere quidam putant ad cibum pertinere; sed Ofilius ad Atticum ait his nobis et vestimenta et stramenta contineri, sine his enim neminem vivere posse.* (*L.* 234 § 4 *de verborum significatione.*)

possession jusqu'à ce que la femme ou ses héritiers lui aient remboursé les sommes qu'il a payées, par suite d'une délégation du prix, aux créanciers hypothécaires inscrits sur l'immeuble (Limoges, 21 août 1839. Dev. 40, 2, 192. — Caen, 29 mars 1841, Dev. 41, 2, 253. — Nîmes, 16 décembre 1841, Dev. 42, 2, 322). Il ne peut pas non plus user du droit de rétention, pour se faire rembourser des sommes que la femme a reçues de lui en paiement du prix de vente (Cass., 31 janvier 1837, Dev. 37, 1, 190), ni pour se faire indemniser de ses impenses. (Toulouse, 22 décembre 1834, Dev. 35, 2, 196.)

Contrairement aux autres cours, celle d'Agen a refusé le droit de rétention sur l'immeuble dotal à l'acquéreur pour garantir le remboursement du prix de vente; mais, elle lui a accordé pour le paiement des dettes dont se trouvait grevé l'immeuble vendu et qu'il avait acquittées, ainsi que pour l'indemnité résultant de ses impenses et améliorations (Agen, 10 juillet 1833, Dev. 34, 2, 535). Cette distinction, établie par la Cour d'Agen, ne se base sur aucune considération sérieuse : on doit donc la rejeter et refuser dans tous les cas le droit de rétention; car, comme le disent très-bien MM. Aubry et Rau, « l'exercice du droit de rétention serait in« conciliable avec la destination spéciale de la dot et la fin « en vue de laquelle l'action en nullité est donnée. » Voy. en ce sens : Aubry et Rau, IV, § 537, texte et note 32. — Odier, Traité du contrat de mariage, III, 1355. — Troplong, Commentaire sur le titre du Contrat de mariage, IV, 3533 et 3555. Voy. outre les arrêts déjà cités : Civ. Cass., 31 janvier 1837, Sir. 37, 1, 190. — Limoges, 10 février 1844. Sir. 45, 2, 28. — Req. rej., 3 avril 1845. Sir. 45, 1, 423. — Civ. Cass., 4 juillet 1849. Sir. 50, 1, 283. En sens contraire : Toullier, XIV, 234. — Rodière et Pont, II, 589.

De même, les enfants sortis de minorité ne peuvent pas

retenir la dot de leur mère tutrice jusqu'à l'apurement de leur compte de tutelle.[1]

On doit aller encore plus loin et refuser au mari lui-même le droit de rétention pour le remboursement des impenses qu'il a pu faire sur les immeubles dotaux de sa femme. Cependant ici la règle ne saurait être aussi générale : il faut distinguer entre les impenses nécessaires et les impenses utiles. (Voir plus loin.)

§ 2. Jusqu'ici nous avons parlé des choses. Mais, ne peut-on pas se demander si le droit de rétention est possible sur les personnes? Il pourrait paraître étrange de poser une pareille question si elle ne s'était pas présentée en pratique. Ainsi, il a été décidé qu'un enfant ne peut pas être retenu par un chef d'institution pour assurer le paiement de sa pension (Gazette des trib., janvier 1840). En effet, le droit de rétention portant sur une personne serait immoral, injuste, contraire aux lois fondamentales de l'ordre social, à la liberté individuelle.

Dans notre ancienne jurisprudence, on avait admis, par interprétation du Droit romain (*L.* 43, *§ ult. De legibus.* — *Const.* 2, 11, 13, 15, 17, *de postl. revers.* — *L.* 3, § 3, *de hom. lib. exhib.*), qu'un geôlier jouissait du droit de rétention sur le prisonnier pour le paiement de sa pension. Un édit d'août 1550 prohiba cette coutume; mais il fut impuissant et tomba bien vite en désuétude, et l'on vit, le 15 avril 1594, le Parlement de Paris rendre un arrêt qui reconnais-

---

1. Les lois romaines admettaient le droit de rétention dans ce cas, et leurs principes à cet égard avaient été reproduits par le Parlement de Bordeaux. (Voy. sur ce sujet un arrêt de cass. 29 août 1820. Sir. 20. 1. 387, Cet arrêt a refusé le droit de rétention même dans une hypothèse où la tutelle avait pris naissance avant le Code et dans un pays où la rétention de dot pour ce cas était admise ou du moins faisait l'objet de controverses.)

sait ce droit de rétention au geôlier (Guy Pape, Déc. et Quest. 448). Aujourd'hui on se rendrait passible pour un pareil fait de la peine édictée par l'art. 341 du Code pénal.

CHAPITRE VIII.

Droits et obligations du rétenteur.

SECTION PREMIÈRE.

Droits du rétenteur.

§ 1. Il faut, en cette matière, prendre pour guides les règles que le législateur a tracées à l'égard des droits de préférence, et surtout à l'égard du gage, sauf les différences qui résultent de la nature même des choses.

1°) Le premier droit du rétenteur est de se refuser à la restitution de la chose, tant que le débiteur ne le paie pas intégralement. Ce droit est de l'essence même du droit de rétention; il se rencontre non-seulement, dans le droit de rétention pur et simple, mais encore dans le droit de rétention qualifié, c'est-à-dire accessoire à un autre droit, et notamment au gage et à l'antichrèse. Sous ce rapport, le créancier rétenteur diffère du créancier hypothécaire qui n'a pas le droit de retenir la chose.

2°) Le créancier rétenteur jouit du droit d'expropriation, mais comme simple créancier chirographaire. Cela est tellement vrai que s'il poursuit lui-même la vente, il est censé renoncer à son droit de rétention, et ne peut plus que se faire payer au marc le franc avec les autres créanciers sur le prix de la chose vendue.

3°) Il a le droit de retenir la chose, non pas seulement pour sa créance primitive, mais encore pour les impenses nécessaires et utiles (sauf les distinctions que nous établirons plus loin), qu'il a faites sur cette chose pendant qu'elle se trouvait en son pouvoir.

4°) Tout rétenteur, violemment privé de sa détention, peut se faire restituer la chose retenue par la voie possessoire connue sous le nom de réintégrande, lorsqu'il s'agit d'un immeuble. S'il s'agit d'une chose mobilière, il peut se la faire restituer, dans le cas de perte ou de vol, pendant trois ans. L'art. 2279 accorde, dans ces cas, la revendication d'une manière générale : il n'exige pas qu'on prouve sa qualité de propriétaire; il suffit d'établir que l'on possédait la chose au moment de la perte ou du vol.

Le délai de trois ans se trouve abrégé dans un cas. — L'article 2102 déclare privilégiés les loyers et fermages des immeubles[1], et il accorde le privilége :

1° Sur les fruits de la récolte de l'année, en quelque lieu qu'ils aient été placés;

2° Sur le prix de tout ce qui garnit la maison louée ou la ferme, et de tout ce qui sert à l'exploitation.

Le premier privilége repose sur l'idée de plus-value résultant du fait du locateur; mais le second, au contraire, repose sur celle de constitution tacite de gage, de telle sorte, qu'accessoirement à ce droit de gage, le locateur jouit d'un droit de rétention sur ces objets mobiliers qui garnissent la maison ou la ferme. Eh bien, si ces objets sont déplacés sans son consentement, il conserve sur eux son privilége, et pour recouvrer son droit de rétention, il doit

1. Avec des distinctions qu'on ne peut reproduire ici : Voy. l'art 2102, qui, à cet égard, a donné lieu à de vives controverses.

les revendiquer dans le délai de quarante ou de quinze jours, selon qu'ils garnissaient une ferme ou une maison.

Quand, au contraire, on a volontairement perdu la possession ou la détention, on ne peut plus se prévaloir du droit de rétention, ni se faire restituer. Ce principe souffre cependant une exception : Le vendeur d'effets mobiliers qui s'en est volontairement dessaisi et les a remis à l'acquéreur, peut les revendiquer, s'il n'a pas été payé de son prix, se faire remettre en possession, et opposer ensuite le droit de rétention, jusqu'à ce qu'il reçoive le prix, pourvu que les conditions suivantes se trouvent réunies :

1° Que la vente ait été faite sans terme;

2° Que l'acquéreur soit encore en possession des effets vendus;

3° Que la revendication ait lieu dans la huitaine de la livraison;

4° Que les objets vendus se trouvent dans le même état qu'à l'époque de cette livraison.

5°) Le droit de rétention peut être cédé (*L.* 14, § 1, *Communi dividundo*), mais il ne peut l'être qu'avec la créance qu'il garantit. De plus, pour que le cessionnaire jouisse du droit de rétention, il faut la réunion des conditions énumérées plus haut, et notamment :

1° Qu'il soit devenu créancier du débiteur, ce qui n'a lieu que par l'accomplissement des formalités prescrites par le Code pour le transport des créances;

2° Qu'il se trouve en possession de la chose sur laquelle il prétend exercer son droit.

Mais le rétenteur peut-il céder son droit de rétention tout en conservant sa créance, de telle sorte que ce droit s'adjoindrait une autre créance qu'il garantirait? M. Cabrye répond ainsi à cette demande : Il ne saurait être question d'une cession principale du droit de rétention, le cédant restant investi de la créance. Tout droit accessoire ne peut, sous peine d'extinction, être séparé du droit principal auquel il se rattache. Si le législateur de 1855, consacrant une pratique répandue mais vicieuse, a reconnu implicitement la validité de la cession de l'hypothèque légale de la femme (Loi du 23 mars 1855, art. 2), on ne pourrait s'en prévaloir pour généraliser, au mépris de la logique, cette dérogation aux principes que la toute-puissance du législateur pouvait seule réaliser (p. 154, note). — Il est encore une autre raison pour rejeter la transmission du droit de rétention d'une créance à une autre : c'est que dans ce cas la condition de connexité, entre la créance et la chose retenue, n'existerait plus.

Mais si le rétenteur (et le créancier gagiste) ne peut pas détacher le droit de rétention de sa créance, pour le céder séparément, du moins il peut en céder l'exercice; cette cession, non pas du droit de rétention lui-même, mais de son exercice, est connue dans la science sous le nom de sous-gage. L'utilité du sous-gage est de permettre au créancier de se faire un moyen de crédit de la chose qui lui a été remise en garantie. Le rétenteur, en donnant la chose en sous-gage, ne perd pas la possession, ni par conséquent son droit de rétention, quoiqu'il livre la chose au sous-gagiste, car celui-ci ne fait que détenir en son nom.

Le *sub-pignus* n'est que la cession de l'exercice du droit de rétention. Aussi le droit du sous-gagiste s'éteint-il en même temps que celui du créancier qui est son débiteur (*L.* 40, § 3, *De pign. act.*; *L.* 13, § 2, *De pign.*; *Const.* 1 *si pignus pign.*; voy. Despeisses, I, p. 248, n° 3). Autrement dit, le second gage est soumis au premier, *Secundum pignus a primo pendet* (Favre, Récit. sur la loi 40, § 2 précitée). C'est une application de la règle : *Resoluto jure dantis, resolvitur jus accipientis.* Dès lors, si le premier débiteur paie, le premier créancier perd son droit, et, par conséquent, le second aussi, *neque persecutio dabitur neque retentio relinquetur* (*L.* 40, § 2, *De pign. act.;* Cujas, sur cette loi.) De plus, comme pour pouvoir établir un droit réel sur une chose, il faut en être propriétaire, il suit de là que le sous-gage n'engendre que des droits personnels entre le sous-gagiste et son débiteur, qui est créancier gagiste ou rétenteur du propriétaire de la chose. L'effet du sous-gage est de donner au sous-gagiste le droit de conserver la chose, et de refuser de la restituer à son débiteur tant qu'il ne l'aura pas payé. Par conséquent, le rétenteur qui cède l'exercice de son droit, s'engage à laisser la chose entre les mains de son créancier, tant qu'il ne l'aura pas désintéressé, et celui-ci s'engage à la lui rendre dès qu'il aura reçu son paiement. Mais ce sont là des rapports purement personnels entre le créancier sous-gagiste et son débiteur; il n'y a toujours qu'un seul droit réel de rétention, celui du premier créancier.

Le sous-gagiste, ne faisant qu'exercer le droit de ce dernier, n'a évidemment pas plus de droits sur la chose. Aussi il ne peut en percevoir les fruits qu'autant que son cédant jouissait de ce droit. Il a même moins de droits que lui. Ainsi, il ne peut pas faire ordonner, par justice, que la chose lui demeurera en paiement; au contraire, son cédant jouit de ce droit, pourvu qu'il ne soit pas un simple rétenteur, mais un créancier gagiste.

Au regard des tiers, le sous-gage ne produit aucun effet. De plus, le créancier sous-gagiste n'a jamais à opposer son droit aux autres créanciers de son débiteur, par l'excellente raison que la chose n'étant pas un bien de ce dernier, ne fait pas partie et ne peut pas faire partie de leur gage. (C. Nap., 2093.)

Il peut se faire cependant que le sous-gagiste acquière

sur la chose mobilière un véritable droit réel de gage. C'est quand il croit, de bonne foi, que le rétenteur ou le gagiste est propriétaire de cette chose, par application de la règle que les meubles n'ont pas de suite. (Troplong, Nantissement, 83.)

§ 2. Tels sont les seuls droits dont jouisse le rétenteur. Ainsi il faut lui refuser :

1) Le droit d'user, de se servir de la chose (Rauter, Revue; Cabrye, n° 84). Même le créancier-gagiste, à moins de stipulation contraire, ne peut pas se servir de la chose engagée. Cela résulte de la combinaison des art. 2079 et 1930. L'art. 2079 déclare que le gage n'est dans la main du créancier qu'un dépôt assurant son privilége; or, d'après l'art. 1930, le dépositaire ne peut pas se servir de la chose déposée sans la permission expresse ou présumée du déposant. Du reste, M. Gary a formellement dit, lors de la confection du Code Napoléon, « que le droit qu'a le créancier de conserver la chose donnée en gage, n'est pas celui de s'en servir, à moins de stipulation contraire. »

Ce qui est vrai du créancier gagiste, l'est *a fortiori* des autres créanciers simples rétenteurs.

2) Le droit de faire siens les fruits de la chose retenue. Toute la théorie, relative à cette question, peut se résumer en trois propositions :

1° Les parties peuvent déroger au principe en question, et convenir que le rétenteur fera les fruits siens, pourvu que cette clause n'ait rien d'usuraire.

Cette convention est admise sans qu'il y ait lieu de distinguer si la chose retenue est un immeuble (auquel cas il y a antichrèse) ou un meuble, quoiqu'il soit difficile de rencontrer des choses mobilières productives de fruits, mais dans l'un et l'autre cas, le créancier doit imputer les fruits d'abord sur les intérêts de sa créance, et en cas d'excédant sur le capital de la créance elle-même.

2° Le rétenteur ne peut pas être contraint par le débiteur de faire les fruits siens et de les recevoir en paiement, par application des art. 1244 et 1247 du Code Napoléon. L'un décide qu'on ne peut obliger un créancier à recevoir un paiement partiel, l'autre un paiement d'une chose différente de celle qui est dûe.

3° Le rétenteur ne peut pas imputer les fruits de la chose sur les intérêts et le capital de la dette malgré la volonté du débiteur.

Toutefois, si les deux premières propositions sont hors de doute, celle-ci, au contraire, fait l'objet de controverses entre les jurisconsultes. D'après Me Dalloz, v° Rétention, n° 63 : « Le droit de retenir la chose implique celui d'en percevoir les fruits, sauf au rétenteur à les imputer d'abord sur les intérêts de sa créance, si elle est productive, et puis sur le capital, déduction faite des charges de la propriété et des frais de gestion. »

Pour justifier cette thèse, il présente trois arguments :

1° Le Droit romain décidait que le créancier saisi d'un gage, devait en imputer les fruits sur sa créance. (*L.* 5, § 1, *ut in posses. legat.; L.* 1, *de Distract. pign.; Const.* 3, *de pigneratitia actione.*)

2° Il est absurde de refuser le droit de faire les fruits siens au rétenteur, parce qu'alors on se trouve dans l'alternative de laisser périr les fruits, ce qui est contraire à l'intérêt commun du débiteur et du créancier, ou d'obliger le créancier à les livrer au débiteur, ce qui rend le droit de rétention illusoire.

3° Enfin, d'après Me Dalloz, son système est conforme à l'esprit du Code Napoléon, comme on est obligé de le reconnaître en lisant l'art. 2081.

Quant à l'argument tiré des lois romaines, il ne prouve rien, par la raison qu'elles ne disent pas ce que prétend le savant auteur. D'abord, les textes cités concernent le gage, c'est-à-dire le droit de rétention conventionnel ; dès lors, il est probable qu'ils supposent une convention intervenue dans le contrat et en vertu de laquelle le créancier aurait été autorisé à percevoir les fruits. Ensuite, même en rejetant cette explication, on reconnaît, quand on lit ces textes, qu'ils n'autorisent pas le créancier à percevoir les fruits, mais qu'ils lui imposent l'obligation de les imputer sur sa créance, lorsqu'il les a perçus, ce qui est bien différent. Enfin, des textes formels (*L. 54 de furtis* notamment) défendent au créancier de se servir et de jouir de la chose, sous peine de se rendre coupable du délit de vol.

Quant au deuxième argument, il importe de faire remarquer que le droit de rétention n'a rien d'illusoire dans le système qui refuse au rétenteur le droit de faire les fruits siens, car il faut bien reconnaître qu'un propriétaire est beaucoup plus gêné dans la disposition de sa chose quand elle se trouve entre les mains d'un tiers, que quand il la possède lui-même ; il ne peut pas l'employer aux usages qui lui conviendraient, il n'en a même pas l'administration.

Enfin, qu'on ne vienne pas dire que ce système est conforme à l'esprit du Code Napoléon, en s'appuyant sur l'art. 2081. Cet article, il est vrai, permet au créancier gagiste, lorsque son gage porte sur une créance, d'imputer les intérêts de cette créance sur ceux qui peuvent lui être dus, ou même sur le capital de la dette, lorsque celle-ci ne rapporte pas d'intérêts. Mais, c'est précisément là une disposition exceptionnelle. En règle générale, le créancier gagiste doit compte des fruits et produits de la chose, parce que dans sa possession il est assimilé à un dépositaire (2079).

Si le créancier gagiste avait le droit de faire les fruits

siens, il en résulterait de graves dangers; il pourrait arriver que le créancier imputât ces fruits sur les intérêts et le capital de sa créance pour une valeur inférieure à celle qu'ils ont en réalité; rien ne serait, par conséquent, plus facile pour le créancier que de léser le débiteur. Aussi la loi, pour parer à ce danger, défend-t-elle au créancier gagiste, comme au dépositaire, de s'attribuer les fruits et produits de la chose, sauf dans le cas de l'article 2081, c'est-à-dire dans le cas où le gage porte sur une créance productive d'intérêts. Mais cette exception se comprend parfaitement: ici, le danger dont nous avons parlé, n'existe plus, car les intérêts d'une créance sont toujours liquides; une imputation trop faible n'est pas à craindre.

Si le créancier gagiste ne jouit pas, en général, du droit de faire les fruits siens, *a fortiori*, faut-il en dire autant du rétenteur. De plus, dans toutes les dispositions du Code Napoléon, relatives au droit de rétention, on ne voit pas un texte qui attribue au rétenteur le droit de faire siens les fruits de la chose : les droits ne doivent cependant pas se supposer.

Sans doute, le créancier antichrésiste fait siens les fruits de l'immeuble, mais ce droit ne résulte pas, n'est pas un accessoire de sa rétention. Ce créancier a deux droits distincts, provenant de l'antichrèse : droit de s'attribuer les fruits, droit de rétention.

Un autre système, présenté par Me Rauter et développé par Me Cabrye, s'appuie sur deux principes : 1° les fruits du gage en font partie; 2° le rétenteur doit administrer en bon père de famille. De ce premier principe, admis par les textes du Droit romain (*L. 13, de pignorib. et hypothecis. Const. 3. In quibus causis pignus*), reproduit dans notre ancien Droit français (Roussaud de la Combe, Jurisp. civ., v° Gage, n° 6), on induit que le rétenteur peut exercer son droit de rétention sur les fruits et produits de la chose, quand ils peuvent se conserver sans se détériorer. S'ils ne sont pas susceptibles de conservation, le créancier doit les mettre à la disposition du débiteur. Celui-ci alors peut les prendre ou permettre au créancier de les imputer sur la créance.

Cet ingénieux système présente de nombreux avantages; il n'accorde pas au rétenteur des droits exorbitants comme le premier; il ne restreint pas trop ceux du propriétaire. En outre, il ne heurte pas de front les dispositions du Code Napoléon, puisqu'il oblige le créancier à restitution, soit immédiatement, lorsque les fruits ne peuvent pas se conserver sans perte ni détérioration, soit pour l'époque du paiement de sa créance dans le cas contraire; il ne lui permet en aucun cas de faire les fruits siens.

3°) Un droit de suite. Chez les Romains le droit de vente était déjà refusé au rétenteur : par cela seul qu'il cessait de posséder la chose, son droit de rétention se trouvait éteint, à moins qu'il ne se fût placé dans la position de ceux à qui le prêteur accordait les interdits pour se faire réintégrer en possession. Ainsi, le créancier gagiste jouissait de la possession *ad interdicta ;* de même, le possesseur de bonne foi, s'il avait été privé violemment de sa possession, pouvait s'y faire réintégrer et opposer ensuite le droit de rétention pour ses impenses. Le possesseur de mauvaise foi pouvait aussi invoquer les interdits restitutoires, car pour jouir de ces moyens prétoriens, il suffisait de posséder *nec vi, nec clam, nec precario, ab adversario.*

Dans notre ancien Droit, la rétention procurait un droit de suite, et quand on avait perdu la possession de la chose, on pouvait se la faire rendre pour user ensuite du droit de rétention. « Quand aucun qui pourrait user de rétention de la chose, s'en est départi sans être remboursé, il a son action à ce que la jouissance lui soit rétablie.» (Guy Coquille, sur la coutume de Paris, § 1, Gloss. 5, v° le fief.)

Sous le Code Napoléon, la question n'est pas douteuse; la rétention n'engendre pas droit de suite.

4°) Le droit de préférence. Tout le droit du rétenteur consiste à conserver la chose jusqu'à ce qu'il soit intégralement payé, et ce droit ne résulte que de sa possession. Si donc il la perd, il retombe dans la classe des chirographaires et n'a droit à aucune préférence sur le prix de la chose; il est payé au marc le franc, comme tous les autres créanciers ordinaires. Mais indirectement, il résulte du droit de rétention une préférence en ce sens, que le rétenteur ne peut être contraint d'abandonner la possession de la chose, tant qu'il n'a pas été intégralement payé. Du reste, la loi elle-même exclut le droit de rétention des causes de préférence, car, après avoir dit dans l'art. 1093 que les biens du débiteur sont le gage commun des créanciers et que le prix s'en distribue entre eux par contribution, à moins qu'il n'y ait entre les créanciers des causes légitimes de préférence, elle ajoute immédiatement dans l'article suivant: «les causes légitimes de préférence sont les priviléges et les hypothèques,» ce qui revient à dire qu'il n'y a entre les créanciers des causes légitimes de préférence que les hypothèques et les priviléges. Il en était déjà ainsi en Droit romain; la rétention ne produisait aucun droit de préférence.

Mais, au contraire, dans notre ancien Droit, elle donnait naissance à une cause de préférence; le doute n'est pas possible à cet égard, en présence de l'unanimité de nos anciens jurisconsultes: «Le tiers détenteur a la reprise par préférence des édifices nécessaires ou utiles qu'il aurait faits et qui auraient augmenté la valeur de l'héritage, *quatenus pretiorior res facta est*» (Duparc Poullain, Principes, liv. 3, ch. 20, sect. 5, n° 159). *Jus retentionis est reale quia præ-*

fertur omnibus proprietariis et directis et utilibus et omnibus creditoribus etiam hypothecariis. (Dumoulin, sur la coutume de Paris, titre 11, art. 138, n°s 16 et 17.)

Comme le droit de rétention, outre le droit de préférence produisait un droit de suite dans notre ancienne jurisprudence, on doit nécessairement en conclure qu'à cette époque il constituait un véritable privilége.

SECTION II.

Obligations du rétenteur.

Les dispositions du Code Napoléon, en ce qui concerne les obligations du créancier gagiste, doivent être, en général, étendues au rétenteur par voie d'analogie. Ainsi :

§ 1. Le rétenteur est tenu de restituer la chose sur laquelle il exerçait son droit, dès que sa créance a été entièrement acquittée. Il doit la rendre avec tous les accessoires qui en dépendaient au moment du contrat et les accessoires qu'elle peut avoir reçus depuis cette époque. (Aubry et Rau, III, § 435.)

Cette obligation de restituer la chose s'éteint, comme toutes les obligations de corps certain, lorsqu'elle est périe ou se trouve perdue sans la faute du rétenteur. C'est à ce dernier qu'incombe la preuve de la perte sans sa faute; s'il ne peut pas l'administrer, il y a lieu de le condamner à des dommages et intérêts. «Mais quand le créancier a donné une explication satisfaisante de sa conduite, quand il a montré que la perte ou la détérioration du gage, ont eu une cause raisonnable, si le débiteur continue à soutenir que le créancier est en faute, c'est à lui à le prouver.» (Cass. req., 3 décembre 1834; Dall., 35, 1, 61; Troplong, Nantissement, n° 42.)

§ 2. Le rétenteur est tenu de conserver la chose. Cette obligation est une conséquence de la première. « Tout dé-« biteur qui est obligé à rendre une chose, est obligé à la « conserver pour la rendre; l'obligation de la fin renferme « celle des moyens nécessaires pour y parvenir. » (Pothier, Nantissement, n° 30.)

Comme la rétention existe uniquement dans l'intérêt du rétenteur, surtout quand elle a lieu malgré la volonté du débiteur, il est évident que le rétenteur doit apporter à la conservation de la chose les soins d'un bon père de famille (*L.* 14, *D. de pignor. act.*). Il doit faire les dépenses nécessaires à l'entretien de la chose en bon état. Il répond des pertes et détériorations provenant soit de sa faute lourde, soit même de sa faute légère; il est tenu de sa faute de commission comme de sa faute d'omission, il doit la *diligentia* et la *custodia*. (*Const.* 11, *de pignor. et hyp.*)

Ainsi, un arrêt du parlement de Bordeaux du 14 décembre 1600, a déclaré un individu, qui avait reçu en gage un diamant, responsable du vol qui lui en fut fait par un de ses domestiques (Troplong, Nantissement, n° 431; Despeisses I, p. 263); à plus forte raison est-il tenu de son dol. (*L.* 13, § 1, *de pign. act.*; *L.* 15 *ibid.*; § *ult.* J. *Quib mod. re contr.*)

§ 3. Il doit rendre compte des fruits et des produits. Nous savons qu'il peut exercer sur eux un droit de rétention, quand ils sont susceptibles de se conserver sans perdre de valeur, et qu'au cas contraire, il doit offrir de les restituer, ou, si le débiteur consent à les lui abandonner, imputer leur valeur sur les intérêts et, en cas d'excédant, sur le capital de sa créance. Comme il est tenu d'administrer en bon père de famille, il faut décider qu'il doit compte même des fruits qu'il n'a pas perçus par suite de sa négligence, lesquels se déduisent alors des intérêts ou du capital.

CHAPITRE IX.

Obligations et droits du propriétaire de la chose retenue.

SECTION PREMIÈRE.

Obligations du propriétaire de la chose retenue.

§ 1. Le débiteur est tenu de laisser la chose entre les mains du rétenteur, tant qu'il ne l'a pas intégralement payé de sa créance en principal et accessoires (Req. rej., 3 juillet 1831; Dall., 1832, 1, 321; Req. rej., 3 juillet 1834; Dall., 34, 1, 371). Le droit de rétention, comme le droit de gage, est en effet indivisible; il faut donc un paiement intégral. *Omnis pecunia exsoluta esse debet aut eo nomine satisfactum esse ut nascatur pigneratitia actio. L.* 9, § 3, *de pign. act.*

§ 2. Le débiteur doit indemniser le rétenteur des impenses qu'il a faites pour la conservation ou l'amélioration du gage; il lui doit compte des impenses nécessaires pour la totalité des déboursés, quelle qu'ait été la plus-value de la chose, et lors même que, par des circonstances quelconques, comme, par exemple, un accident de force majeure, cette plus-value n'existerait plus au moment de la restitution (*L.* 8, *de pign. act.*). Quant aux dépenses utiles, le débiteur ne doit en indemniser le rétenteur que jusqu'à concurrence de la plus-value qui en est résultée pour l'immeuble au moment de la restitution.

Lorsque les dépenses utiles ont été faites sans le consentement du débiteur, et qu'elles sont d'une valeur énorme, on ne peut pas condamner le débiteur à restituer une somme égale à la plus-value, car, dans ce cas, le recouvrement de la chose deviendrait onéreux pour lui, et on donnerait au créancier le moyen de rendre impossible le retrait. (Voy. *L.* 25, *de pign. act.*; Favre, Ration. sur cette loi; Pothier, Nantissement, n° 61. — Troplong, Nantissement, n°s 435 et 436.)

SECTION II.

Droits du propriétaire de la chose retenue.

§ 1. Le débiteur, propriétaire de la chose retenue, a le droit d'exiger la restitution de cette chose, pourvu que le créancier ait été intégralement payé. Ainsi, l'héritier du débiteur, qui a payé sa part dans la dette, ne peut pas réclamer le gage; il doit attendre que tous ses co-héritiers se soient acquittés aussi de leurs parts. Réciproquement, celui des héritiers du créancier rétenteur qui a reçu sa part, ne peut pas rendre la chose retenue tant que ses co-héritiers n'ont pas été payés. Ce sont là des conséquences de l'indivisibilité du droit de rétention.

Le débiteur ne peut pas réclamer sa chose, quand il n'a payé que la dette elle-même sans ses accessoires, sauf le cas de convention contraire. Il y a plus, le gage (et par conséquent, le droit de rétention qui en est l'accessoire) consenti pour une première créance, garantit aussi la deuxième créance contractée dans les circonstances et sous les conditions de l'art. 2082, de telle sorte que le débiteur ne peut pas réclamer sa chose tant qu'elles n'ont pas été intégralement payées toutes les deux.

Du reste, pour que la chose retenue puisse être réclamée, il importe peu comment et par qui la dette a été acquittée, qu'elle l'ait été par le débiteur lui-même ou par un tiers. Il suffit même que la dette soit éteinte d'une manière quelconque, et, par exemple, par suite d'une renonciation de la part du créancier, par suite d'un *datio in solutum*, etc.

Le débiteur propriétaire de la chose retenue a, pour se faire restituer sa chose, l'action en revendication. Il en jouit perpétuellement contre le rétenteur et ses héritiers, à titre universel; ils sont, en effet, possesseurs à titre précaire (2236 et 2237), et ne peuvent, par conséquent, prescrire par aucun laps de temps, sauf le cas d'interversion de possession.

Si la chose est passée dans les mains d'un tiers, on applique encore les règles du droit commun, et l'on distingue : ou bien le tiers est de bonne foi, ou bien il est de mauvaise foi.

S'il est de bonne foi, le propriétaire ne peut pas lui réclamer sa chose mobilière, sauf le cas de perte ou de vol (2279), mais il peut intenter contre lui l'action en revendication, pour se faire rendre sa chose immobilière pendant dix ou vingt ans.

S'il est de mauvaise foi, le propriétaire peut user contre lui de la revendication pendant trente ans, sans qu'il y ait lieu de distinguer s'il s'agit d'une chose mobilière ou d'une chose immobilière.

Dans le cas de rétention, provenant du gage ou de l'antichrèse, le débiteur, pour se faire rendre la chose, jouit, outre l'action en revendication, de l'action personnelle née du contrat intervenu entre lui et le créancier. Cette action personnelle en restitution de la chose ou en indemnité, dans le cas où, par sa faute, le créancier ne peut plus la représenter, se prescrit par trente ans ; mais, la prescription de cette action ne commence à courir qu'à partir de l'époque du paiement de la dette. (Arg., art. 2257; Civ. cass., 24 août 1842; S. 42, 1860; Aubry et Rau, III, § 435.)

§ 2. Même avant d'avoir acquitté la dette, le débiteur peut réclamer sa chose au rétenteur, quand celui-ci s'en sert sans autorisation, ou quand, autorisé à s'en servir, il en abuse. C'est ce que décide l'art. 2082 pour le cas de gage, et cette disposition paraît si juste, si équitable, que personne ne contestera la nécessité de l'étendre à tous les cas de rétention. (Voy. aussi *L.* 24, § 4, *de pign. act.*; Pothier, Nantissement, n° 52.)

CHAPITRE X.

Avantages et inconvénients du droit de rétention.

§ 1er. En Droit romain, le droit de rétention présentait une grande utilité, quand il garantissait une créance qui n'était pas munie d'action. Même en dehors de ce cas, il était avantageux d'en jouir, parce que la rétention faisait occuper le rôle de défendeur dans le litige, de telle sorte que le rétenteur n'était pas obligé de prouver l'existence de la créance, pour la garantie de laquelle il usait du droit de rétention, tant que le débiteur n'avait pas prouvé qu'il était propriétaire. Au possessoire, le rétenteur pouvait se faire maintenir en possession par cela seul qu'il prouvait que sa possession n'était entachée d'aucun vice à l'égard de son adversaire (*nec vi, nec clam, nec precario ab adversario*), lors même qu'elle l'eût été au regard d'un autre. Enfin, la rétention présentait encore l'avantage d'assurer au créancier un paiement intégral et d'exciter le débiteur à l'acquittement de sa dette.

§ 2. Dans notre ancien Droit, l'importance du droit de rétention se trouve singulièrement diminuée, non-seulement parce que la créance qu'il garantit peut toujours se faire valoir par voie d'action, mais encore parce que le rétenteur doit la faire liquider dans un certain délai, sous peine de se voir privé de cette garantie, et que même le débiteur peut faire cesser le droit de rétention et exiger la restitution de sa chose, en fournissant caution de payer le créancier intégralement. Mais d'un autre côté, le droit de rétention présente plus d'avantage qu'à Rome, en ce qu'il donne lieu, comme nous l'avons précédemment prouvé, à un droit de suite et à un droit de préférence, c'est-à-dire qu'il constitue un véritable privilége.

§ 3. Aujourd'hui, sous le Code Napoléon, le droit de rétention n'est plus un privilége, comme dans notre ancien Droit, et il ne présente plus l'avantage, qu'il avait à Rome, de suppléer au défaut d'action. Cependant, il produit encore d'importants effets.

1° En cas d'insolvabilité du débiteur, le rétenteur est certain d'obtenir un paiement intégral, de ne pas subir le concours des autres chirographaires; il lui suffit d'user de son droit, de ne pas se dessaisir de la chose, tant qu'il n'est pas complétement indemnisé. Sous ce point de vue, on peut dire qu'il constitue *un moyen indirect de préférence.*

2° Même dans le cas où le débiteur est parfaitement solvable, le droit de rétention présente de l'utilité; il excite le débiteur négligent à s'acquitter de sa dette. Ce débiteur peut, en effet, avoir besoin de la chose retenue, et alors la nécessité ou même le simple désir de la reprendre l'oblige à se libérer promptement. Sous ce rapport, le droit de rétention est *un moyen indirect de contrainte.*

Aussi comprend-on parfaitement que l'on puisse exercer le droit de rétention, même quand la créance n'est pas en danger et même quand il existe une grande disproportion entre sa valeur et celle de la chose retenue, car, dans ces deux cas aussi, le droit de rétention remplit un de ses buts, qui est de stimuler le débiteur à s'acquitter de sa dette.

3° Un autre avantage du droit de rétention, c'est de diminuer les frais d'instance et la perte de temps résultant du procès. En effet, comme il se fait valoir par voie d'exception, le juge décide en même temps la double prétention du propriétaire contre le rétenteur et du rétenteur contre le propriétaire.

§ 4. Aujourd'hui, le droit de rétention n'est plus un privilége; mais, il arrive assez souvent qu'il se trouve joint à un privilége, et, même dans ce cas, il présente de nombreux avantages, en ce qu'il empêche le débiteur négligent de détériorer la chose ou même de la vendre, et de diminuer par là le gage de ses créanciers, en ce que les priviléges, munis d'un droit de rétention, passent, en général, avant les autres, en ce que le rétenteur privilégié est certain d'obtenir un paiement intégral, même quand les autres créanciers poursuivent la vente de la chose[1], ceux-ci étant obligés de faire insérer dans le cahier des charges ou dans les affiches et publications que l'adjudication n'aura lieu qu'autant que la plus forte enchère sera au moins égale à la créance du rétenteur, et que l'adjudicataire sera tenu de payer son prix entre les mains du rétenteur jusqu'à concurrence du montant de la créance de ce dernier.

§ 5. Quant aux inconvénients que présente le droit de rétention, ils sont faciles à saisir : ce droit prive un propriétaire de la possession de sa chose; il altère son crédit, il modifie, ou pour mieux dire, il gêne le droit de saisie des

---

1. Il n'existe d'exception à cette règle que dans le cas où il s'agit d'un locateur (609 c. p.) Voir plus bas.

autres créanciers ; il leur porte préjudice par cela même que le rétenteur obtient un paiement intégral ; il ouvre une porte à la mauvaise foi et permet au rétenteur de demeurer indéfiniment ou du moins trop longtemps en possession de la chose de son débiteur, en apportant beaucoup de négligence et de retard dans la liquidation de sa créance. Ce dernier inconvénient avait même amené des réclamations telles dans l'ancien Droit, que des ordonnances royales avaient ordonné au juge de déterminer des délais, dans lesquels le rétenteur serait tenu de faire liquider sa créance, sous peine de perdre le droit de rétention à l'expiration de ces délais. Ces dispositions n'ont pas été reproduites par le Code Napoléon, mais il a déjà été démontré qu'on doit encore donner aux juges le pouvoir d'imposer des délais au rétenteur.

CHAPITRE XI.

Formes juridiques sous lesquelles s'exerce le droit de rétention ; moyens juridiques qui le garantissent.

Dans notre ancien Droit, la rétention est encore un moyen de défense sous forme d'exception opposée à la demande, mais il n'est plus aussi indispensable de s'en prévaloir, parce que, outre le droit de rétention, on jouit d'une action pour se faire payer sa créance. C'est ainsi qu'on accorde au possesseur privé de la chose le droit de réclamer ses impenses par voie d'action utile : on lui donne cette action par interprétation du Droit romain. Cette interprétation, quoique inexacte, avait été admise par tous les jurisconsultes; mais c'est probablement à cause de la grande utilité pratique qu'elle présentait et des principes équitables sur lesquels elle reposait.

§ 2. Aujourd'hui encore le droit de rétention se fait valoir par voie d'exception : le créancier, actionné en restitution de la chose, répond qu'il n'est pas payé de sa créance et que, comme la loi lui accorde le droit de rétention, il ne la restituera qu'après paiement.

§ 3. Si le rétenteur se trouve attaqué violemment dans sa possession par un tiers quelconque ou même par le propriétaire, dans ce cas il peut opposer la violence à la violence et repousser la force par la force : il y a évidemment là une voie de fait, mais parfaitement juste, car elle résulte du droit de légitime défense.

§ 4. Si, au lieu de vouloir reprendre sa chose par violence, le propriétaire actionne en justice le créancier, celui-ci peut lui opposer le droit de rétention sous forme de moyen de défense. On distingue les moyens de défense en exceptions et moyens de défense *stricto sensu* ou moyens de défense au fond. La rétention ne constitue pas un moyen de défense au fond, car le rétenteur, loin de contester au demandeur sa qualité de propriétaire, la lui reconnaît implicitement par cela même qu'il lui oppose son droit de rétention. Ce n'est pas non plus une exception déclinatoire. On ne doit pas plus la classer parmi les exceptions péremptoires de formes connues sous le nom de nullité de procédure (telles que la nullité d'exploit, le défaut de préliminaire de conciliation), ni parmi les exceptions péremptoires de fond que nous avons appelées plus exactement tout à l'heure moyens de défense au fond, puisqu'encore une fois elle n'a pas pour objet d'attaquer le droit de propriété. Est-ce une exception dilatoire ? Si l'on entend par exception dilatoire, toute exception qui laisse subsister l'action et ne tend qu'à en différer la poursuite jusqu'à une époque quelconque qui peut être déterminée ou indéterminée, alors on peut ranger l'exception de rétention comme l'*exceptio judicatum solvi* parmi les exceptions de ce genre, car le but de l'exception de rétention est de différer la restitution de la chose jusqu'à ce que le débiteur ait payé. Mais, en Droit français, les expressions « exceptions dilatoires » ont un autre sens et désignent celles qui ont pour objet l'obtention d'un délai, comme l'exception de garantie, l'exception donnée à la femme pour faire inventaire et délibérer. De plus, les exceptions dilatoires ne peuvent se faire valoir que pendant un certain temps strictement limité par la loi ou par le juge, et pendant ce même temps le demandeur ne peut pas agir. Or, non-seulement l'exception de rétention n'est pas soumise à un délai, mais encore le demandeur peut toujours la faire cesser immédiatement en payant le défendeur. L'exception de rétention n'est donc pas dilatoire.

Dès lors on doit décider que, comme l'*exceptio judicatum solvi*, elle forme une exception à part, *sui generis*, et qui ne rentre dans aucune des classes que nous venons de voir

§ 5. Si le droit de rétention ne peut se faire valoir que. par voie d'exception, il n'en est pas de même de la créance qu'il garantit. Le créancier peut se faire payer par voie d'action, même quand il a perdu volontairement son droit de rétention.

§ 6. Voyons maintenant quels sont les moyens que la loi met à la disposition du rétenteur pour protéger son droit de rétention. — Avant tout, il faut écarter l'hypothèse où le rétenteur a volontairement perdu la possession de la chose. Dans ce cas, il ne jouit d'aucun moyen pour la recouvrer. Mais s'il a été privé de la chose contre son gré, alors il convient de distinguer selon qu'il s'agit d'une chose mobilière ou d'une chose immobilière.

Lorsque le rétenteur a cessé malgré lui de posséder la chose, objet de son droit de rétention, et si cette chose est mmobilière, la loi lui donne l'action possessoire en réintégrande pour se faire remettre en possession. La réintégrande est cette action accordée à tout possesseur ou détenteur de bonne ou de mauvaise foi, annal ou non, pour faire cesser le trouble dont il a souffert. Il est vrai qu'on a soutenu, en s'appuyant sur l'art. 23 du Code de procédure, qu'elle n'existait plus, que toutes les actions possessoires avaient été confondues et réunies en une seule, que pour jouir de cette action, il fallait une possession annale, à titre non précaire, paisible. — On doit rejeter ce système et décider qu'aujourd'hui encore, la réintégrande constitue une action distincte de la complainte et donnée précisément pour remédier aux troubles soufferts par tout possesseur qui ne réunit pas les conditions requises pour jouir de cette dernière.

D'abord, l'art. 2 du titre 18 de l'ordonnance de 1667 admettait formellement la réintégrande. Or, une grande partie de notre Code de procédure est empruntée à cette ordonnance. — Si l'on objecte qu'il faut satisfaire aux exigences de l'art. 23, dont les dispositions sont formelles pour jouir de la réintégrande, c'est-à-dire prouver qu'on a la possession d'an et jour et à titre de propriétaire, nous répondrons qu'il est inadmissible que le législateur ait entendu protéger seulement la possession annale et à titre non précaire.

Puis, quand on dit que l'art. 23 du Code de procédure est le seul texte où les actions possessoires soient mentionnées, on commet une grave erreur, car, l'art. 2060 du Code Napoléon parle expressément de la réintégrande et la donne à des possesseurs non annaux. Enfin, la loi du 25 mai 1838, dans son art. 6, mentionne formellement la réintégrande, preuve évidente qu'elle la distingue de la complainte.

Nous donnons donc la réintégrande au rétenteur. Conformément aux règles sur la matière, il en jouit pendant un an seulement, à partir des voies de fait; mais, cette action possessoire étant réelle, il peut l'intenter contre quiconque retient l'immeuble, même contre une personne autre que l'auteur des voies de fait et notamment, par exemple, contre un tiers de bonne foi. Certains auteurs pensent, il est vrai, que l'on ne peut user de l'action en réintégrande que contre l'auteur des voies de fait. C'est une erreur qui provient de la confusion qu'ils font du Droit français avec le Droit romain. A Rome, l'interdit *unde vi* n'était accordé que contre l'auteur de la violence. Mais, l'action en réintégrande ne ressemble nullement à cet interdit. Il résulte nettement des art. 1382 et 2060 qu'on jouit de la réintégrande, par cela seul qu'on a été dépossédé, contre le possesseur actuel quelconque, qu'il soit ou non l'auteur de la violence.

Si, au lieu de grever un immeuble, le droit de rétention porte sur un meuble dont le rétenteur a été dépossédé, on applique purement et simplement les principes de l'art. 2279. Ainsi, le rétenteur dépouillé peut réclamer la chose contre celui qui la lui a enlevée par suite d'un délit ou d'un quasi-délit, et, pour parler d'une manière plus générale, contre tout possesseur de mauvaise foi. Au contraire, si elle se trouve entre les mains d'un possesseur de bonne foi, il ne peut pas la lui reprendre, sauf dans le cas de vol et de perte, où il a 3 ans, à partir du jour même du vol ou de la perte, pour réclamer la chose contre quiconque la détient, à charge de rembourser au possesseur son prix de vente dans le cas de l'art. 2280. Les dispositions de l'art. 2279 sur ce point, ne doivent pas, en effet, se restreindre au propriétaire, mais s'appliquer à quiconque détenait un meuble en vertu d'un titre valable aux yeux de la loi. Ce point résulte du texte même de l'art. 2279, qui parle d'une manière générale. « Celui qui a perdu ou auquel il a été volé une chose, » dit cet article.

Mais il importe ici de faire une remarque importante. Il résulte de l'art. 2102, 1°, que, dans le cas de gage, et, par conséquent aussi, dans celui de rétention, la loi considère comme vol le seul fait que la chose a été retirée des mains du rétenteur par fraude et sans le consentement de ce dernier.

Le bailleur jouit, aux termes de l'art. 2102, 1°, d'un privilége pour le paiement de ses loyers et fermages sur le prix de tout ce qui garnit la maison ou la ferme; il a une espèce de droit de rétention sur tous les meubles garnissant; eh bien, par cela seul qu'ils sont sortis de l'immeuble loué sans son consentement, il peut les faire saisir et réintégrer dans la maison ou la ferme. Le déplacement de ces meubles constitue donc une sorte de détournement, de perte, de vol du droit de gage. Or, évidemment ce qui est vrai du locateur doit l'être des autres rétenteurs. [1]

En résumé donc, quand un rétenteur perd malgré lui et par fraude ou par accident la chose mobilière sur laquelle il exerçait son droit, il y a vol ou perte de son droit de rétention et, dès lors, on tombe sous l'application des principes de l'art. 2279, qui lui donne 3 ans pour reprendre la chose entre les mains des possesseurs de bonne foi. Il est vrai que l'art. 2102 restreint le droit de revendication du locateur dans un délai très-court (15 ou 40 jours); mais, c'est là un cas exceptionnel, et par conséquent, loin de l'appliquer aux autres cas de gage et de rétention, on doit le restreindre et décider que les autres rétenteurs ont 3 ans pour se faire restituer la chose (en ce sens: Pont. Priv.

---

1. En admettant ce principe, le Code Napoléon n'a fait que reproduire le droit ancien qui lui-même avait reproduit le Droit romain. Ainsi Pothier nous dit: « Si le débiteur emportait à l'insu et contre le gré de son « créancier la chose qu'il lui a donnée en nantissement, il commettrait un « vol, non pas, à la vérité, un vol de la chose même, car on ne peut « pas être voleur de sa propre chose, *rei nostræ furtum facere non « possumus*. Paul, Sent. II. 32. 20; mais il commettrait un vol de la pos- « session de cette chose. » C'est la reproduction pure et simple de la doctrine d'Ulpien (*L.* 19, § 5, *de pactis*).

et hyp., n° 137) : au bout de ce temps leur droit de revendication se trouve éteint.[1]

Jusqu'ici nous avons supposé que le rétenteur a été privé de la chose malgré lui. Lorsqu'en effet il se démet volontairement de la possession, il perd son droit de rétention et ne peut plus désormais réclamer la chose. Cependant, cette règle souffre une exception : d'après l'art. 2102, 4°, le vendeur d'effets mobiliers peut, si la vente a été faite sans terme, les revendiquer tant qu'ils sont en la possession de l'acheteur, pourvu que la revendication soit faite dans la huitaine de la livraison et que ces effets se trouvent encore dans leur état primitif[2]. Il est évident qu'il ne s'agit pas ici du droit de revendication ordinaire, de l'action protectrice de la propriété, car la propriété se trouve transférée de plein droit à l'acheteur par le seul consentement des parties. Ce vendeur, même non payé dans une vente faite sans terme, n'est plus propriétaire sous l'empire du Code Napoléon et à la différence de ce qui avait lieu en Droit romain.

Certaines personnes ont cru voir dans ce droit de revendication le simple droit de résolution dont avaient déjà parlé les art. 1184 et 1654. Mais, ce système doit être repoussé. Le droit de revendication et celui de résolution sont parfai-

---

1. Il s'agit là en effet d'une prescription extinctive et non d'une prescription acquisitive. Ce n'est pas le tiers qui acquiert par trois ans la propriété de la chose volée ou perdue; c'est le propriétaire ou celui qui avait le droit de conserver la chose qui perd son droit de revendication. Cela est tellement vrai que pour le repousser, le possesseur actuel de la chose perdue ou volée n'a pas besoin de prouver qu'il détient la chose depuis trois ans : il n'est pas nécessaire qu'il l'ait possédée pendant ce temps; mais il suffit qu'il prouve qu'il s'est écoulé trois ans depuis l'époque de la perte ou du vol.

2. Il existe une disposition à peu près semblable dans l'art, 576 du Code de comm.

tement distincts. Dans son art. 1654 la loi, en consacrant le droit de résolution, le confère d'une manière générale à tout vendeur, sans distinction entre le vendeur de meubles et le vendeur d'immeubles, sans restriction aucune, et dans tous les cas, que la vente ait eu lieu avec ou sans terme, et de plus, elle ne soumet ce droit de résolution qu'à la prescription de 30 ans. Une fois ce système établi, la loi n'a pas pu vouloir, dans l'art. 2102, revenir sur la disposition de l'art. 1654 pour la restreindre.

Il est vrai que, pour concilier ces deux articles, tout en prétendant que, dans l'un et l'autre, il s'agit uniquement du droit de résolution, on a dit que l'art. 1654, comme du reste l'art. 1184, doit être appliqué seulement entre les parties et que, quand le vendeur se trouve en présence des créanciers de l'acheteur, alors on déroge à leurs dispositions pour appliquer celle de l'art. 2102. Toutefois, une pareille distinction est absolument dénuée de tout fondement : on n'en trouve nulle part la justification.

Mais alors, quel est ce droit de revendication que consacre l'art. 2102? — On en retrouve l'origine dans notre ancienne législation et notamment dans la coutume de Paris. « Le ven-« deur peut sa chose poursuivre pour en être payé du prix » dit l'art. 194 de la coutume de Paris, et Dumoulin, en annotant cet article ajoute que c'est « pour la recouvrer et en « demeurer saisi jusqu'à ce qu'il soit payé. » C'est ce principe que le législateur a entendu reproduire. En vertu de son action en revendication le vendeur réclame donc, non pas la propriété, mais seulement la possession de la chose vendue, pour user ensuite du droit de rétention que lui confère l'art. 1612 et se refuser à la livraison jusqu'au paiement du prix. Comme on le voit, la vente n'est pas résolue, l'acheteur n'en continue pas moins à demeurer propriétaire, seulement, par suite du droit de rétention que lui oppose le vendeur, il ne peut plus entrer en possession de sa chose tant qu'il n'a pas payé.

Mais le vendeur n'a pas ce droit de revendication dans tous les cas : il faut la réunion des conditions suivantes :

1° Que la vente ait été faite sans terme. En effet, lorsque la vente a eu lieu avec terme, le vendeur ne jouit pas du droit de rétention, et, partant, il ne peut pas non plus avoir le droit de revendication. La raison en est que celui qui a vendu avec terme a suivi la foi de l'acheteur.

2° Que l'acquéreur soit encore en possession des effets vendus. C'est une application du principe qu'en fait de meubles possession vaut titre. Ainsi, la revendication n'est pas possible contre les tiers de bonne foi, à moins que la chose vendue n'ait été perdue ou volée.

3° Que la revendication soit faite dans la huitaine de la livraison. Ce délai expiré, la loi présume qu'il y a, de la part du vendeur, renonciation à son droit.

4° Que la chose revendiquée se trouve dans le même état dans lequel elle se trouvait au moment où la livraison a été faite. C'est une règle empruntée aux Romains qui disaient : *Extinctæ res revindicari non possunt.* Quand donc la chose vendue a subi des transformations telles, qu'elle a changé de nature, la revendication n'est plus possible.

Ce droit de revendication, dont nous venons de parler, n'appartient qu'au vendeur de meubles : il n'est pas accordé au vendeur d'immeubles, à cause de la différence de la nature des gages mobiliers et immobiliers.

L'acheteur peut arrêter cette action en revendication du vendeur d'effets mobiliers en lui offrant de payer le prix[1], car c'est précisément pour assurer ce paiement que le vendeur intente cette action.

---

1. L'offre de paiement peut également être faite par un tiers.

Le droit de revendication du vendeur est indépendant de son privilége et la perte de l'un ne l'empêche pas de conserver l'autre.

§ 7. Si nous voulons maintenant résumer cette théorie, nous pouvons dire : Le rétenteur qui a perdu malgré lui la possession de la chose, objet de son droit, peut la réclamer pendant 3 ans dans le cas de l'art. 2279, si elle est mobilière, et, si elle est immobilière, il le peut pendant un an au moyen de l'action en réintégrande : en ce sens et sous ce rapport on peut dire que le rétenteur jouit d'un droit de suite sur la chose elle-même. Quand, au contraire, le rétenteur a volontairement cessé de posséder, son droit de rétention se trouve éteint et il ne peut plus reprendre la chose, sauf dans le cas de l'art. 2102.

CHAPITRE XII.

Droits du rétenteur en conflit avec ceux des autres créanciers.

Le développement de cette matière peut se placer sous deux questions :

Première question. — Quel rang faut-il assigner au rétenteur quand il se trouve en conflit avec des causes de préférence?

Certains auteurs déclarent, d'une manière générale, que, le rétenteur jouissant d'un droit réel, il ne peut être question de rang à lui assigner, et qu'il peut exercer son droit à l'encontre de tous les créanciers privilégiés et hypothécaires, même de ceux dont les droits sont antérieurs au sien. (Cabrye, n° 82; Tarrible, Rép., v° Priv. de créance, sect. 4, § 5, n° 1; Mourlon, Exam. crit., n° 221.)

Malgré l'imposante autorité de ces auteurs, on doit décider cette question d'une manière différente, et distinguer entre le cas où la rétention porte sur un meuble, et celui où elle a un immeuble pour objet.

Dans le premier cas, quand le droit de rétention porte sur un meuble, le rétenteur peut opposer son droit à tous les créanciers privilégiés et hypothécaires, quelle que soit la date de leurs créances; il peut s'armer de l'art. 2279 et se prévaloir de sa possession, sauf le cas de perte ou de vol, et repousser tous les créanciers même hypothécaires et privilégiés antérieurs à lui, parce que les meubles n'ont pas de suite par hypothèque. Ce point a été établi lors des travaux préparatoires en ce qui touche le gage, et doit être étendu au droit de rétention par analogie.

«Peu importe, a dit le tribun Gary, que la créance du créancier gagiste soit plus ou moins ancienne; le droit sur les meubles est attaché à leur possession, suivant cette maxime, renouvelée par la législation actuelle, que *les meubles n'ont pas de suite par hypothèque.*» C'est ce qu'a dit aussi M. Berlier dans son exposé des motifs: «Le créancier saisi d'un gage ne saurait craindre l'intervention de personne, si ce n'est celle de tiers qui prouveraient que le meuble donné en gage leur a été dérobé; hors cette exception et le cas de fraude, le créancier, muni du gage, est préféré à tous les autres, même plus anciens que lui, parce que le meuble était sorti de la possession du débiteur, et que les meubles n'ont pas de suite par hypothèque, principe qui est devenu une maxime de notre Droit français.»

Mais lorsqu'au lieu d'un meuble, il s'agit d'un immeuble, le système d'après lequel le créancier rétenteur peut opposer son droit même aux créanciers hypothécaires antérieurs en date, paraît bien difficile à admettre. Rien dans la loi n'indique que tel soit l'esprit du législateur. Au contraire, en ce qui concerne l'antichrésiste, il est au Code une disposition (art. 2091), d'après laquelle l'antichrèse, à la différence du gage, n'est pas opposable aux créanciers qui, avant sa constitution, avaient déjà des droits hypothécaires sur l'immeuble. L'antichrésiste ne peut donc pas opposer son droit de rétention à ces créanciers; eh bien, ce que la loi dit pour le cas d'antichrèse, doit évidemment être étendu à tout autre droit de rétention grevant un immeuble. — Dans le système contraire, on donne au débiteur le moyen d'entraver singulièrement les droits de ses créanciers hypothécaires, en concédant un droit de rétention sur l'immeuble. — Enfin, ce système consacre une contradiction choquante. S'agit-il d'un simple droit de rétention sur un immeuble, résultant de la loi ou de la convention des parties, ce rétenteur peut opposer son droit à tous les créanciers même antérieurs en date; s'agit-il d'un droit d'antichrèse, c'est-à-dire d'un simple droit de rétention conventionnel, auquel vient se joindre cet autre droit, qui n'a rien de commun avec le premier, de percevoir les fruits, on décide que l'antichrésiste, c'est-à-dire le rétenteur, ne peut opposer son droit qu'aux créanciers qui lui sont postérieurs. Cependant il y a analogie entre les deux hypothèses, et dès lors la distinction que l'on est obligé de faire dans le système contraire, ne repose sur aucun fondement.

Jusqu'ici on a supposé le rétenteur en conflit avec des créanciers hypothécaires. *Quid juris*, si au lieu de créanciers hypothécaires, il s'agissait de créanciers privilégiés? La loi n'a pas réglé le cas de conflit entre un rétenteur et des créanciers privilégiés. Si le rang des priviléges se déterminait par ordre de date, on pourrait décider que le rétenteur sera primé par les créanciers privilégiés dont les droits sont antérieurs aux siens; mais il n'en est rien, et l'ordre de préférence entre privilégiés se détermine d'après la cause de privilége. Dès lors, on doit, en l'absence de tout texte de loi sur cette question, décider, par application du principe de la réalité du droit de rétention, que le rétenteur prime tous les créanciers privilégiés, et peut leur opposer son droit à tous (En ce sens: Mourlon, Exam. crit., n° 221.)

Deuxième question. — Peut-on concilier le droit du rétenteur avec le droit de saisie des autres créanciers du propriétaire de la chose retenue?

Trois réponses sont possibles : 1° le droit de saisie est exclusif du droit de rétention; 2° le droit de rétention est exclusif du droit de saisie; 3° le droit de rétention peut se concilier avec le droit de saisie.

On peut être tenté de soutenir que le droit de saisie est exclusif du droit de rétention, autrement dit, que le rétenteur n'a pas le droit de s'opposer à la saisie. En effet, l'art. 609 du Code de procédure porte : « Les créanciers du saisi ne peuvent, pour quelque cause que ce soit, même pour loyers échus, former opposition que sur le prix de la vente... » Donc, s'ils ne peuvent former opposition que sur le prix de la vente *a contrario*, ils ne peuvent pas s'opposer à la vente elle-même.

On peut, en se plaçant sous un autre ordre d'idées, présenter un système diamétralement opposé, et dire: en exerçant le droit de saisie, les créanciers ne font qu'user, par application de l'art. 1166, du droit qu'a leur débiteur de vendre ses biens. Or, ce dernier ne peut pas évincer le rétenteur sans l'avoir payé de sa créance; donc, ses créanciers, qui ne peuvent pas avoir plus de droits que lui, se trouvent dans l'impossibilité d'obliger le rétenteur à délaisser. Le droit de rétention est, par conséquent, exclusif du droit de saisie; les créanciers ne peuvent exercer leur droit de saisir qu'après avoir fait disparaître le droit de rétention, ce qui a lieu par le paiement de la créance du rétenteur.

Laquelle admettre de ces deux réponses? Ni l'une, ni l'autre. D'une part, la généralité de l'art. 609 n'est qu'apparente; cet article ne concerne que la saisie-exécution. Dès lors, il ne peut pas servir à résoudre la question de savoir si la rétention d'un immeuble peut empêcher ou modifier le droit de saisie. Dès lors aussi, il ne peut pas s'appliquer au cas de meubles du débiteur se trouvant entre les mains d'un tiers, car, dans ce cas, il faut recourir à la saisie-arrêt. Qu'on n'objecte pas que l'article parle cependant du droit du locateur sur les meubles du locataire garnissant sa maison; dans ce cas, si on recourt à la saisie-exécution, au lieu d'user de la saisie-arrêt, c'est précisément parce que les meubles, quoique affectés en garantie au locateur, sont néanmoins détenus par le locataire, c'est-à-dire par le débiteur lui-même.

D'une autre part, on ne peut pas dire que le droit de rétention exclut celui de saisie : car 1°, les art. 557 et 579 du Code de commerce posent, d'une manière générale, la régle que les créanciers peuvent saisir et arrêter, entre les mains des tiers, les effets mobiliers de leurs débiteurs, et les faire vendre ensuite, sans distinguer s'ils se trouvent entre les mains de tiers obligés à restitution ou jouissant au contraire du droit de rétention; 2° quant aux immeubles, le Code Napoléon, dans son art. 2204, permet aux créanciers du propriétaire de les saisir, pourvu que la question de propriété ne soit pas douteuse, et sans exiger que le débiteur soit lui-même en possession. La loi a oublié de régler la procédure, pour le cas où l'immeuble est dans les mains du tiers, mais c'est uniquement parce que cette hypothèse se présente fort rarement dans la pratique et, dès lors, comme il s'agit uniquement d'un oubli, on ne peut pas arguer du silence du Code sur ce point, pour prétendre que le droit de saisie est défendu lorsque l'immeuble se trouve dans les mains d'un tiers.

Du reste, il n'y a pas d'inconvénient à suivre, pour ce cas, la même procédure, que quand l'immeuble se trouve en la possession du propriétaire lui-même, sauf quelques modifications de détail résultant de la force même des choses.

Il faut donc rejeter ces deux systèmes pour en adopter un troisième, et dire : les créanciers peuvent exercer leur droit de saisie, pourvu qu'il ne porte pas atteinte au droit de rétention. D'une part, le droit de saisie des autres créanciers n'anéantit pas le droit du rétenteur, car ce droit étant réel, celui-ci peut le leur opposer. D'autre part, le droit de rétention n'empêche pas le droit de saisie, car ce droit de saisie n'est autre chose que le droit de vente du débiteur exercé par ses créanciers. Or, malgré l'existence du droit de rétention, le débiteur peut vendre sa chose. Seulement, dans ce dernier cas, la chose passe à l'acheteur grevée du droit de rétention, comme de toutes autres charges réelles, de telle sorte que cet acheteur ne peut entrer en possession de la chose, qu'en indemnisant le rétenteur, en lui payant sa créance, si elle est exigible ou si, étant à terme, ce terme a été consenti dans l'intérêt seul du débiteur.

Eh bien, les choses se passeront tout à fait de la même manière dans le cas de saisie: les créanciers feront vendre la chose retenue, mais l'adjudicataire n'entrera en possession qu'à charge d'éteindre la créance du rétenteur. C'est pourquoi les créanciers saisissants devront faire insérer, soit dans le cahier des charges, soit dans les annonces et affiches, selon qu'il s'agira d'immeubles ou de meubles, que la chose mise en vente se trouve entre les mains d'un créancier rétentenr, que ce créancier a le droit réel de la conserver jusqu'au complet acquittement de sa créance, et que, dès lors, l'enchère la plus forte devra au moins égaler le montant de la créance du rétenteur, pour que l'adjudication soit prononcée, qu'enfin l'adjudicataire devra verser son prix entre les mains du rétenteur jusqu'à concurrence de sa créance.

De cette manière, comme on le voit, la saisie produit tous ses effets sans nuire au droit de rétention du créancier; on ne lui reprend la chose que quand il a reçu paiement intégral. — Si la créance du rétenteur est exigible ou si le terme n'existe qu'en faveur du débiteur, l'adjudicataire peut entrer immédiatement en possession de la chose en payant le rétenteur; *quid juris* s'il existe, au contraire, un terme en faveur de ce dernier? On répond que l'adjudicataire ne peut le déposséder qu'à l'époque de l'échéance; aussi les saisissants devront-ils avertir les enchérisseurs de cette circonstance dans le cahier des charges. Cependant on doit aller encore plus loin, et décider, par extension de l'art. 2184, que l'adjudicataire peut même, dans ce cas, éteindre immédiatement la créance non échue du rétenteur pour entrer de suite en possession de la chose.

Tels sont les principes à suivre pour régler les conflits entre le droit de saisie et celui de rétention; ils s'appliquent à tous les cas, sauf une exception en ce qui concerne le droit de rétention du locateur (609, C. de proc.). A son égard, on agit par voie de saisie-exécution et non par voie de saisie-arrêt, d'où nous concluons avec M. Mourlon: « 1° que les créanciers saisissants ne sont point tenus de faire monter le prix de l'adjudication à un chiffre égal ou supérieur au montant des sommes dues au locateur; 2° que l'adjudicataire devra payer son prix d'adjudication non point au locateur, mais à l'officier qui aura procédé à la vente; 3° que le locateur n'aura que le droit de faire opposition sur le prix de la vente, et qu'ainsi il sera tenu, sous peine d'être exclu et forclos, de produire son titre dans les délais de la loi » (Exam. crit., p. 674; voy. art. 656 et suiv. du C. de proc.). Il est vrai qu'on a voulu (et notamment la jurisprudence) étendre cette dernière proposition à tout rétenteur (Cass., 3 juillet 1834, J. P., t. 26, p. 698); mais c'est une erreur grave; le droit de rétention, étant réel, ne peut pas se trouver éteint par l'expiration des délais dont il vient d'être parlé, mais seulement par l'acquittement de la dette qu'il garantit.[1]

Quant à justifier l'exception aux principes, introduite à l'égard du locateur, il semble difficile de le faire. M. Mourlon cherche à l'expliquer en disant : « que le locateur a en général un gage si étendu, qu'il est à peu près sûr d'être payé sur le prix qui en proviendra, alors même que la vente en serait faite en temps inopportun et par suite à de mauvaises conditions; que dès lors, toute précaution devenait inutile à son égard. » Du reste, cet auteur n'insiste pas sur ces raisons; il vaut mieux reconnaître qu'il y a là une anomalie; mais le texte de l'art. 609 est précis et la consacre formellement.

CHAPITRE XIII.

Principaux cas où se présente le droit de rétention.

Nous avons dit précédemment : 1° que, dans presque tous les cas où le législateur accorde le droit de rétention, c'est en faveur d'une créance née à l'occasion de la chose retenue; que par conséquent, dans tous les cas où cette circonstance se rencontre, on doit, par équité et par interpréta-

1. Toutefois il convient d'ajouter que la jurisprudence est revenue sur cette erreur et que, dans un arrêt du 31 mars 1851 (J. P. 51. 2. 5), la cour de cassation a fait une remarquable application des principes du droit de rétention en ce qui concerne l'antichrésiste.

tion de la loi, qui, en cette matière, présente de fâcheuses lacunes, donner au créancier le droit de rétention; 2° qu'à défaut de connexité entre la créance et la chose, le droit de rétention peut encore exister, mais à condition qu'il résulte d'une disposition formelle du législateur ou de la volonté des parties; 3° qu'enfin il peut se faire que, malgré l'existence de cette connexité, le législateur refuse, par des considérations particulières, le droit de rétention, mais qu'alors il faut une disposition expresse à cet égard.

C'est en suivant le même ordre d'idées que nous allons examiner les principaux cas d'application du droit de rétention.

SECTION PREMIÈRE.

Droit de rétention résultant de la connexité entre la créance et la chose.

I. Cas expressément prévus par le législateur.

§ 1. Dans le cas de l'art. 570, le spécificateur jouit d'un droit de rétention sur l'objet spécifié, jusqu'à ce que le propriétaire des matériaux l'indemnise.

§ 2. Toutes les fois qu'un co-héritier obligé au rapport d'un immeuble, se trouve créancier de la succession, par suite de dépenses faites à l'occasion de cet immeuble, il jouit, à titre de garantie de sa créance, du droit de rétention, jusqu'à ce qu'il soit complétement indemnisé (867). — Quant aux impenses dont il peut se faire payer, ce sont seulement les impenses nécessaires et les impenses utiles. Ainsi, les dépenses d'entretien restent à son compte, car elles sont des charges naturelles des fruits (sauf cependant celles qu'il a faites depuis le décès du donateur). De même, ses co-héritiers ne sont pas tenus de l'indemniser de ses impenses voluptuaires; le donataire n'a que le droit de procéder à leur enlèvement quand il peut s'opérer sans détérioration. — En ce qui touche les impenses nécessaires, au contraire, il doit lui en être tenu compte pour la totalité du chiffre de la dépense, bien qu'elles n'aient pas augmenté la valeur de l'immeuble dans la même proportion et lors même que celui-ci viendrait à périr ensuite par cas fortuit. Quant aux dépenses utiles, le co-héritier ne peut se faire indemniser que jusqu'à concurrence de la plus-value. — Mais à quel moment faut-il se reporter pour déterminer cette plus-value? La loi dit au moment du partage, et, comme le partage s'opère nécessairement à une époque différente de celle de l'ouverture de la succession, il en résulte que si la plus-value qui existait à cette dernière époque, vient à disparaître au moment du partage, le co-héritier n'a droit à aucune indemnité. Ce système est admis par de nombreux jurisconsultes, à cause de la précision de la loi, qui parle positivement du moment du partage. D'autres, au contraire, le rejettent, pour deux raisons: 1° il est souverainement inique; 2° il n'est pas conforme à l'esprit de la loi.

Quant à l'iniquité de l'application d'une pareille règle, elle ne semble pas difficile à démontrer: un exemple suffira. Supposons un immeuble d'une valeur primitive de 1,000 fr. Par suite des améliorations, il en vaut 1,500 au moment de l'ouverture de la succession; mais des cas fortuits surviennent et à l'époque du partage la plus-value n'existe plus. Eh bien, le co-héritier sera tenu de restituer l'immeuble, sans avoir droit à aucune indemnité; et même, s'il l'a vendu, il sera obligé de verser une somme de 1,500 fr., en vertu de l'art. 860, d'après lequel le donataire qui a aliéné l'immeuble, doit rapporter une somme représentative de la valeur qu'il avait, non pas au moment du partage, mais à celui de l'ouverture de la succession.

Cependant ces résultats injustes ne sauraient suffire pour nous autoriser à rayer de l'art. 861 les mots : « au moment du partage, » et à les remplacer par ceux-ci : « au moment de l'ouverture de la succession. » Pour porter une aussi grave atteinte à un texte de loi, il faut au moins prouver qu'il renferme une erreur, que son texte n'est pas conforme à son esprit. Est-ce vrai dans l'hypothèse de l'art. 861 ? L'affirmative ne paraît pas douteuse en présence des travaux préparatoires du Code Napoléon.

Primitivement, l'art. 860, comme l'art. 861, parlait du moment du partage : c'était la reproduction de notre ancienne jurisprudence, sous l'empire de laquelle le rapport s'opérait toujours eu égard à la valeur de l'immeuble au moment du partage, de telle sorte qu'on appréciait aussi à ce moment la plus-value résultant des dépenses utiles. Mais, on fit remarquer les inconvénients d'un pareil système et sur ces observations on décida que l'on devrait se reporter à l'époque de l'ouverture de la succession. A cet effet, on remplaça, dans l'art. 860, les mots « à l'époque du partage, » par ceux « à l'époque de l'ouverture. » Toutefois, on ne s'est plus souvenu que la modification était à introduire dans l'article suivant. — Ce n'est donc pas faire la loi, mais, au contraire, se conformer à son esprit, que de donner à l'héritier une créance pour la plus-value existant au moment de l'ouverture de la succession.

Dans l'ancienne jurisprudence, il existait, au profit du co-héritier obligé au rapport, un droit assez semblable à celui de l'art. 867, quoiqu'il en différât en plusieurs points. L'art. 305 de la coutume de Paris portait que « si lesdits héritiers ne veulent rembourser lesdites impenses, en ce cas, le donataire est tenu de rapporter seulement l'estimation d'iceux héritages, eu égard au temps que division et partage est fait entre eux, déduction faite desdites impenses. »

Ainsi, le co-héritier n'avait que la voie de la rétention pour le recouvrement de ses impenses; il ne jouissait pas d'une action, et, si la succession refusait de lui en faire raison, le rapport n'avait lieu qu'en moins prenant; le co-héritier conservait l'immeuble en nature à titre de donataire (Pothier, Success., chap. 4, art. 2, § 7. — Lebrun, Succ. liv. 3, chap. 6, sect. 3, n° 28. — Chabot, sur l'art. 867. — Demolombe, Succ., IV, n° 502). Aujourd'hui, au contraire, le donataire ne peut plus, lorsque ses co-héritiers refusent de l'indemniser, substituer à l'immeuble en nature son estimation, déduction faite des impenses. De même, dans l'ancien Droit, lorsque le rapport n'avait pas lieu en nature, le titre primitif du donataire n'était pas résolu, et c'est à ce titre qu'il conservait l'immeuble. Au contraire, sous l'empire du Code Napoléon, ce titre est résolu, et quand l'héritier reste en possession de l'immeuble, ce n'est que comme simple rétenteur. Sans doute, les héritiers peuvent convenir que le donataire, au lieu de rapporter l'immeuble en nature, n'en devra que l'estimation, déduction faite des impenses; mais, pour qu'il en soit ainsi, il faut le consentement de tous les co-héritiers, tandis que, dans l'ancien Droit, on arrivait à ce résultat par la volonté seule de la loi, quand les co-héritiers du donataire refusaient de lui tenir compte de ses impenses. D'un autre côté, si le donataire ne conserve plus l'immeuble qu'en vertu d'un droit de rétention, *quasi jure pignoris*, et s'il perd ce droit, en rapportant l'immeuble en nature, du moins il a une action contre ses co-héritiers pour se faire payer la créance résultant de ses impenses. (Demolombe, Succ., IV, n° 504. — Duc., Bon. et Rous., II, n° 724. — Poujol, sur l'art. 867.)

Le donataire n'étant plus qu'un simple rétenteur, ne fait pas les fruits siens (Aubry et Rau, V, p. 338. — Duranton, VII, n° 390. — Demante, III, n° 200 *bis*. En sens contraire

Poujol, *loc. cit.* — Chabot, sur l'art. 867. — Dall., Dict., v° Succ., n° 1281). Chabot et les auteurs qui ont reproduit son système, lui accordent les fruits, sous prétexte qu'il est possesseur de bonne foi. Cependant, on ne voit pas comment des jurisconsultes ont pu lui attribuer la qualité de possesseur de bonne foi, *cum animo domini*, dans le sens de l'art. 550. Sans doute, la loi l'autorise à conserver l'immeuble, mais il ne s'ensuit pas qu'il le *possède* légitimement : il ne fait que le *détenir* légitimement, ce qui est bien différent.

§ 3. *Droit de rétention du vendeur* (art. 1612 et 1613,) *L.* 19, 53, 78, § 2, *de contrah. empt.*; *L.* 11, § 1; *L.* 13, § 8, *de act. empt. et vend.*). — La loi a multiplié les garanties protectrices des droits du vendeur. Elle lui a donné : 1° un droit de résolution en cas de non-paiement (1184 et 1654); 2° un droit de rétention (1612); 3° un privilége (2102); 4° un droit de revendication pour recouvrer, non pas la propriété, mais la possession de la chose et user ensuite du droit de rétention, pourvu que les conditions prescrites par l'art. 1202 se trouvent réunies. Ainsi notamment, il faut que la vente ait été faite sans terme. Cette condition nous vient du Droit romain, où le vendeur qui avait accordé un terme, ne jouissait pas de la *rei vindicatio.* Celui qui a vendu avec terme, a, dit-on, suivi la foi de l'acheteur. Tel est le motif pour lequel on ne lui donne pas la revendication de la propriété en Droit romain et de la possession en Droit français.

Du reste, même en ce qui touche le droit de rétention du vendeur, il importe de distinguer, selon que la vente a été faite avec ou sans terme pour le paiement du prix.

Dans le cas de vente sans terme, la règle est que le vendeur jouit du droit de rétention, par application du principe que dans les contrats productifs d'obligations réciproques, l'une des parties ne peut pas contraindre l'autre à s'exécuter, si elle-même n'est pas prête à accomplir son obligation.

Dans le cas de vente avec terme, on applique une règle inverse : En principe, le vendeur ne peut pas opposer le droit de rétention : il doit livrer la chose, même lorsqu'il n'a pas reçu le prix; par cela seul qu'il a consenti à un terme, il a suivi la foi de l'acheteur et renoncé implicitement à son droit de rétention. — Par exception, cependant, même dans le cas de vente avec terme, le vendeur jouit du droit de rétention: 1° quand, au lieu d'un terme conventionnel, il s'agit d'un terme de grâce (Duvergier, I, 271); 2° même dans le cas de vente avec terme conventionnel, lorsque, par suite de circonstances postérieures à la passation du contrat, telles que la faillite, la déconfiture de l'acheteur, le fait de sa part d'avoir diminué ou anéanti les sûretés en considération desquelles on lui avait donné un délai, le vendeur se trouve évidemment exposé à perdre la chose et le prix (Aix, 29 juin 1842. — Cass. req., 18 avril 1843. D. 43, 1, 234. — Rouen, mai 1847. J. P., 48, 2, 366. — Voir aussi l'art. 577 du C. comm., qui accorde au vendeur le droit de rétention, sans distinguer si la vente a eu lieu au comptant ou à terme.) — Mais il faut que ces événements soient arrivés postérieurement à la vente. Si la faillite, la déconfiture existaient déjà au moment de la vente, le vendeur ne pourrait se prévaloir du droit de rétention, ni même exiger paiement immédiat ou caution, sauf le cas où il prouverait que, par suite de fraudes, il n'avait pas connaissance de l'état des affaires de l'acheteur.

Outre le droit de rétention, le vendeur jouit, et dans tous les cas, du droit de résolution; mais depuis la loi de 1855, ce dernier s'éteint avec le privilége, faute d'une inscription utile. En est-il de même du droit de rétention? La négative ne semble pas douteuse : l'extinction du droit de résolution et du privilége n'empêche pas le droit de rétention de survivre; la loi, gardant le silence à cet égard, et le droit de rétention, quoique réel, n'ayant jamais été soumis à aucune règle de publicité, ce serait ajouter à la loi que de le rendre dépendant d'une condition qu'elle n'exige pas.

Du reste, ici, comme dans tous les autres cas, le droit de rétention suppose que la livraison de la chose n'a pas encore été opérée (Caen, 3 janv. 1849. D. 51, 2, 103. — Paris, 8 août 1845. D. P. 46, 2, 9).

§ 4. Le co-échangiste peut aussi se prévaloir du droit de rétention, quand l'autre partie, tout en n'exécutant pas le contrat, veut exiger de sa part la chose promise (art. 1707, cbn. 1612 et 1613).

§ 5. *Droit de rétention de l'acheteur à réméré* (1673). Quand un vendeur veut exercer le retrait dont il s'est réservé la faculté, il est tenu de rembourser à l'acheteur : 1° le prix de vente; 2° les frais de passation du contrat; 3° ceux d'enlèvement ou de transport de la chose vendue; 4° les impenses nécessaires pour la totalité des déboursés qu'elles ont occasionnés, lors même que par la suite leur utilité aurait disparu en partie ou en totalité; 5° les dépenses utiles, jusqu'à concurrence de la plus-value qui en est résulté, pourvu qu'elles ne soient pas excessives. Telle est l'énumération complète des obligations du vendeur. Ainsi, il n'est pas obligé d'indemniser l'acheteur des dépenses d'entretien, parce qu'on les considère comme une charge des fruits, ni de bonifier les impenses voluptuaires que l'acheteur peut seulement enlever si l'opération n'entraîne pas de détériorations, ni de payer les intérêts du prix qu'il a reçu.

Mais pour se faire rembourser les sommes énumérées précédemment, l'acquéreur jouit du droit de rétention, et, ce droit de rétention, il peut l'opposer non-seulement au vendeur, mais aussi à ses créanciers. Cependant, à l'égard de ces derniers, il convient de distinguer entre les créanciers hypothécaires et privilégiés antérieurs et ceux qui sont postérieurs à la vente. L'acheteur ne peut opposer aux premiers son droit de rétention que pour ses impenses et non pas pour ses autres créances[1]; au contraire, il peut l'opposer aux seconds pour toutes ses créances, et, à ces derniers, il faut assimiler les créanciers chirographaires antérieurs ou postérieurs à la vente.

Au surplus, lorsque l'acheteur refuse de se dessaisir, il use moins d'un droit de rétention que d'un droit de propriété. Il est en effet propriétaire, sous condition résolutoire, à la vérité, mais enfin cette circonstance n'empêche pas l'immeuble de se trouver dans son patrimoine. Dès lors, on doit aller plus loin que nous ne l'avons fait jusqu'ici et décider, non-seulement que l'acheteur peut opposer un droit de rétention aux créanciers hypothécaires du vendeur, postérieurs à la vente, et à tous ses créanciers chirographaires, mais encore que ces créanciers ne peuvent pas saisir l'immeuble, parce qu'ils n'ont droit de saisie que sur les biens de leur débiteur, et que, dans l'hypothèse, celui-ci a cessé d'être propriétaire. Ils ne peuvent même pas saisir l'action en réméré de leur débiteur, car les actions ne sont pas susceptibles d'être vendues aux enchères publiques pour être transformées en argent. Ils n'ont qu'un moyen à leur disposition : c'est de faire rentrer l'immeuble dans le patrimoine de leur débiteur en exerçant en son nom, et comme l'art. 1166 leur en donne le droit, l'action en réméré.

Mais si l'acheteur, au lieu d'user de son droit de rétention, a remis l'immeuble au vendeur sans se faire préalable-

---

1. Ainsi, ils peuvent le déposséder sans être tenus de lui restituer ni le prix, ni les frais et loyaux coûts, tout comme s'il était acquéreur pur et simple.

ment payer ses créances, comment obtiendra-t-il ce qui lui est dû? On a voulu lui accorder le privilége du vendeur, sous prétexte que la revente de l'acheteur au vendeur à réméré constitue une seconde vente parfaitement distincte de la première, et que d'acheteur il devient vendeur. On disait que ce privilége lui serait certainement très-avantageux, car il le ferait passer, non-seulement avant tous les créanciers chirographaires, mais même avant les créanciers du vendeur à titre de réméré qui, dans l'intervalle de la vente primitive au rachat, auraient stipulé des hypothèques sur l'immeuble. On ajoutait aussi que le fait volontaire de la part de l'acheteur à réméré de se dessaisir de l'immeuble sans se faire payer au préalable ce qui lui est dû, opérait entre lui et les créanciers du vendeur un quasi-contrat, dont ceux-ci ne pouvaient recueillir l'avantage qu'à charge par eux de le laisser payer avant que de pouvoir exiger leurs créances (1575).

Ce système, à peine émis, a été immédiatement rejeté, et personne, depuis cette époque, n'a plus essayé de le soutenir: tout le monde est d'accord aujourd'hui pour placer l'acheteur à titre de réméré qui a négligé l'usage de son droit de rétention dans la classe des simples chirographaires. D'abord, il est impossible de voir un privilége dans l'art. 1673: il s'agit simplement d'un droit de rétention. Puis, le Code Napoléon ne parle nulle part d'un prétendu privilége qui existerait en faveur de l'acheteur à réméré. Or, les priviléges sont de droit étroit. Sans doute, on ne prétend pas lui accorder un privilége spécial: on veut seulement lui appliquer celui du vendeur. Mais, par l'effet du réméré, l'acheteur ne devient pas vendeur; on le considère comme n'ayant jamais été acheteur, ce qui est très-différent: il n'y a pas une seconde vente, mais résolution de la première qui est censée n'avoir jamais existé. — Quant au prétendu quasi-contrat, est-il besoin de prouver son impossibilité? Qui ne voit qu'avec un pareil système il y aurait quasi-contrat toutes les fois qu'un acte procurerait un avantage à une personne? Puis, en admettant son existence, les créanciers du vendeur deviendraient les débiteurs directs de l'acheteur et, par conséquent, il ne pourrait plus être question de concurrence entre eux et lui. — L'acheteur à réméré doit donc être classé parmi les simples chirographaires. La loi lui donnait un droit de rétention ; s'il n'en a pas usé, il ne peut s'en prendre qu'à sa négligence (Merlin, Rép. v° Priv. de créance. — Battur, Priv. et Hyp., n° 97. — Troplong, Priv. et Hyp., n° 261).

§ 6. *Droit de rétention du propriétaire exproprié.* On fait fléchir le principe de l'inviolabilité de la propriété, et l'on permet à l'administration de s'emparer de la chose d'un particulier, lorsque l'intérêt général l'exige. Mais, pour réprimer les abus, la loi n'oblige le particulier à se dessaisir de sa chose qu'autant que l'utilité publique a été constatée par un décret impérial rendu dans la forme des règlements d'administration publique, que l'expropriation a été prononcée par les tribunaux et qu'il a été préalablement indemnisé de la somme que lui a allouée le jury d'expropriation. Ainsi donc, tant qu'il n'a pas reçu le montant de son indemnité, le propriétaire exproprié peut se maintenir en possession de sa chose en vertu d'un véritable droit de rétention (Cass., 7 fév. 1837 ; Dev. 37, 1, 126 [art. 545 du Code Nap., reproduit par le Code sarde, art. 441 ; celui du canton de Vaud, art. 546]. — Const. de 1791, tit. Ier, § 3. — Const. du 24 juin 1793, art. 19. — Const., 5 fruct. an III, art. 358. — Charte de 1814, art. 10. — Charte de 1830, art. 9. — Const. de 1848, art. 11. — Avis du Cons. d'État du 18 août 1807. — Lois du 16 sept. 1807, du 8 mars 1810, du 7 juillet 1833, du 3 mai 1841 sur l'expropriation).

Toutefois, lorsqu'il y a urgence et à la condition qu'il s'agisse de terrains non bâtis, le propriétaire peut être contraint d'abandonner sa chose, après avoir reçu une indemnité provisoire et avant que l'indemnité définitive ne soit fixée (Loi de 1841, art. 65 à 74). De même, on peut quelquefois occuper immédiatement et sans que le propriétaire ait le droit d'opposer la rétention, quand il s'agit de travaux de fortification (Loi du 30 mars 1831, confirmée par l'art. 76 de la Loi du 3 mai 1841). Enfin, il est des cas d'une nécessité si impérieuse que l'autorité peut s'emparer instantanément des propriétés privées, sauf à régler plus tard l'indemnité : tels sont les cas d'incendie, d'inondation, de siége (Loi du 8 juillet 1791, art. 35 et 38. — Déc. du 24 décemb. 1814, art. 52, 92, 95. — Arrêt du Cons. d'État du 7 août 1835).

§ 7. *Droit de rétention du domanier congédié.* Le bail à domaine congéable ou bail à convenant est celui par lequel le bailleur (appelé plus spécialement foncier), tout en conservant la propriété des terres, cède au preneur (connu en général sous le nom de domanier) la faculté de jouir de ces dernières, en même temps qu'il lui transfère la propriété des superficies, moyennant une redevance annuelle (rente convenancière), mais avec le droit, pour le bailleur, de reprendre la propriété des superficies et même de celles que le colon a pu construire pendant sa jouissance, à charge par lui d'indemniser préalablement ce dernier[1]. Le domanier subit donc dans ce cas une espèce d'expropriation, mais il jouit du droit de rétention tant qu'il n'est pas indemnisé. (L. 7 juin. — 6 août 1791, art. 21.)

---

1. « Ce contrat n'est pas proprement vendition ni location, conduction ni emphythéose, superficie ni censive ; il tient quelque chose de tous ces contrats connus en Droit civil, mais il diffère de tous ; cependant le caractère du louage y prédomine, puisque la vente qu'il renferme est résoluble. » Hévin, 104e consultation, p. 148.

§ 8. *Droit de rétention du dépositaire* (art. 1948). Le déposant est tenu :

1° D'indemniser le dépositaire du dommage qu'il a pu éprouver par suite du dépôt; 2° de lui rembourser les dépenses qu'il a faites à l'occasion de la chose déposée. Comme garantie, le dépositaire jouit d'un droit de rétention sur cette dernière jusqu'à ce qu'il ait été payé.

Mais de quelles dépenses s'agit-il? — Il convient de distinguer : Quant aux dépenses de conservation ou nécessaires, le dépositaire peut en exiger le remboursement au moyen de l'*actio depositi contraria*, à moins qu'il ne préfère user du droit de rétention que lui donne l'art. 1948. Il jouit, même quand il a perdu le droit de rétention, outre l'action *depositi contraria*, d'un privilége dont parle l'art. 2102. Toutefois, malgré ce privilége, le droit de rétention lui est d'une grande utilité, car il lui garantit aussi la réparation du dommage qu'a pu lui causer la chose déposée, tandis que le privilége n'est relatif qu'aux dépenses de conservation.

A l'égard des dépenses utiles ou d'amélioration, certains auteurs lui accordent aussi le droit de rétention, mais à l'exclusion du privilége (Cabrye, n° 118. — Mourl., Exam. crit., n° 226). Il semble cependant qu'on doit lui refuser et le privilége et le droit de rétention et même l'*actio depositi contraria.* Ce système, rigoureux en apparence, ne l'est pas en réalité; et, de plus, il repose entièrement sur le texte et sur l'esprit de la loi. En effet, le contrat de dépôt n'autorise le dépositaire qu'à conserver la chose intacte : il ne lui donne pas le droit de l'améliorer. Lors donc qu'il fait des dépenses utiles, il excède son mandat et n'a par conséquent pas le droit de se plaindre si on lui refuse le droit de rétention. Tel est l'esprit de la loi et tel est aussi son texte, car elle a soin de dire qu'elle lui accorde le droit de rétention pour « ce qui peut lui être dû à raison du dépôt. » Or, les dépenses utiles ne lui sont pas dues à raison du dépôt, puisqu'il n'avait pas le droit de les faire.

Du reste, nous ne lui refusons pas toute action. Comme nul ne peut s'enrichir injustement au détriment d'autrui, nous lui accordons, suivant les circonstances, une action *de in rem verso* ou une action *negotiorum gestorum* jusqu'à concurrence de ce dont les dépenses utiles ont augmenté la valeur de la chose. (Aubry et Rau, 2e édit., III, page 114, note 1. — Duranton, XVIII, 73. — Dalloz, v° Rétention n° 44. — Demoly, Thèse, p. 27.)

Quant aux dépenses voluptuaires le dépositaire n'a que le droit de les enlever sans endommager la chose.

§ 9. *Droit de rétention de l'officier public qui a vendu les biens d'un débiteur* (C. pr., 657). — Cet officier public, chargé de la vente des biens du débiteur, jouit d'un privilége; mais ce privilége est encore plus favorable que celui des autres créanciers pour frais de justice, grâce au droit de rétention qui l'autorise à se payer avant de consigner le prix de vente. Cela est tellement vrai, que si cet officier renonce à ce droit et néglige de faire la déduction que lui permet l'art. 657, dans ce cas, il vient en concours avec tous les autres créanciers pour frais de justice.

Le droit de rétention existe aussi au profit du commissaire-priseur qui a procédé à la vente du mobilier d'une succession vacante. Le système contraire, adopté par la Cour de cassation, semble difficile à justifier, car l'analogie la plus complète existe entre sa situation et celle dont parle l'art. 657 du Code de procédure.

II. Cas non prévus par le législateur, mais où l'on accorde le droit de rétention par extension, parce qu'il y a debitum cum re junctum.

§ 1. *Droit de rétention du possesseur.* — Les auteurs

sont loin de se trouver d'accord sur cette matière; les uns refusent le droit de rétention à tout possesseur; d'autres l'accordent au possesseur de bonne foi et au possesseur de mauvaise foi; d'autres le refusent au possesseur de mauvaise foi, mais l'admettent au profit du possesseur de bonne foi.

Voyons d'abord s'il faut refuser le droit de rétention à tout possesseur. C'est ce que prétendent notamment MM. Mourlon (Exam. crit.; n° 231), et Cabrye (n° 119), conformément à leur système général sur le droit de rétention, d'après lequel ce droit est exceptionnel, et ne s'applique qu'aux cas où le Code Napoléon l'accorde d'une manière formelle.

Leur théorie repose sur les arguments suivants: 1° Aucun texte n'accorde le droit de rétention au possesseur; 2° le silence du Code Napoléon, en cette matière, prouve qu'il a entendu déroger à l'ancien état des choses; 3° il n'est pas inique de refuser le droit de rétention même au possesseur de bonne foi.

Nous allons établir un système différent pour des motifs qui seront donnés après que nous aurons dit deux mots des créances pour lesquelles le droit de rétention doit être accordé au possesseur, et des distinctions que la loi fait entre les possesseurs de bonne et de mauvaise foi.

Le possesseur de bonne foi et le possesseur de mauvaise foi ont le droit d'être intégralement remboursés de toutes leurs impenses nécessaires, lors même que la plus-value acquise par l'immeuble serait inférieure à cette dépense ou même nulle.

S'il s'agit d'impenses utiles, le possesseur de bonne foi a droit d'être indemnisé; mais le propriétatre a le choix de lui payer une somme égale soit à la dépense même, soit à la plus-value acquise par l'immeuble, sans, du reste, pouvoir jamais l'obliger à enlever ses impenses. Au contraire, il peut exiger du possesseur de mauvaise foi, cet enlèvement ou consentir à ce qu'elles soient maintenues, sauf à payer, dans ce cas, la totalité de la dépense, quelle que soit la plus-value.

De ce que le propriétaire jouit du choix de payer ou la plus-value ou la dépense à l'égard du possesseur de bonne foi, tandis qu'il doit toujours payer la dépense au possesseur de mauvaise foi, même lorsque la plus-value lui est inférieure, on serait tenté de conclure que la loi traite plus largement celui-ci que celui-là, et que, par conséquent, il y a une violation des principes de l'équité. Mais en réalité, il n'en est rien, et quand on y regarde de près, on reconnaît immédiatement que la position du possesseur de bonne foi est bien préférable à celle du possesseur de mauvaise foi. Le possesseur de bonne foi a la certitude de recevoir au moins la plus-value, quand elle est inférieure à la dépense. Au contraire, le possesseur de mauvaise foi n'est pas certain de recevoir la dépense, car le propriétaire a le droit, s'il le préfère, d'exiger la démolition. A l'aide de ce choix, le propriétaire, en menaçant le possesseur de l'obliger à démolir, l'amène nécessairement à transiger et à se contenter d'une somme inférieure à la dépense. — Mais il y a plus : la position du possesseur de mauvaise foi est beaucoup plus désavantageuse que celle du possesseur de bonne foi, parce qu'il est tenu de souffrir la compensation de la valeur des fruits qu'il a perçus, puisque la loi l'en constitue débiteur, tandis que le possesseur de bonne foi, étant exempt de tout rapport de fruits, n'est pas obligé de souffrir cette compensation avec la créance résultant des dépenses qu'il a faites.

Reste une remarque pour le cas où la plus-value résultant des travaux d'utilité, exécutés par l'ordre du possesseur de bonne foi, est si considérable que le maître du sol se trouve à peu près hors d'état de la payer. Le Code ne prévoit pas ce cas, et dans son silence, il vaut mieux résoudre la difficulté avec le système de Pothier; ce jurisconsulte autorisait le propriétaire à reprendre sa chose, mais à charge par lui de se reconnaître envers le possesseur débiteur d'une rente, dont les arrérages étaient égaux à l'excédant des revenus de l'immeuble provenant de la plus-value. Pothier décidait même (voy. Bugnet sur Pothier, IX, p. 226) que cette rente devait être garantie par un privilége sur l'immeuble. Aujourd'hui ce privilége n'est plus possible, mais on peut le remplacer par une hypothèque conventionnelle ou par une hypothèque que le propriétaire serait condamné à constituer. On doit même donner le droit de rétention au possesseur jusqu'à ce que la rente ait été établie. Mais en allant aussi loin, j'anticipe sur la question de savoir si le possesseur a le droit de rétention.

Pour répondre à cette question, il faut distinguer entre les impenses nécessaires, utiles et voluptuaires, et selon qu'il s'agit d'un possesseur de bonne foi ou de mauvaise foi.

Le possesseur de bonne foi peut se faire indemniser de la totalité de la dépense nécessaire, quelle que soit l'augmentation de valeur réalisée au profit de l'immeuble et ses impenses utiles, soit jusqu'à concurrence de la dépense, soit jusqu'à concurrence de la plus-value, au choix du propriétaire. Cette créance se trouve garantie par le droit de rétention. La loi ne parle pas de ce droit de rétention dans l'art. 555. Mais d'abord, il est évident qu'elle entend l'accorder implicitement dans tous les cas où il y a connexité entre la créance et la chose retenue. Ensuite, le Code Napoléon donne le droit de rétention d'une manière formelle dans bien des hypothèses beaucoup moins dignes d'intérêt;

car, s'il est un cas où ce droit paraît équitable, c'est certainement celui où il s'agit d'un possesseur de bonne foi (Dall., Rétention, n° 31). Puis il est de la dernière évidence qu'en cette matière le Code Napoléon a entendu reproduire l'ancien Droit; s'il avait voulu retirer le droit de rétention au possesseur, il l'aurait fait dans une disposition expresse. Mais, je le répète, il ne l'a pas fait et n'aurait pas pu le faire, car le principal cas d'application du droit de rétention a toujours été celui du possesseur de bonne foi. Les jurisconsultes romains lui ont sans cesse donné ce droit. (*L.* 38 et 39 *de hæred. petit.* — *L.* 32, § 5, *de adm. et periculo tutor.* — Faber, *Ad Codicem*, *L.* 9 et 20, def. 12 — § 30, *l. de divis. res.* — *L.* 38, 48, 65, *de rei vind.* — *L.* 29, § 2, *de pign. et hyp.* — *L.* 21, *ad s. c. Treb.*)

Dans notre ancien Droit, la jurisprudence était unanime pour reconnaître ce droit de rétention au possesseur de bonne foi, même quant aux dépenses utiles. « A l'égard du possesseur de bonne foi, dit Pothier, le propriétaire sur l'action en revendication ne peut obliger ce possesseur à lui délaisser la chose revendiquée, s'il ne le rembourse au préalable des impenses qu'il a faites, quoique ces impenses ne fussent pas nécessaires et aient seulement augmenté la chose revendiquée, et l'aient rendu d'un plus grand prix. » (Pothier, Propriété, n° 345; voy. dans le même sens, Loyseau, Déguerpissement, liv. 6, chap. 8.) Les ordonnances royales n'étaient pas moins précises sur ce point, seulement elles réglementaient le droit de rétention pour qu'on ne pût pas en user frauduleusement. (Art. 9, tit. 27, Ord. de 1667. — Art. 52, Ord. de 1566, et 97 de l'Ord. de 1539.)

C'est à ce système que le Code Napoléon a entendu se conformer. Cela résulte, non-seulement de son silence à cet égard, mais encore de certaines dispositions et notamment de l'art. 2102, 3°. Dans cet article, il accorde un privilége pour les frais de conservation d'une chose mobilière. Comprendrait-on dès lors, qu'on ne donnât même pas un droit de rétention au possesseur de bonne foi, qui a conservé un immeuble dont il se croyait propriétaire. — Mais sans ce droit de rétention, la créance du possesseur serait évidemment illusoire toutes les fois que le propriétaire se trouverait insolvable; le possesseur serait réduit au rang de simple chirographaire. La loi ne lui accorde, en effet, ni privilége, ni hypothèque légale. Objectera-t-on qu'il peut se faire consentir une hypothèque conventionnelle? Mais avec qui passerait-il cette convention, puisqu'il se croit le propriétaire? Puis, quand il connaîtra celui-ci, rien ne dit qu'il n'y aura pas d'hypothèques antérieures qui le primeront et rendront la sienne inutile. D'un autre côté, le propriétaire peut se refuser à consentir une hypothèque, et le possesseur ne jouit d'aucun moyen pour l'y contraindre. Il est vrai que le jugement, en vertu duquel il est obligé au délaissement, condamne en même temps le demandeur à le rembourser de ses impenses, et que ce jugement emporte, à son profit, hypothèque judiciaire. Mais, comme cette hypothèque ne prend date que du jour de son inscription, son efficacité sera absolument nulle si d'autres hypothèques et priviléges la priment.

Il n'y a donc qu'un moyen d'assurer au possesseur un remboursement intégral : c'est le droit de rétention. Si on lui refuse ce droit, il pourra se faire que le propriétaire ou ses créanciers profitent de ses impenses, par suite de l'augmentation de la valeur qu'elles ont procurée, ou de la diminution qu'elles ont empêchée, sans l'indemniser complétement. C'est là un résultat contraire à la maxime : *Oportet neminem cum alterius detrimento locupletari.*

On prétend, il est vrai, qu'il n'est pas inique de refuser

au possesseur de bonne foi le droit de rétention. Cependant on ne peut pas lui reprocher d'avoir suivi la foi du créancier, d'avoir négligé de s'assurer le remboursement de sa créance.

Qui est en faute? Ce n'est évidemment pas le possesseur de s'être cru propriétaire; mais bien le propriétaire d'avoir été négligent au point de perdre sa chose de vue. Et cependant, dans le système contraire, on le traite bien plus favorablement que le possesseur, puisqu'on va jusqu'à lui permettre de reprendre sa chose avant d'avoir indemnisé ce dernier.

Il est donc incroyable qu'on ait été jusqu'à dire que l'équité ne se trouve pas blessée par le refus du droit de rétention au possesseur. Aussi ce système compte-t-il peu de partisans. Presque tous les auteurs accordent le droit de rétention au possesseur de bonne foi pour sa créance résultant des impenses nécessaires et des impenses utiles. Toullier, III, n° 130 et XIV, n° 327. — Tarrible, Rép. de Merlin, v° Privilége de créance, p. 32. — Grenier, Hyp., II, p. 35. — Battur, Hyp., I, p. 5. — Duranton, IV, 382. — Cappeau, Législation rurale, I, p 537. — Proud'hon, Domaine de propriété, II, n° 569. — Troplong, Priv. et hyp., I, n° 260. — Dalloz aîné, 1re éd., t. 11, p. 434, n° 9. — Aubry et Rau, 2e éd., I, p. 218. — Marcadé, sur l'art. 555, n° 5. — Rauter, Revue, 1841. — Demolombe, Distinction des biens, n° 682. — Boileux, sous l'art. 555. La jurisprudence s'est généralement prononcée dans le même sens. Ainsi, il a été jugé qu'une communauté religieuse dépossédée par une ordonnance royale, au profit d'une ville, d'un immeuble, dont la possession lui avait été accordée par une ordonnance royale antérieure, a le droit de retenir cet immeuble jusqu'à ce qu'elle ait été indemnisée par la ville de toutes les impenses nécessaires ou utiles qu'elle y a faites. (Rennes, 8 février 1841, Dev. et C., 41, 2, 453.)[1]

La même doctrine a été parfaitement reproduite dans un arrêt de la Cour de Montpellier, ainsi conçu :

« La Cour,

Considérant, que si le Code Napoléon n'a point admis d'une manière générale le droit de rétention accordé par l'ancienne législation au possesseur de bonne foi, qui avait fait des améliorations à la chose d'autrui, on ne peut méconnaître que le droit, dont il s'agit, ne soit en parfaite harmonie avec l'esprit de la législation actuelle;

Que le droit de rétention se trouve, en effet, consacré pour diverses dispositions du Code précité, notamment par les art. 867, 1673, 1749, 1948, 2280;

Considérant que la doctrine et la jurisprudence l'admettent généralement dans l'hypothèse prévue par la disposition finale de l'art. 555, même Code., » etc.

(Montpellier, 25 novembre 1852; Dall., 56, 2, 20; voy. dans le même sens : Paris, 1er mars 1808, S. 8, 2, 216; sens contraire, Cass., 12 mai 1840, D. et. C., 40, 1, 668.)

Enfin, les pays voisins de la France, qui ont copié leur Droit civil sur notre Code Napoléon, n'ont pas manqué, dans la disposition correspondante à notre art. 555, d'accorder le droit de rétention au possesseur de bonne foi.

---

1. Pour le cas spécial de constructions, il y a une raison de plus d'accorder le droit de rétention: en réalité, le possesseur est propriétaire des constructions; seulement par des motifs particuliers, pour empêcher que le sol n'appartienne à l'un et les bâtiments à l'autre, ce qui serait contraire à l'ordre ordinaire des choses selon lequel l'édifice forme un seul corps avec le sol sur lequel il repose, pour empêcher surtout de graves difficultés de surgir, la loi attribue la propriété des constructions au propriétaire du sol. Il y a donc là une espèce d'expropriation, et dès lors il est naturel qu'avant d'être privé de sa chose, on en soit indemnisé.

C'est ainsi qu'on lit dans l'art. 456 du Code sarde : « Le possesseur de bonne foi ne peut prétendre à aucune indemnité pour les améliorations qui n'existeraient plus lors de l'éviction. Le possesseur de bonne foi aura droit de rétention sur les biens pour raison des améliorations réelles et existantes, si elles ont été l'objet d'une demande dans l'instance en revendication, et qu'on ait fourni quelque preuve de leur existence. »

Nous passons maintenant à la créance dont jouit le possesseur de mauvaise foi, pour se faire indemniser de ses impenses nécessaires et même de ses impenses utiles, quand le propriétaire aime mieux en profiter que de faire procéder à leur enlèvement. Beaucoup d'auteurs, tout en accordant le droit de rétention au possesseur de bonne foi, le refusent au possesseur de mauvaise foi. Et même, parmi ces auteurs, les uns ne le lui refusent que pour les impenses utiles et lui accordent pour les impenses nécessaires.

(Toullier, III, n° 130 et XIV, n° 327. — Proud'hon, Domaine privé, II, 5796. — Duranton, III, n° 382. — Devilleneuve, 41, 2, 453, note 1. — Merlin, Rép., v° Prix de créance, p. 52. — Demoly, Thèse, p. 21. — Troplong, Priv., I, n° 260. — Coulon, Quest. de dr., II, p. 159.)

On doit cependant rejeter ce système et admettre le droit de rétention au profit du possesseur de mauvaise foi comme au profit du possesseur de bonne foi. Cette opinion s'appuie sur l'esprit du Code Napoléon, qui n'a pas entendu établir une aussi grande différence entre le possesseur de bonne foi et le possesseur de mauvaise foi; il n'a pas voulu que l'un fût certain d'obtenir un paiement intégral et que l'autre ne le fût pas. Si le législateur lui a donné une créance pour ses impenses, il a aussi entendu lui en assurer le paiement. Puis, d'une part, le droit de rétention se fonde sur ce motif que l'on ne peut pas contraindre une personne de s'exécuter, quand, étant tenu soi-même d'une obligation envers elle, on refuse de la remplir. Eh bien, ce motif ne comporte pas de distinction, il s'applique aussi bien au cas du possesseur de mauvaise foi qu'à celui du possesseur de bonne foi. (En ce sens: Demolombe, Distinction des biens, II, n° 682. — Marcadé, sur l'art., 555, n° 5. — Rép. Cass., 25 mai 1852. — Dall., 52, 1, 279. — Pau, 9 août 1837. D. P., 38, 2, 183.)

Le possesseur de bonne ou de mauvaise foi jouit aussi du droit de rétention sur les fruits de l'immeuble, jusqu'à ce que le propriétaire l'ait remboursé des frais de labour, travaux et semences, et à ces frais de culture, il faut assimiler ceux qui ont été nécessaires pour réaliser la valeur des fruits, comme, par exemple, les frais de transport, d'octroi (Cass., 15 janvier 1839). Ce droit existe au profit du possesseur de bonne foi, comme au profit du possesseur de mauvaise foi; l'art. 548 est général. Du reste, une distinction serait contraire à l'équité, car, comme le dit fort bien un axiome du Droit romain, il n'y a de fruits que déduction faite des sommes dépensées pour les obtenir, *hoc fructuum nomine continetur quod justis sumptibus deductis superest.* (*L. 1, C. de fructibus*), Demolombe, Distinction des biens, n° 584. — Duranton, IV, n° 349. — Hennequin, 1, p. 218. — Marcadé, II, Sur l'art. 348. — Philippe et Dupui, Encyclop. du droit, v° Accession, n° 10.)

Le droit de rétention du possesseur de mauvaise foi sur les fruits est plus étendu que celui du possesseur de bonne foi. Mais, on ne saurait voir dans ce fait une anomalie. Ce résultat provient uniquement de ce qu'il doit compte de tous les fruits qu'il a perçus. Dès lors, il exerce la rétention, non-seulement sur les fruits encore pendants, mais aussi sur ceux qu'il a cueillis. Au contraire, le possesseur de bonne foi ne peut user du droit de rétention que sur les fruits encore pendants par branches et par racines; il est, en effet, devenu propriétaire de ceux qu'il a perçus étant encore de bonne foi.

Nous n'avons parlé du droit de rétention que pour les impenses utiles et nécessaires. En ce qui touche les impenses voluptuaires, il ne saurait, en effet, être question de rétention, par l'excellente raison qu'elles ne produisent même pas une créance au profit du possesseur : il ne peut que procéder à leur enlèvement sans détérioration.

§ 2. *Droit de rétention pour frais d'amélioration de la chose mobilière d'autrui.* — La loi, dans l'art. 2102, 3°, accorde un privilége sur la chose mobilière pour les frais de conservation de cette chose, sans qu'il y ait lieu de distinguer si elle est corporelle ou incorporelle, animée ou inanimée. Par frais de conservation on doit entendre ceux qui ont empêché la chose de périr et ceux à l'aide desquels elle a continué de rendre les services auxquels elle était destinée. Mais, comme l'art. 2102 ne parle que des frais de conservation, on en a été conduit à se demander si le privilége existe aussi pour les frais d'amélioration.

La négative ne semble pas douteuse.

La loi ne parle que des frais de conservation ; or, les dispositions sont restrictives en cette matière.

Toutefois, le créancier, à défaut de privilége, jouit d'un droit de rétention par application des principes d'équité, qui veulent qu'un propriétaire, avant de rentrer en possession de sa chose, indemnise, jusqu'à concurrence de la plus-value, son créancier des dépenses utiles qu'il a faites et par analogie avec de nombreuses dispositions du Code Napoléon (art. 570 C. N.; art. 1673; voy. aussi C. de comm., art. 93, 94; art. 579, où il faut remarquer les mots *ou autres frais*). Telle est aussi la jurisprudence de la cour de cassation (Cass., 17 mars 1829; D. 29, 184). Mais, conformément à la règle générale, ce droit de rétention se perd quand on abandonne la possestion et lors même qu'on viendrait à la recouvrer ultérieurement, on ne pourrait plus se prévaloir de son droit de rétention, pour les impenses faites avant la cessation de la première possession.[1]

Quid juris, si on a confié à l'ouvrier ou au fabricant tout à la fois plusieurs parties de matières premières pour les façonner ? A-t-il un droit de rétention sur chacune des parties façonnées pour le paiement de la totalité de ses salaires, de telle sorte que si une des parties avait été retirée après façon reçue sans paiement, les portions restantes dans ses mains ne pourraient lui être reprises que moyennant paiement de la totalité des façons?

Il faut distinguer : si l'ouvrier, au fur et à mesure de la remise de chaque lot, conserve une partie des objets de ce lot, pour exercer son droit de rétention dans ce cas, comme le dit très-bien Me Troplong, chaque portion retenue répond pour la totalité du travail exécuté sur chaque lot (Priv. et hyp., n° 259), pourvu que la retenue ait été réellement opérée au fur et à mesure sur chaque livraison. Ainsi, dans le cas où elle n'aurait été faite que sur les dernières remises, l'ouvrier ne pourrait exercer son droit de rétention que pour les créances résultant de ces dernières livraisons et non pour celles provenant des lots antérieurement remis. « Quand un ouvrier se dessaisit de ce qui pouvait faire son gage, et qu'il suit la foi du fabricant, il n'est plus en son pouvoir de se créer *ex post facto* et sans convention,

---

1. A la différence du droit de rétention pour frais d'amélioration, le privilége pour frais de conservation ne se perd pas avec la possession : il continue d'exister malgré le dessaisissement du créancier, à la condition toutefois que le débiteur détienne la chose, car les priviléges mobiliers ne donnent jamais droit de suite.

un droit réel sur des objets, qui, par leur destination, ne sont pas appelés à répondre de ce qui peut être dû antérieurement pour d'autres causes» (Troplong, Priv. et hyp., n° 259). (En ce sens: Rouen, 17 déc. 1828 et 25 fév. 1829. D. 30, 2, 157. — Même cour, 1er mars 1827. D. 27, 2, 82, rej. 9 déc. 1840. D. 41, 1, 33. — Pardessus, Droit commercial, n° 1202. En sens contraire: Rouen, 9 juin 1826. S. 27, 2, 253. — Angers, 6 juillet 1826, S. 27, 2, 50. — Paris, 31 mai 1827. S. 28, 2, 12). Il faut même aller plus loin et décider que la retenue opérée sur chaque lot ne répond que de la créance résultant de ce lot. Aussi, dans le cas où cette retenue sur un lot serait insuffisante pour le paiement de la totalité de la créance résultant de ce lot, l'ouvrier ne pourrait pas, pour le déficit, exercer son droit de rétention sur les portions d'autres lots qu'il a également conservés. Autrement dit, chaque retenue ne garantit que le paiement de la créance du lot dont elle a été soustraite, lors même qu'elle serait insuffisante pour le paiement de la totalité, auquel cas le créancier n'est plus qu'un simple chirographaire pour le surplus de la créance. On peut encore exprimer cette idée en disant que chaque retenue ne garantit pas solidairement le paiement de tout ce qui est dû pour tous les lots. (En ce sens : Troplong, *loc. cit.* — Rouen, 25 févr., 1829. D. 30, 2, 157. Voy. cass. même cour, 17 mars 1827. D. 27, 2, 82.)

§ 3. *Droit de rétention du tiers détenteur d'un immeuble hypothéqué.* — D'après la disposition précise de l'art. 2175, lorsque le tiers détenteur d'un immeuble grevé d'hypothèques a commis des détériorations, il doit en indemniser les créanciers hypothécaires qui poursuivent l'expropriation, sauf ensuite son recours en répétition contre son vendeur, car, à l'égard de ce dernier, il ne répond d'aucune détérioration.

D'un autre côté et en sens inverse, quand le tiers détenteur a fait des impenses, il a le droit d'exiger une indemnité de la part des créanciers hypothécaires qui l'attaquent. Il ne s'agit pas ici des impenses d'entretien, car on les considère avec raison comme charge naturelle des fruits que le tiers détenteur a perçus, ni des impenses voluptuaires[1], mais seulement des impenses nécessaires et utiles. Toutefois, de vives controverses s'élèvent sur la question de savoir quelle doit être l'étendue de l'indemnité. Les uns soutiennent qu'il y a lieu d'appliquer les règles ordinaires et de décider, par conséquent, que le tiers détenteur peut se faire indemniser de ses impenses utiles jusqu'à concurrence de la plus-value et de ses impenses nécessaires pour la totalité (En ce sens Delvincourt, III, note 11 de la page 180; Dalloz, Rép., v° Priv. et Hyp., p. 353, n° 5; Cass. req., 11 novembre 1824).

Cette opinion est aujourd'hui assez généralement repoussée. Les auteurs se fondent avec raison sur le texte précis de l'art. 2175, qui dit positivement que le détenteur a le droit de se faire indemniser par les créanciers hypothécaires jusqu'à concurrence de la plus-value. Cet article ne distingue pas entre les impenses nécessaires et les impenses utiles. Nous ne devons donc pas plus distinguer, et il faut dès lors décider d'une manière générale, pour les impenses nécessaires comme pour les impenses utiles, que les créanciers, avant d'exproprier le détenteur, ne sont pas tenus de l'indemniser de la totalité de ces dépenses, mais seulement d'une

---

1. Si les créanciers hypothécaires ne doivent aucun compte au tiers détenteur de ses dépenses voluptuaires, il n'en est pas toujours de même de son vendeur. A l'égard de ce dernier, il faut distinguer: Si le vendeur était de bonne foi, il ne doit aucune indemnité au tiers détenteur évincé pour ses dépenses voluptuaires, car elles ne procurent aucune plus-value, mais le tiers est autorisé à les enlever si leur enlèvement peut s'opérer sans détérioration pour l'immeuble. Au contraire, si le vendeur est de mauvaise foi, alors il doit toujours indemniser le tiers détenteur de ses impenses voluptuaires.

somme égale à la plus-value qui en est résultée. En effet, remarquons bien qu'il s'agit ici des rapports du tiers détenteur, non pas avec son vendeur, mais avec les créanciers hypothécaires qui poursuivent l'expropriation de l'immeuble. Or, la loi veut que de ces rapports il ne résulte pas une violation de la règle d'après laquelle nul ne doit s'enrichir injustement aux dépens d'autrui. L'art. 2175 n'a donc pas entendu que le détenteur fût complétement indemnisé; son but a été uniquement d'empêcher les créanriers de faire un bénéfice avec son argent. Or, quelle que soit la somme dépensée, les créanciers ne s'enrichissent en réalité que de la plus-value (En ce sens: Grenier, II, n° 411. — Battur, III, n° 490. — Aubry et Rau, II, 2e éd., p. 210, note 27. — Troplong, Priv. et Hyp., n° 838 *bis*. — Proud'hon, Domaine de propriété, n° 574. — Martou, n° 1320. — Pont, sur l'art. 2175. — Douai, 29 août 1842. Dev. 43, 2, 416. — Cass., 14 avril 1852. J. P., 52, 2, 31. — Paris, 4 mars 1858. J. P. 58, page 750).

Quant à la manière de fixer la plus-value, il ne faut pas décider, comme l'a fait la cour de Pau, 24 février 1817, que cette plus-value consiste précisément dans la différence existant entre le prix porté au contrat du tiers acquéreur et le prix produit par la revente sur expropriation. Cette doctrine erronée a été rejetée et il s'est formé une jurisprudence beaucoup plus exacte, selon laquelle la plus-value se détermine par une comparaison du prix auquel l'immeuble se serait élevé, s'il avait été vendu dans son état primitif et de la valeur qu'il a acquise au moment de l'expropriation : l'excédant de valeur sur le prix primitif constitue la plus-value (Rej. 28 novembre 1838. J. P. 38, 2, 655. Dalloz, 39, 1, 130. Dev. 38, 1, 951).

Il peut se faire que la plus-value soit supérieure à la somme dépensée, et, dans ce cas, les créanciers ne sont tenus de payer que la somme dépensée et non la plus-value (Grenoble, 31 déc. 1841. J. P. 42, 2, 543. — Persil, sur l'art. 3175. — Troplong, n° 838. — Martou, n° 1321. — En sens contraire : Toulouse, 7 mars 1848. Dall., 48, 2, 69). «Et en ceci la raison d'équité est encore satisfaite, puisque, «d'une part, le tiers détenteur reçoit ce qu'il a réellement «déboursé et que, d'une autre part, si les créanciers font réel- «lement un bénéfice, ce n'est pas du moins aux dépens et «avec l'argent de ce dernier.» (Pont., Priv. et Hyp., sur l'art. 2175.)

Du reste, l'art. 2175 ne distingue pas entre le tiers détenteur de bonne foi et le tiers détenteur de mauvaise foi: on doit donc leur appliquer indistinctement les mêmes règles que nous venons de poser.

Ajoutons que le tiers détenteur ne compense point les améliorations avec les fruits qu'il a perçus : étant propriétaire de ces fruits, il n'en doit aucun compte.

L'étendue de la créance du tiers détenteur nettement déterminée, nous avons maintenant à voir par quelles garanties son paiement se trouve assuré. A cet égard, quatre systèmes ont été présentés :

Premier système: Le tiers détenteur jouit, comme garantie de sa créance, d'un privilége. On s'appuie, pour soutenir cette opinion, sur l'ancien Droit. Pothier disait en effet : «Dans notre Droit nous avons bien admis le privilége du «détenteur sur l'héritage, pour ses impenses utiles ou néces- «saires, ce privilége étant fondé sur l'équité naturelle, mais «nous n'avons pas admis également le droit, que la loi ro- «maine lui donne, de retenir l'héritage jusqu'à ce qu'il en «soit remboursé» (Coutume d'Orléans, Introd. au titre XX, n° 38; Traité de l'hypothèque, n° 93). Loyseau enseignait de même «que le détenteur peut être contraint à délaisser l'hé- «ritage avant que le prix de ses impenses lui ait été rem-

« boursé, sauf à lui, après que l'héritage aura été vendu, à « se faire colloquer à l'ordre par privilége » (Liv. 3, chap. 6, n° 7). Ainsi, dans notre ancien Droit, on accordait au détenteur un privilége, mais on lui refusait le droit de rétention. Or, dit-on, tel est le système que le Code Napoléon a entendu reproduire. « Il est évident, fait-on remarquer, qu'en accor- « dant au tiers détenteur une répétition pour sa plus-value, « au moment où l'immeuble va être vendu et le prix distri- « bué, le Code Napoléon a entendu lui conférer le droit « d'exercer sa répétition sur le prix, par préférence aux « créanciers hypothécaires. » On ajoute qu'il faut accorder le privilége au tiers détenteur par extension de l'art 2103, 4°. (En ce sens: Troplong, n° 838. — Grenier, II, n° 336. — Persil, Régime hypothécaire, art. 2175. — Coulon, Questions de droit, II, p. 159.)

Ces arguments ne nous touchent pas et nous refusons au tiers détenteur tout privilége, parce que la loi n'en a pas établi en sa faveur d'une manière formelle, que la matière des priviléges est de droit strict; l'art. 2103, 4°, n'est pas susceptible d'interprétation extensive.

Deuxième système : Il faut distinguer deux hypothèses:

Ou bien le montant des créances hypothécaires inscrites sur l'immeuble est égal ou supérieur au prix d'adjudication. Le détenteur est un simple créancier chirographaire, mais, comme il est créancier des créanciers hypothécaires qui l'exproprient, il a, de même que leurs autres créanciers, le droit de saisir et arrêter le prix d'adjudication. Ce prix lui est alors exclusivement attribué jusqu'à concurrence de sa créance, s'il est seul saisissant, ou en partie seulement, s'il existe des créanciers opposants.

Ou bien le montant des créances hypothécaires est inférieur au prix d'adjudication, et alors l'excédant de ce prix appartient en entier au tiers détenteur, qui a le droit de le réclamer en qualité de propriétaire, l'expropriation n'opérant la résolution de son droit de propriété que dans la limite de l'intérêt des créanciers hypothécaires. (En ce sens: Mourlon, Exam. crit., p. 750.)

Cette opinion présente l'inconvénient de ne pas toujours assurer au tiers détenteur un paiement intégral.

Troisième système: Le tiers détenteur jouit contre les créanciers hypothécaires d'une *actio de in rem verso* qu'il peut exercer dans l'ordre par voie de distraction de la partie du prix correspondante à la mieux-value de l'immeuble: il peut même demander l'insertion dans le cahier des charges d'une clause imposant à l'adjudicataire, avant d'entrer en possession, l'obligation de lui payer directement le montant de sa créance. (En ce sens: Aubry et Rau, II, p. 210, note 7. — Persil, sur l'art. 2175. — Duranton, XX, n° 272. — Toullier, VII, p. 387. — Dalloz, Dict., v° Priv., p. 352, n° 2. — Martou, n° 1322. — Berriat Saint-Prix, Not. théor., n° 18841. — Pont, sur l'art. 2175. — Turin, 1er juin 1810; Bastia, 2 fév. 1846; Bourges, 8 février 1851; Dev. 48, 2, 10. — Dalloz, 46, 2, 109. — J. P., 46, 2, 391. — J. P., 51, 1, 471.)

Quatrième système: Le tiers détenteur jouit d'un droit de rétention jusqu'à ce qu'il soit indemnisé de ses impenses. Il est vrai que le Code Napoléon ne mentionne pas ce droit dans l'art. 2175; mais nous savons qu'il est bien des cas où l'on accorde par interprétation extensive le droit de rétention, quoique la loi n'en parle pas. Pour que le droit de rétention existe, il faut, mais il suffit, d'être créancier de celui à qui on l'oppose et à l'occasion de la chose retenue. Eh bien! le tiers détenteur est créancier des créanciers hypothécaires et pour impenses faites à l'occasion de la chose qu'ils veulent lui enlever. Dès lors, puisqu'il se trouve dans les conditions exigées pour jouir du droit de rétention, on ne voit pas pour quelles raisons on ne le lui accorderait pas[1]. (En ce sens: Merlin, Rép., v° Priv., sect. 4, n° 5. — Battur, III, n°s 491 à 507. — Douai, 18 mars 1840. Dev. et Car., 40, 2, 289. — Pau, 9 août 1837. J. P. 38, 2, 303.)

§ 4. *Droit de rétention des créanciers hypothécaires contre le tiers détenteur qui a délaissé.* — Nous venons de parler du droit de rétention du tiers détenteur contre les créanciers hypothécaires, mais l'hypothèse inverse peut se présenter dans les circonstances suivantes: Le délaissement n'empêche pas que jusqu'à l'adjudication le tiers détenteur puisse reprendre l'immeuble, pourvu qu'il paie les créanciers hypothécaires et les frais, car, n'ayant pas cessé d'être propriétaire, il peut reprendre la possession de sa chose en faisant cesser les causes qui ont donné lieu au délaissement. Toutefois, pour que le tiers puisse user de cette faculté, il faut qu'il paie tout ce qui est dû, même les frais d'expropriation: les créanciers hypothécaires ne doivent souffrir aucune espèce de préjudice. Du reste, il n'est pas nécessaire que le paiement ait lieu immédiatement: il suffit que le tiers contracte l'obligation personnelle de payer. Cette solution est incontestable en ce qui concerne les dettes hypothécaires elles-mêmes; mais, nous croyons aussi, malgré certains auteurs, que les créanciers peuvent exiger du tiers le paiement préalable des frais de poursuite et nous nous appuyons pour soutenir cette proposition sur les principes du droit de rétention. En effet, les conditions requises pour l'existence de ce droit se rencontrent également ici: les créanciers possèdent l'immeuble et ont fait, à l'occasion de cet immeuble, des frais de poursuite qu'il faut leur rembourser pour faire cesser leur droit de rétention.

---

1. Déjà en Droit romain le tiers détenteur jouissait de ce droit, ainsi que cela résulte de la loi 29 § 2 *de pign. et hypoth.*

§ 5. *Droit de rétention de l'usufruitier.* — L'usufruitier jouit du droit de rétention pour se faire payer des dépenses qu'il a faites, quoique la loi les eut mises à la charge du nu-propriétaire; telles sont, par exemple, les dépenses pour grosses réparations, les charges de propriété. Au contraire, les dépenses d'entretien et les charges de jouissance doivent être supportées par l'usufruitier qui ne jouit par conséquent d'aucun droit de créance et partant d'aucun droit de rétention.

L'usufruitier peut aussi user d'un droit de rétention pour se faire indemniser des constructions et plantations qu'il a fait exécuter.

Ce système n'est cependant pas partagé par tous les auteurs. Certaines personnes s'appuient sur l'art. 599 et décident que l'usufruitier n'a droit à aucune indemnité, non-seulement pour les impenses utiles, mais encore pour les impenses nécessaires et les constructions. Dès lors, dans ce système il ne peut être question de droit de rétention, puisque ce droit suppose nécessairement l'existence d'une créance qu'il protège. (Proud'hon, Usufruit, III, n° 1441. — Rej. 23 mars 1825. — Bourges, 24 février 1837. — Dev. 38, 2, 108.)

C'est évidemment donner à l'art. 599 une portée qu'il n'a pas. Il ressort jusqu'à l'évidence des deux derniers alinéas de cet article que le législateur n'a entendu y parler que des améliorations ou dépenses utiles et des impenses voluptuaires. Cet article porte en effet : « L'usufruitier ne peut, à la « cessation de l'usufruit, réclamer aucune indemnité pour « les améliorations qu'il prétendrait avoir faites, encore que « la valeur de la chose en fut augmentée.

« Il peut cependant, ou ses héritiers, enlever les glaces, « tableaux et autres ornements qu'il aurait fait placer, mais « à la charge de rétablir les lieux dans leur premier état. »

Comme on le voit, la première partie parle des améliorations, c'est-à-dire des dépenses utiles, et la seconde des impenses voluptuaires. Dès lors, n'est-ce pas froisser les règles de l'herméneutique que d'étendre la première de ces dispositions, qui est une loi de rigueur, aux dépenses nécessaires ou dépenses de conservation et aux reconstructions. Conservation, amélioration, construction, sont trois termes distincts : il est erroné de croire que sous le mot amélioration notre article a entendu les désigner tous trois. Améliorer c'est augmenter la valeur d'une chose; conserver, c'est l'empêcher de périr; construire, c'est faire une chose qui n'existe plus ou n'a jamais existé. Évidemment l'art. 599 ne concerne que les améliorations telles qu'engrais des terres, meilleure disposition des lieux, distribution plus commode des appartements. Quant aux dépenses de conservation que la loi met à la charge du nu-propriétaire et que l'usufruitier a faites à sa place, l'usufruitier a le droit de se faire indemniser. On rentre ici sous la règle ordinaire. Il faut en dire autant du cas de reconstruction auquel on doit, par conséquent, étendre l'art. 555. Ainsi, on ne doit pas décider, comme on le fait dans l'opinion contraire, que l'usufruitier est tenu d'abandonner les constructions, mais que le nu-propriétaire a le choix ou de lui ordonner de les enlever ou de les conserver en remboursant le prix de la dépense.

Il est vrai qu'à Rome, l'usufruitier ne pouvait jamais rien réclamer contre le nu-propriétaire pour ses constructions et qu'il ne pouvait pas non plus les enlever. *Si quid inædificaverit postea eum neque tollere hoc, neque refigere posse.* (*L.* 15. *pr. De usuf. et quemad.* 7. 1.)

Il est encore vrai que ce principe avait passé dans notre ancien Droit, où l'on disait que l'usufruitier, en construisant, avait eu l'intention de faire une libéralité au nu-propriétaire, *donasse videtur.* (Ferrière sur l'art. 262 de la coutume de

Paris. — Domat, Usufruit, n° 19. — Pothier, Du douaire, n° 276.)

Mais, outre que l'exactitude de cette présomption de donation peut être vivement contestée, il est certain qu'aujourd'hui tout ce système a été détruit par l'art. 555. Notre ancien Droit et le Droit romain se basaient pour donner leur solution sur ce principe, que le possesseur de mauvaise foi ne peut jamais réclamer d'indemnité pour ses constructions, ni même les enlever : *Si quis in alieno solo sua materia ædificaverit, si scit alienum solum esse, sua voluntate amisisse proprietam |materiæ intelligitur, itaque, neque diruto quidem ædificio, vindicatio ejus materiæ competit* (*L.* 7, § 12. *D.* 41, 1.). Mais aujourd'hui, ce principe est complétement rejeté et l'art. 555 l'a remplacé par un autre : il permet au propriétaire de faire enlever les matériaux ou s'il préfère de les conserver, mais alors en payant la dépense au possesseur de mauvaise foi. Eh bien, de même que les Romains appliquaient à l'usufruitier la règle que l'art. 555 a repoussée, de même aussi nous devons aujourd'hui lui appliquer celle qui l'a remplacée dans l'art. 555 et alors, en combinant les dispositions de cet article avec celles de l'art. 559, nous nous trouvons nécessairement amenés à décider que l'usufruitier ne peut pas se faire indemniser des améliorations, mais qu'il le peut des conservations et des constructions.

Du reste, il ressort jusqu'à l'évidence des travaux préparatoires du Code Napoléon, que l'art. 599 concerne seulement les simples améliorations : il a été positivement dit que cet article doit être entendu « des travaux et dépenses que « l'usufruitier a le droit de faire sur le fonds pour étendre « ses moyens de jouir et pour lesquels il ne peut réclamer « d'indemnité, même dans le cas où il aurait ajouté plus de « valeur au fonds, parce que ces *simples améliorations* sont « *assez peu dispendieuses* pour que les avantages qu'il en a

« retirés comprennent ce qu'elles lui ont coûté » (Fenet, XI, p. 222). Or, ces motifs, qui ont dicté le deuxième alinéa de notre article, ne peuvent pas s'appliquer aux constructions qui ne sont pas de *simples améliorations* et qui sont *très-dispendieuses.*

§ 6. *Droit de rétention du mari sur les biens de sa femme ous le régime dotal.* — Nous avons vu que l'acquéreur d'un immeuble dotal de la femme ne peut pas, quand il est évincé, retenir cet immeuble jusqu'au paiement des indemnités qui lui sont dués à raison de ses impenses.

Quid du mari? Peut-il user du droit de rétention sur les immeubles dotaux de la femme pour les impenses qu'il y a faites? Trois systèmes ont surgi :

Premier système : Le droit de rétention existe au profit du mari sur les biens de la femme pour toutes les impenses, sans qu'il y ait lieu de distinguer entre les impenses utiles et les impenses nécessaires (Benoit, II, 245. — Sérizat, n°s 214 et 236. — Rodière et Pont, II, 618 et 629). On donne, pour soutenir cette thèse, deux raisons principales : 1° si le mari ne trouvait pas dans le droit de rétention la certitude d'être remboursé, il négligerait les améliorations. Cette considération n'est pas aussi forte qu'on serait porté à le croire : quoique privé du droit de rétention, le mari n'en fera pas moins des améliorations, d'abord, parce qu'il n'est pas un étranger et se trouve intéressé à ce que le bien-être de sa famille augmente, ensuite, parce qu'il jouira d'une action pour se faire indemniser.

2° En refusant le droit de rétention au mari, on favorise les donations indirectes entre époux. Nous répondons avec M. Dalloz : « C'est là une considération qui nous paraît plus « philosophique que juridique et qui n'a point empêché les « rédacteurs de consacrer le principe de l'inaliénabilité de la « dot ; ensuite, les donations entre époux ne sont nullement

« prohibées et pourvu qu'elles ne dépassent pas la quotité « disponible, il n'y a aucun inconvénient à les autoriser in- « directement. Si elles l'excèdent, la réduction en sera pro- « noncée, mais ce n'est qu'après le décès du mari que la « question peut être jugée et jusque là il ne saurait être au- « torisé à retenir ce qu'il a donné indirectement. » (Dalloz, v° Rétention, n° 60.)

Deuxième système : Le mari n'a jamais le droit de rétention sur les immeubles dotaux de sa femme pas même pour les impenses nécessaires. (Odier, III, 1432[1]. — Dall., v° Rétention, n° 60.)

Ce système serait exact si la loi prohibait d'une manière absolue l'aliénation des immeubles. Mais, il n'en est rien, et, dès lors, il vaut mieux adopter le troisième système, qui distingue entre les impenses nécessaires et les impenses utiles.

Troisième système : Le mari peut user du droit de rétentention jusqu'au remboursement de ses impenses nécessaires, mais il ne le peut pas s'il s'agit d'impenses utiles. Cette distinction se justifie par l'art. 1558, qui permet l'aliénation des immeubles dotaux pour les impenses nécessaires, mais la défend pour les impenses purement utiles (en ce sens : Aubry et Rau, IV, § 540, page 525 texte, et page 526, note 25. — Troplong, IV, 3640. — Toullier, XIV, 326 et 327). Ce système, du reste, était déjà celui du Droit romain à la dernière époque de son existence, et il a été suivi dans les pays de droit écrit. (*L. un.*, § 5, Code *de rei uxor. act.* 5, 13. — Cujas, sur cette loi. — Desp., des Contrats, partie I, titre 5, sect. 3, n°s 75 et 76.)

Jusqu'ici nous avons supposé qu'il s'agit d'immeubles do-

---

1. Mais d'un autre côté cet auteur admet la compensation pour toute espèce d'impenses. Il me semble qu'il y a là contradiction.

taux, mais quand le mari a fait des impenses sur les biens paraphernaux, jouit-il du droit de rétention ?

Pour répondre à la question, il faut distinguer deux hypothèses :

Première hypothèse. Lorsque le mari a reçu mandat exprès de sa femme d'administrer les paraphernaux, sans être obligé de rendre compte des fruits, et, lorsqu'il jouit des paraphernaux par l'effet d'un consentement tacite de la femme, il est tenu de toutes les charges directes de l'usufruit (1580). Néanmoins, il ne faut pas en conclure que le mari doit être assimilé sous tous les rapports à un usufruitier, et notamment lui refuser le droit de demander des indemnités pour les impenses utiles ; mais, au contraire, on doit décider que si le mari a fait des améliorations sur les biens paraphernaux, il peut demander la bonification de la mieux-value qui en est résulté jusqu'à concurrence des sommes qu'il a prises sur sa propre fortune (Aubry et Rau, IV, § 541, p. 536).

La raison de douter pourrait venir de ce que l'art. 599 refuse toute indemnité à l'usufruitier pour les améliorations qu'il a pu faire sur les choses dont il avait l'usufruit. Or, dira-t-on, le mari, n'étant qu'un usufruitier, ne peut avoir plus de droits. Cette argumentation ne saurait être prise en sérieuse considération. La femme, en effet, dans notre hypothèse, n'a pas constitué son mari usufruitier : elle lui a donné mandat; seulement, ce mandat présente ce caractère spécial que le mari perçoit les revenus des paraphernaux, et de plus, le mari est censé user de ces revenus pour les besoins du ménage. Il ne faut donc pas étendre l'art. 599 à notre hypothèse : d'abord, parce que le mari est un mandataire et non pas un usufruitier; ensuite, parce que même en admettant une analogie partielle, les principes rigoureux ne sont pas susceptibles d'extension : *odia sunt restringenda.*

Si le mari jouit d'une créance pour ses impenses utiles ou

améliorations, comme nous venons de le voir, *a fortiori*, en est-il de même à l'égard des impenses nécessaires ou de conservation (Aubry et Rau, IV, p. 536. — Benoît, des Paraphernaux, n° 187. — Toulouse, 24 janvier 1835. S. 35, 2, 383).

Mais faut-il se contenter de donner une créance au mari, ou doit-on aller jusqu'à lui accorder un droit de rétention ? Les auteurs n'en disent rien. Une solution affirmative semble cependant conforme aux principes de la matière. D'abord, le mari n'est qu'un mandataire, et tout mandataire, comme nous le verrons bientôt, jouit du droit de rétention pour se faire rembourser ses impenses. Ensuite, ce droit de rétention repose sur l'équité. Or, quoi de plus contraire à l'équité que de permettre à une femme de contraindre son mari à exécuter ses obligations, tout en refusant de son côté d'accomplir les siennes. Enfin, et c'est là le point décisif, toutes les conditions requises pour l'existence du droit de rétention se rencontrent ici, savoir : possession de la chose sur laquelle doit porter le droit de rétention et connexité entre la créance et l'objet retenu.

On doit donc accorder, à l'égard des paraphernaux, le droit de rétention au mari : 1° pour la totalité des dépenses nécessaires : 2° jusqu'à concurrence de la plus-value, en ce qui concerne les impenses utiles. Il faut le lui refuser pour les impenses voluptuaires, conformément aux règles ordinaires. Enfin, à l'égard des dépenses d'entretien, quoique le mandataire jouisse d'une créance et, par conséquent, aussi du droit de rétention, il faut cependant refuser l'une et l'autre au mari, parce qu'à la différence du mandataire ordinaire, il a la jouissance des biens et que les dépenses d'entretien sont considérées comme des charges de cette jouissance.

Deuxième hypothèse : Le mari a joui des paraphernaux nonobstant l'opposition de la femme. Dans le système de ceux qui refusent le droit de rétention au possesseur de mauvaise foi, il faut, par analogie, refuser ici ce droit ; mais, conformément aux principes établis plus haut à l'égard du possesseur de mauvaise foi, nous devons donner le droit de rétention au mari et nous devons même le lui accorder d'une manière plus étendue que dans la première hypothèse : il doit jouir du droit de rétention pour ses impenses d'entretien, par l'excellente raison qu'il est comptable des fruits, tant existants que consommés (1579), même quand il les a employés aux dépenses du ménage.

§ 7. *Droit de rétention de l'acheteur en cas de résolution ou de rescision de la vente.* — En cas de rescision ou de résolution de la vente pour défaut d'exécution des conditions, on doit autoriser l'acheteur, quoiqu'on se trouve en dehors du cas de réméré, puisqu'il s'agit d'une vente pure et simple, à demeurer en possession jusqu'au paiement de ses impenses.

Cette solution est conforme, non-seulement à l'esprit de l'art. 1673, mais encore à l'esprit général de la théorie du droit de rétention, puisqu'il y a ici possession de la chose par le créancier et *debitum cum re junctum* (Dalloz, Rétention, n° 38. — Demoly, Thèse, page 30). On devrait cependant lui refuser ce droit de rétention, si la vente avait été résolue pour cause de violence ou de dol de sa part.

§ 8. *Droit de rétention de l'acheteur évincé.* — Quand un acheteur est évincé, ce qui se présente lorsqu'ayant acquis la chose à *non domino*, le véritable propriétaire veut ensuite la lui réclamer, il jouit contre ce dernier du droit de rétention jusqu'à ce qu'il l'indemnise de ses impenses nécessaires et utiles. Aussi, s'il restitue l'immeuble sans se faire préalablement payer et si le propriétaire ne peut pas l'indemniser intégralement à cause de son insolvabilité, il n'a aucun recours contre son vendeur pour ces impenses, car il est en perte de sa faute; il aurait dû user du droit de rétention. Mais, il est possible que le propriétaire ne soit pas tenu de l'indemniser de la totalité des dépenses, et alors, pour le surplus, c'est le vendeur qui le rembourse, comme, par exemple, quand l'acheteur a fait des dépenses utiles, dont la plus-value n'est pas égale aux déboursés, auquel cas, le propriétaire l'indemnise de la plus-value et le vendeur de la différence entre la plus-value et les déboursés. — Pour ce qui concerne les dépenses nécessaires, le propriétaire doit toujours l'indemniser de la totalité. — Enfin, viennent les impenses voluptuaires : le propriétaire n'en doit pas compte à l'acheteur, et il faut en dire autant du vendeur, à moins qu'il ne soit de mauvaise foi; car, s'il est de bonne foi, il n'est tenu que des dommages qu'on a pu prévoir.

§ 9. *Droit de rétention du mandataire.* — Il est aussi juridique qu'équitable d'accorder le droit de rétention au mandataire pour les impenses qu'il a faites à l'occasion des choses du mandant (Valette, Priv. et hyp., n° 6. — Demoly, Thèse, p. 29. — Dalloz, Rétention, n° 39. Voyez aussi en Droit romain : *L.* 27, § 4. *Mandati*, — *Const.* 11, *Mandati*).

Il a été jugé en ce sens:

1° Qu'un mandataire n'est pas tenu de restituer à son mandant des objets reçus par lui à l'occasion du mandat et que le mandant réclame, avant de l'avoir mis à couvert des avances par lui faites et des poursuites qu'il subit à raison du mandat (Bruxelles, 13 nov. 1817. Dalloz, v° Mandat, n° 259).

2° Que l'agent de change, qui a acheté des valeurs à la Bourse comme mandataire, jouit d'un droit de rétention et ne peut pas être tenu de se dessaisir des titres au profit de l'acheteur, qu'autant que celui-ci lui remet le prix de l'acquisition[1] (Paris, 14 janvier 1848. D. P. 48, 2, 14).

1. Si, en pareil cas, l'acheteur se trouve en état de faillite, l'agent de change doit être assimilé aux créanciers nantis de gage dont la position est déterminée par les art. 546 et 547 du Code de comm.

Cependant, la cour de Bordeaux a refusé le droit de rétention au mandataire (Bordeaux, 14 janvier 1830. S. 30, 2, 105).

Les tuteurs, comme tous les administrateurs ou mandataires légaux, doivent aussi jouir du droit de rétention; il n'y a pas de motif pour les distinguer des mandataires conventionnels (Dalloz, v° Rétention, n° 42). C'est ce qu'admettait déjà le Droit romain (*L.* 3, § 1, 6, 8, *De contr. tutel. et util. acti.* — *L.* 33, § 3, *De adm. et peric. tutor.* — *L.* 29. *Communi dividundo.* — *Const.* 3, *De adm. et peric. tutor.*).

Il nous reste à mentionner un cas curieux de rétention au profit du mandataire :

Lorsque le mandat finit d'une manière quelconque, et notamment par la révocation du mandataire, le mandant (ou ses héritiers) a le droit de le contraindre à lui remettre l'écrit sous seing-privé qui contient la procuration ou l'original de la procuration, si elle a été délivrée en brevet, ou encore l'expédition, s'il en a été gardé minute; mais, de son côté, le mandataire jouit d'un droit de rétention, en vertu duquel il peut refuser de restituer cet acte, tant qu'il n'est pas indemnisé de ses avances. S'il en était autrement, il pourrait perdre son action en indemnité contre le mandant, par suite de l'impossibilité dans laquelle cette remise le placerait de prouver l'existence du contrat de mandat. Par analogie, on décide que les huissiers et les avoués ont le droit de retenir les pièces des parties jusqu'à ce que celles-ci les aient indemnisés des déboursés qu'ils ont avancés pour les frais. Mais ce que nous disons des frais ne doit pas être étendu aux honoraires.

§ 10. *Droit de rétention du gérant d'affaires.* — Aucun texte ne lui donne le droit de rétention. Aussi, dans le système qui interprète strictement ce droit, on le lui refuse

(Cabrye, nº 121, p. 207). Au contraire, conformément à notre théorie générale, nous accordons au gérant d'affaires, c'est-à-dire à celui qui gère l'affaire d'autrui sans mandat, le droit de rétention pour se faire payer de ses impenses, pourvu qu'il ait bien administré; car, dans ce cas, la loi l'assimile au mandataire (art. 1875). Il en était déjà ainsi en Droit romain (L. 19, § 4. L. 10, § 1er. L. 45, *De negotiis gestis.* — L. 46, § 5 et 6, *De procuratoribus*).

Il faut placer sur la même ligne que le gérant d'affaires: le communiste (L. 6. L. 29. L. 14, § 1. *Communi dividundo,* L. 34. L. 65, § 13, *pro socio.* L. 39, *Familiæ erciscundæ*); le co-héritier (L. 13, § 7, *De negotiis gestis.* Const. 18, § 1, *Familiæ erciscundæ.* — Proud'hon, Usufruit, nº 1743 et suivants. — Demoly, Thèse, p. 33); le donataire évincé (L. 27, § 5, *De rei vindicat.* — L. 18, § 3, *De donat.* — Proud'hon, Usufruit, nº 949. — Demoly, p. 34).

§ 11. *Droit de rétention du commodataire.* — L'article 1885 porte :

« L'emprunteur ne peut pas retenir la chose par compensation de ce que le prêteur lui doit. » Les auteurs interprètent diversement cette disposition. D'après les uns, elle ne présente aucun sens, parce que la compensation ne peut avoir lieu qu'entre dettes de choses fongibles de la même espèce et que, dans le prêt à usage, la dette de l'emprunteur consiste toujours dans un corps certain.

Quoique de bons esprits aient soutenu ce système, il paraît difficile de l'admettre. Deux fois le législateur a reproduit cette disposition, d'abord dans l'art. 1293, puis dans l'art. 1885. Il semble dès lors impossible d'admettre qu'à deux reprises il ait commis une aussi grossière erreur.

Il faut donc donner un sens raisonnable à cet article. Dirons-nous avec Delvincourt que le législateur a supposé le cas où la dette de corps certain serait novée en une obligation de somme d'argent (ce qui peut avoir lieu, notamment dans le cas où la chose due aurait péri par la faute de l'emprunteur) et qu'il a voulu prohiber la compensation, même dans ce cas, quoiqu'il s'agisse de deux dettes de choses fongibles (Delvincourt, III, p. 190, n°s 8 et 10)? Cette explication ne peut se soutenir en présence de l'art. 1293, dont l'art. 1885 n'est que la reproduction, et qui suppose la chose prêtée encore existante, puisqu'il parle de la restitution de cette chose elle-même.

Dira-t-on avec Toullier et Troplong (Toullier, VII, n° 383. Troplong, Prêt, n° 129) que les art. 1885 et 1293 doivent s'entendre du cas de choses fongibles prêtées pour un usage qui n'en opère pas la consommation, comme dans le prêt *ad pompam et ostentionem?* Pas davantage, la question de savoir si une chose est fongible ou non, ne dépend pas de cette chose, mais de l'intention des parties; par cela seul que les parties ont convenu que des choses, qui se consomment ordinairement par l'usage, seront rendues en nature, elles perdent le caractère de choses fongibles et, dès lors, il ne peut plus être question de compensation.

La véritable explication de nos articles consiste à dire que le législateur y a employé le mot compensation dans un sens inexact: ce mot y est pris comme synonyme de rétention. Le législateur a supposé qu'un emprunteur, créancier, à un titre quelconque, du prêteur, serait porté à considérer la chose empruntée comme un gage et à en refuser la restitution jusqu'à son remboursement. Eh bien, c'est pour lui défendre de retenir la chose dans ce cas, que les art. 1293 et 1885 ont été insérés dans le Code. Ces articles ont donc pour objet de retirer à l'emprunteur le droit de conserver la chose à titre de gage, *jure pignoris*, dans le cas où il se trouverait créancier à un titre quelconque du prêteur. Certains auteurs vont même jusqu'à refuser à l'emprunteur le droit de rétention, non pas seulement pour les créances qu'il peut avoir contre le prêteur et qui n'ont rien de commun avec le prêt, mais même pour les créances nées à l'occasion de la chose prêtée (Cabrye, p. 110. — Mourlon, n° 131. — Duranton, XVII, 538). C'est évidemment aller beaucoup trop loin : la loi n'a pas voulu que l'emprunteur convertît en gage la chose prêtée pour garantie de créances tout à fait indépendantes du contrat du prêt. Telle est l'étendue de l'art. 1885, mais telle est aussi sa limite. Le législateur n'a nullement eu l'intention de retirer le droit de rétention pour les créances nées à l'occasion du prêt. Rien dans le texte de nos articles n'indique un pareil esprit. Dès lors, puisque les conditions nécessaires à l'existence du droit de rétention se trouvent réunies, pourquoi en refuserait-on l'usage à l'emprunteur pour ces créances nées à l'occasion du prêt ?

L'emprunteur jouit donc du droit de rétention ; mais, il n'en jouit pas dans les limites ordinaires. Ainsi, la loi ne lui permet pas de se faire rembourser ses impenses utiles, ni même ses impenses nécessaires. Elle ne lui donne le droit de se faire indemniser que dans deux cas : 1° quand les dépenses ont eu lieu avec la permission du prêteur, et alors il importe peu qu'elles soient utiles ou nécessaires ; 2° même quand il n'a pas consulté le prêteur si les dépenses étaient à la fois nécessaires à la conservation de la chose, extraordinaires et tellement urgentes qu'il était impossible d'en parler au prêteur (art. 1890). Dans ces deux cas seulement, l'emprunteur jouit d'une créance et, par conséquent aussi, dans ces deux cas seulement, il faut lui accorder le droit de rétention [1]. (En ce sens : Demoly, Thèse, p. 28. — Dalloz,

1. Outre le droit de rétention, le commodataire a, pour les dépenses de conservation dont la loi le déclare créancier, le privilége de l'art. 2102, 3°.

Rép., v° Rétention. — Aubry et Rau, § 392, note 4. — Toullier, VII, n° 384. — Duvergier, sur Toullier, *loc. cit.* — Troplong, Prêt, n° 127, et Nantissement, n° 449.)

Du reste, déjà en Droit romain (*L.* 15 et 53 *de furtis. L.* 18, § 4, *Commodati*) et dans notre ancienne jurisprudence, (Despeisses, Commod., § 5, n° 2. — Pothier, Commodat, n°s 43 et 80. — Vinnius, *Questiones selectæ*, 1, chap. 24) le droit de rétention était reconnu au profit du commodataire, et rien, dans le Code Napoléon, n'indique qu'on ait eu l'intention de déroger à un système aussi équitable.

Il est vrai que M. Mourlon nie qu'il y ait équité d'accorder le droit de rétention au commodataire (Exam. crit., p. 756). Bien plus, il trouve inique qu'un commodataire, après avoir reçu un service de commodant, se refuse à lui restituer la chose prêtée, sous prétexte qu'il est créancier à l'occasion de cette chose. Le commodataire, il faut le reconnaître, a reçu un service; mais, d'un autre côté, n'en a-t-il pas rendu un au commodant en empêchant sa chose de périr ou de se détériorer, et, dès lors, n'est-il pas injuste de la part du prêteur de refuser de payer sa dette, tout en exigeant la restitution de sa chose?

§ 12. *Le voiturier jouit d'un droit de rétention sur la chose voiturée, jusqu'au paiement des créances nées à l'occasion de cette chose.* — La loi ne parle pas expressément de ce droit de rétention, mais il existe par un *a fortiori* de l'art. 2102, qui donne au voiturier un privilége pour cette même créance. De même, le Code de commerce, dans les art. 93 à 95, accorde au commissionnaire un privilége et *a fortiori* un droit de rétention pour les frais, prêts et avances sur la valeur des marchandises qui lui ont été confiées.

§ 13. *Le fermier (ou le locataire) doit aussi jouir du droit de rétention pour ses impenses nécessaires et même pour ses impenses utiles. L.* 55, § 1 et 2. *L.* 61, *Locati.* —

Toutefois, comme le fermier est de mauvaise foi, on doit lui appliquer, quant à ces dernières, l'art. 555, c'est-à-dire permettre au propriétaire de les faire enlever : ce n'est qu'autant qu'elles conviennent au propriétaire que le fermier jouit d'une créance et alors cette créance est munie du droit de rétention. Ce droit s'exerce sur la chose louée. Dans notre ancienne jurisprudence coutumière, le locataire pouvait en user sur ses loyers pour se faire indemniser des dépenses nécessaires, pourvu qu'il les ait faites avec le consentement du proprietaire ou, à défaut de consentement, qu'il l'ait sommé par justice de les faire lui-même et qu'il ait été autorisé par le juge à les accomplir à la place du propriétaire. Quant aux dépenses qui n'étaient pas nécessaires, il n'avait droit à aucune indemnité et ne pouvait procéder qu'à leur enlèvement. (Loysel, Inst. cout., n° 480. — Art. 202 de la coutume de Troyes; 120 de celle du Bourbonnais. — Bacquet, Des droits de justice, chap. 21, n° 276. — Dumoulin, sur l'art. 38 de la coutume du Vermandois. — Duplessis, Traité du douaire, sect. 4, p. 249. — Legrand, sur l'art. 120 de la coutume de Troyes.)

§ 14. *Droit de rétention de celui qui a reçu indûment une chose.* — Celui qui a reçu indûment un meuble ou un immeuble déterminé dans son individualité, est tenu de le rendre à celui qui le lui a livré, mais il a droit, qu'il l'ait reçu de bonne ou de mauvaise foi, au remboursement de ses dépenses nécessaires et utiles. Cependant, il ne peut se faire payer des impenses d'amélioration que jusqu'à concurrence de la plus-value, même quand il a été de bonne foi : il en était déjà ainsi dans l'ancien Droit (Pothier, des oblig., n° 173. — Aubry et Rau, III, § 442, et note 16). Eh bien, sa créance, pour frais de conservation et d'amélioration, est également garantie par un droit de rétention.

SECTION II.

Cas où le droit de rétention existe quoiqu'il n'y ait pas connexité entre la créance et la chose retenue.

I. Cas de rétention établis par la loi malgré l'absence de connexité.

§ 1. Le locateur jouit, en vertu de l'art. 2102, comme garantie de ses loyers et fermages et suivant la distinction tracée par cet article, non-seulement d'un privilége sur les choses garnissant la maison, la ferme et les fruits de la récolte de l'année, mais encore d'un droit de rétention sur ces mêmes choses; et même, quand il a perdu ce dernier droit, il peut le recouvrer, ainsi que son privilége, au moyen d'une action en revendication qui dure 15 jours ou 40 jours, selon qu'il s'agit d'une maison ou d'une ferme, à partir de l'enlèvement.

§ 2. Précédemment nous avons accordé le droit de rétention au locataire ou fermier pour ses impenses : c'était une application des règles générales de la matière. Au contraire, voici venir une créance du locataire ou fermier qui se trouve garantie par le droit de retenir la chose louée jusqu'au paiement, quoiqu'il n'y ait aucune connexité entre cette créance et la chose retenue (art. 1749).

Quelquefois, le bail prend fin par l'aliénation que le bailleur fait de son droit de propriété. Lorsque le bail n'a pas date certaine antérieure à l'aliénation, l'acquéreur a le droit d'expulser le preneur sans lui donner la moindre indemnité.

Si, au contraire, le bail a date certaine antérieure à l'aliénation, l'acquéreur ne peut pas expulser le preneur, à moins qu'il n'ait été expressément stipulé dans le contrat de bail qu'il se trouverait résolu par l'aliénation de la chose, dans le cas où l'acquéreur ne voudrait pas le continuer; mais, même dans ce cas, le preneur a droit à des indemnités dont le législateur a déterminé le *quantum* dans les art. 1744 à 1749, à défaut de convention des parties à cet égard. Eh bien, tant que le preneur n'a pas reçu le montant de ces dommages-intérêts, il jouit d'un droit de rétention sur la chose, de telle sorte que, quoiqu'ils doivent lui être payés par le vendeur, son bailleur, néanmoins l'acquéreur est obligé d'en faire l'avance s'il veut entrer immédiatement en jouissance, ou, pour parler plus exactement après, l'expiration des délais fixés par l'art. 1748.

Il s'agit donc ici d'un cas de rétention spécial, qui n'existe qu'à cause de la disposition formelle de la loi à cet égard; car il n'y a pas connexité entre la créance et la chose retenue.

§ 3. La loi déroge au principe qu'en fait de meubles, possession vaut titre, quand il s'agit d'une chose perdue ou volée, et elle permet au propriétaire de la revendiquer pendant 3 ans, non-seulement contre celui qui l'a trouvée ou volée, mais même entre les mains de tout tiers possesseur de bonne foi, auquel le voleur ou l'inventeur l'a aliénée. Le véritable propriétaire peut même, en règle générale, reprendre sa chose sans indemniser ce tiers acquéreur de bonne foi, sauf le recours de ce dernier contre son vendeur, parce qu'il est coupable de négligence : il n'aurait pas dû acheter du premier venu; il eût été prudent de sa part de s'enquérir de la moralité de son vendeur; en un mot, il a acheté au hasard et en quelque sorte à ses risques et périls (Mourlon, Rép. écrit. sur l'art. 2280). Cependant, et par exception à la règle ordinaire, quand le tiers de bonne foi a acheté la chose dans une foire ou dans un marché, dans une vente publique ou d'un marchand vendant des choses pareilles, dans ce cas, comme on ne peut lui adresser aucun reproche, la loi exige que le propriétaire, avant de rentrer dans la possession de sa chose, rembourse à ce tiers le prix qu'elle lui a coûté, et, à cet effet, elle donne à ce dernier un droit de rétention jusqu'au paiement de cette indemnité.

Quid si le possesseur actuel n'a pas acheté la chose dans un marché, une foire, etc., mais si son vendeur l'a achetée dans ces circonstances? Même dans ce cas, le possesseur actuel a le droit de se faire indemniser par le propriétaire avant de lui rendre la chose. «Les principes le commandent, puisque le possesseur actuel pourrait, si le propriétaire refusait de rembourser le prix, faire intervenir son vendeur, tenu de le garantir, lequel exigerait ce remboursement en vertu de l'article; seulement, si le prix de la revente de ce vendeur était plus considérable que celui pour lequel il avait lui-même acheté, on conçoit que le propriétaire ne serait tenu qu'au remboursement du prix moindre.» (Marcadé, Prescription, sur l'art. 2280.)

§ 4. L'aubergiste, a pour la créance résultant de ses fournitures, un droit de rétention sur les effets apportés par le voyageur dans l'hôtel. Il n'existe, comme on le voit, aucune connexité entre la créance et les choses retenues : aussi a-t-il fallu un texte de loi pour lui accorder le droit de rétention. Il est vrai que ce texte ne parle pas expressément du droit de rétention, il se contente d'accorder à l'aubergiste un privilége; mais, comme ce dernier, ainsi que l'admettent unanimement la jurisprudence et la doctrine, perd son privilége sur les effets déposés chez lui, par cela seul qu'ils ont été transportés ailleurs, on est forcément amené à lui accorder le droit de rétention comme corollaire de ce principe.

§ 5. Le droit de rétention de l'art. 2082, 2°, accordé sur la chose engagée comme garantie de la deuxième dette, l'est par interprétation de la volonté présumée des parties; mais il n'en est pas moins vrai que pour qu'il existât, en l'absence de toute stipulation des contractants à cet égard, il fallait un texte formel de loi, car on ne voit aucune connexité entre cette seconde créance et l'objet engagé.

II. Cas de rétention conventionnelle.

Malgré l'absence de connexité entre la créance et la chose retenue, malgré l'absence de texte de loi, le droit de rétention est encore possible, pourvu qu'il existe une convention des parties qui le consacre. Ce droit de rétention conventionnel peut exister, soit seul, comme droit principal, soit, ce qui a lieu le plus fréquemment, comme droit accessoire au gage ou à l'antichrèse.

SECTION III.

Cas où la loi refuse le droit de rétention quoiqu'il y ait connexité.

Il peut aussi se faire que la loi, même dans des hypothèses où l'on rencontre une connexité entre la créance et la chose, refuse au créancier le droit de rétention par suite de considérations particulières. Il est possible que nos lois contiennent plusieurs cas de ce genre, mais, malgré mes recherches, je n'ai pu en apercevoir qu'un seul : c'est celui de l'art. 306 du Code de commerce ainsi conçu :

« Le capitaine ne peut retenir les marchandises dans son « navire, faute de paiement de son frêt; il peut, dans le temps « de la décharge, demander le dépôt en mains tierces jus- « qu'au paiement de son frêt. »

Certains auteurs entendent aussi l'art. 1885 en ce sens qu'il faut refuser au commodataire le droit de rétention pour les créances qu'il peut avoir contre le commodant, même à l'occasion de la chose prêtée. Dans ce système, il y a là un deuxième cas où la loi refuse le droit de rétention, malgré la réunion des conditions requises ; mais nous n'avons pas adopté cette interprétation de l'art. 1885.

CHAPITRE XIV.

Des modes d'extinction du droit de rétention.

On peut réunir tous les modes d'extinction du droit de rétention sous deux rubriques. — De même que toutes les autres sûretés, tantôt ce Droit s'éteint par voie de conséquence, accessoirement, parce que la créance qu'il garantit, a pris fin d'une manière quelconque, tantôt il s'éteint, quoique la créance continue à exister, et, dans ce cas, on dit qu'il prend fin par voie principale.

SECTION PREMIÈRE.

Cas où la rétention s'éteint indépendamment de la créance.

Il peut arriver que le droit de rétention se trouve anéanti, quoique la créance qu'il garantissait continue d'exister. Le droit de rétention s'éteint par voie principale :

1° Quand la chose sur laquelle il portait, est complétement périe. Si la perte est arrivée par la faute du réteneur, non-seulement son droit de rétention se trouve anéanti, mais encore le débiteur a le droit de le faire condamner à des dommages et intérêts qui entrent alors en compensation avec sa dette. Si la perte résulte du cas fortuit ou de force majeure, c'est le débiteur qui la supporte. Il y a plus : s'il s'agit d'un droit de rétention conventionnel ou accessoire à un droit de gage ou d'antichrèse, lorsque la chose vient à périr par cas fortuit, le créancier a le droit d'en exiger une autre, pour remplacer la première, et de forcer le débiteur, s'il ne le satisfait pas sur ce point, à le rembourser immédiatement.

Toutefois, pour admettre cette solution, il faut supposer un cas de rétention accessoire à un nantissement ou un simple droit de rétention conventionnel, et de plus une chose donnée par le débiteur lui-même. Ainsi, quand le créancier ne jouit que d'un droit de rétention légal, il n'a pas le droit d'exiger le remplacement de la chose périe par une autre, et il n'a même pas ce droit dans le cas de nantissement, lorsque la chose, au lieu d'avoir été donnée par le débiteur lui-même, l'a été par un tiers; le créancier ne peut pas obliger ce dernier à fournir une autre chose, car ce tiers n'est pas tenu personnellement à la dette; il n'est tenu que sur la chose engagée; là s'arrête son obligation.

2° Quand le rétenteur renonce expressément ou tacitement à son droit de rétention. *Generaliter dicendum erit quoties recedere voluit creditor a pignore videri ei satisfactum...., licet in hoc deceptus sit* (*L.* 9, § 3, *de pign. act.*). Il y a renonciation tacite :

a) Dans tous les cas où le créancier abandonne, de son plein gré, la possession de la chose. Par exception, cette remise volontaire ne constitue pas une présomption de renonciation tacite au droit de rétention, et ce droit, par conséquent, continue d'exister dans les hypothèses des art. 2102, 4°, du Code Napoléon, et 576 du Code de commerce.

b) Quand le créancier rétenteur exerce lui-même les poursuites à l'effet de convertir la chose en argent.

Dans aucun cas, la renonciation au droit de rétention, n'emporte renonciation à la créance, que le créancier continue de pouvoir faire valoir par voie d'action. Il y a lieu d'appliquer ici, par extension, l'art. 1286 aux termes duquel la reprise de la chose donnée en nantissement, ne suffit point pour faire présumer la remise de la dette.

3° Quand le créancier abuse de la chose, ou, pour parler d'une manière plus exacte, car le rétenteur n'a pas la jouissance, quand il l'administre tellement mal qu'elle risque de périr ou au moins de diminuer sensiblement la valeur.

4° Quand le créancier ayant fait preuve de mauvaise foi, et retardé la liquidation de sa créance pour conserver la chose du débiteur indéfiniment, les tribunaux lui ont assigné un délai pour procéder à la liquidation ; si à l'expiration de ce temps cette opération n'est pas terminée, il perd le droit de rétention, à moins qu'il ne puisse justifier son retard. C'est ce qu'avait établi l'ordonnance de 1579, art. 97.[1]

SECTION II.

De l'extinction du droit de rétention par voie de conséquence.

§ 1. Toutes les fois que la créance, garantie par une

1. Tous les modes d'extinction du droit de rétention dont nous venons de parler existaient déjà dans notre ancien Droit, sauf cette différence qu'on n'admettait pas de renonciation tacite au droite de rétention ; il fallait une renonciation expresse. Ainsi, le simple abandon de la possession ne constituait pas une renonciation tacite et, même en cas d'abandon volontaire, le créancier jouissait d'une action pour se faire remettre en possession et exercer ensuite son droit de rétention (Cpr. Coquille, question 98). Il en était autrement en Droit romain.

chose retenue, vient à s'éteindre pour une cause quelconque, le droit de rétention prend également fin. *Accessorium sequitur principale.* Ainsi, le droit de rétention s'éteint quand la dette a été payée, et au paiement il faut assimiler tout ce qui, d'après les principes du droit, équivaut à paiement, comme la compensation, la remise de la dette, la confusion, etc. (Voy. *L.* 5, § 2 et 3. *L.* 6, *de pign. et hyp.* — *L.* 43, *de solution.* — *L.* 9, § 3, *de pign. act.*) Voy. aussi Troplong, Nantissement, n°s 470 et 471.

Toutefois, dans le cas d'extinction de la dette par novation, les parties peuvent convenir que le droit de gage et, par conséquent aussi, le droit de rétention qui garantissait la première créance, continuera d'exister au profit de la seconde; mais, pour qu'il en soit ainsi, il faut une convention formelle à cet égard. (*L.* 11, § 1, *de pign. act.* — Troplong, Nantissement, n° 472.)

§ 2. Il nous reste, pour terminer ce chapitre, à examiner une question : L'exercice du droit de rétention met-il obstacle à la prescription de la créance?

Tous les auteurs ont traité ce point, en ce qui concerne le gage et l'antichrèse (et évidemment ce qui est vrai de ces cas, l'est aussi de ceux où il y a rétention pure et simple), et décidé que la possession, par le créancier, de la chose, objet de son droit de gage ou d'antichrèse, empêche la créance de s'éteindre par voie de prescription. (Voyez en ce sens : Proud'hon, Usufruit, II, n° 762. — Delvincourt, III, p. 211, note 2. — Duranton, XVIII, n° 553, et XXI, n° 253. — Malleville, IV, n° 166. — Vazeille, Prescription, n° 142. — Aubry et Rau, 2e édit., III, § 438, note 1, et 3e édit. *ibid.*, p. 522. — Troplong, Nantissement, n° 474 et 551. — Merlin, Rép., v° Prescription, sect. 1, § 7, question 18. — Favard, Rép., v° Nantissement, § 2, n° 5. — Dalloz, v° Rétention, n° 200, et v° Prescription, n° 788. —

Marcadé, Prescription, sous l'art. 2248, p. 146. — Cass., 27 mai 1812, S. 13, 1, 85. — Riom, 31 mai 1828. Dall., Jur. gén., t. 36, p. 229, note 5.) Déjà cette solution avait été donnée par Justin dans la Const. 7, § 5, *De præscr.*, 30 *vel* 40, C., où il est dit positivement que la rétention opère interruption de prescription comme la *litiscontestatio.*

Un seul jurisconsulte, M. Cabrye, est venu récemment, dans une remarquable monographie sur le droit de rétention, contester l'exactitude de cette solution. — Nous ne pouvons partager l'opinion de cet auteur.

Quoi qu'on en dise, le fait de la part du débiteur de laisser sa chose chez son créancier, sachant que cette chose lui sert de garantie, constitue, de sa part, une reconnaissance tacite de sa dette, et, comme cette reconnaissance se perpétue, elle interrompt indéfiniment la prescription. Supposez une dette préexistante qui se prescrit : le débiteur donne un gage; personne ne le contestera, il y a là une interruption de prescription. De quoi résulte cette interruption? De la remise du gage. Mais le lendemain du jour où ce gage a été donné, est-ce que cette remise n'existe pas encore? Le surlendemain? et ainsi de suite? La prescription se trouve donc interrompue indéfiniment. Pourquoi en serait-il différemment dans le cas où le gage ou le droit de rétention aurait commencé à exister en même temps que la créance!

Que nous objecte-t-on?

M. Cabrye prétend que l'interruption de prescription, même tacite, doit nécessairement résulter d'une action, d'un fait *in committendo* de la part du débiteur. Or, dans notre cas, le fait de laisser posséder le créancier est un fait négatif.

Cette objection se réduit à résoudre la question par la buestion, puisqu'il s'agit de savoir si précisément un fait *in omittendo* peut interrompre. Puis, la loi n'exige nulle part que la reconnaissance de la dette résulte d'un fait positif; elle se contente de parler d'une manière générale, de déclarer que la prescription se trouve interrompue par la reconnaissance du débiteur, abandonnant aux tribunaux la question de fait de savoir quand il y a une reconnaissance. Enfin, même en admettant avec M. Cabrye que la reconnaissance doit consister dans un fait positif, n'est-il pas évident que la possession, par le créancier, de la chose du débiteur présente ce caractère? cette possession a commencé nécessairement par la remise que le débiteur a faite de sa chose. A ce moment donc, il y a eu fait actif; mais cette remise ne continue-t-elle pas ensuite par cela seul que le débiteur ne réclame pas sa chose, et, dès lors, n'y a-t-il pas toujours fait actif?

On nous objecte que notre système a pour effet de repousser la présomption de libération du débiteur au bout de trente ans. Sans doute; mais quelle est la cause de cette présomption? La négligence du créancier d'être demeuré si longtemps sans agir. Or, dans notre hypothèse, peut-on reprocher au créancier d'avoir été négligent? Loin de là, il a montré beaucoup de prudence puisqu'il a eu soin de prendre un gage, et ce gage, il l'a toujours conservé. Dès lors, certain qu'il était d'obtenir un paiement au moyen de ce gage, peut-on lui reprocher de n'avoir pas actionné son débiteur?

On prétend encore que notre système aboutit à des injustices flagrantes, à des iniquités révoltantes. Il peut fort bien se faire, que, soit par ignorance, soit par erreur, soit sciemment, le propriétaire ait laissé sa chose aux mains du rétenteur, après l'avoir désintéressé. Ainsi, c'est un dépositaire qui est devenu créancier du déposant par suite de dépenses nécessaires; il en informe le déposant, qui lui en fait le remboursement, mais ne réclame pas la restitution du dépôt. Le déposant, ou son héritier, qui, après trente ans, lorsqu'il demandera la restitution de la chose, ne pourra pas justifier du paiement au dépositaire ou à ses successeurs, sera privé du secours de la prescription. Est-ce lâ un résultat conforme à l'esprit de la loi?

D'abord, il est certain que cette hypothèse se présentera rarement; on ne peut guère l'imaginer que dans le cas de dépôt. Il faut reconnaître qu'ici le débiteur est obligé de payer une deuxième fois. Mais à qui la faute? Evidemment à lui, et lui seul; il aurait dû se faire délivrer une quittance par le dépositaire; s'il a négligé de se procurer un moyen de preuve, soit un écrit s'il s'agit de plus de 150 fr., soit des témoins si la dette est inférieure à cette somme, c'est à lui seul de s'imputer sa négligence; du reste, en dernier ressort, il a la ressource du serment, et si le dépositaire le prête de mauvaise foi, c'est encore à lui de se reprocher le choix d'un dépositaire malhonnête. Le déposant devait se procurer une quittance, comme le fait tout homme soucieux de ses intérêts; il le devait d'autant plus, que, le contrat de dépôt continuant de subsister, il savait parfaitement qu'il y aurait lieu, dans l'avenir, à un règlement de compte entre le dépositaire et lui. Le résultat, auquel on aboutit avec notre système, n'est donc pas inique, puisque le débiteur peut parfaitement l'éviter en exigeant quittance.

Au contraire, le système de M. Cabrye amène à des iniquités flagrantes : il ouvre la porte à la fraude, il donne au débiteur le moyen de tromper le créancier; en lui livrant un gage, il le laisse dans une sécurité perfide. Le créancier, certain d'être payé intégralement quand il le voudra par suite du nantissement qui se trouve entre ses mains, pourra retarder l'exercice de son action contre le débiteur, surtout s'il n'a aucun besoin de son argent; puis, tout à coup, une fois la prescription acquise, le débiteur le dépouillera du gage, tout en se refusant au paiement de la dette. Ce résultat sera évidemment injuste, d'autant plus que le créancier n'a aucun reproche de négligence à se faire, qu'il a pris toutes les précautions pour s'assurer un paiement intégral, et qu'il a pu considérer le gage comme une reconnaissance continuelle de son droit.

Ainsi, le fait de retenir comme sûreté de la créance, une chose du débiteur, constitue de la part de ce dernier une reconnaissance tacite et continuelle du droit du créancier, et, par conséquent, l'exercice du droit de gage, d'antichrèse, de rétention, interrompt continuellement la prescription de la créance, par application de l'art. 2248 du Code Napoléon.

Reste à faire une dernière observation: Si l'on admet la thèse d'après laquelle le droit de rétention peut garantir les obligations purement naturelles, même avec le système de M. Cabrye, l'accomplissement de la prescription ne donnerait au débiteur que le droit de repousser l'action du créancier; il ne pourrait pas réclamer sa chose, et s'il le faisait, il se verrait repoussé à son tour, car les créances prescrites continuent d'exister comme obligations naturelles. Telle était aussi déjà dans l'ancien Droit, l'opinion de Duparc-Poullain. Il admettait que, malgré l'existence du nantissement, la prescription n'en courait pas moins contre le créancier, et, qu'après trente ans, le créancier ne pouvait pas forcer le débiteur à le payer et à reprendre son gage; mais qu'à l'obligation civile, survivait une obligation naturelle, ce qui le faisait décider que le créancier avait le droit, si le débiteur réclamait le gage, de refuser cette restitution, jusqu'à ce que ce débiteur l'ait payé. (Principes du Droit français, VI, p. 238.)

Mais, dans le système de ceux qui n'admettent pas qu'un droit de rétention ou de gage puisse garantir une obligation naturelle, on arrive à ce résultat singulier, que le débiteur, dont l'action en retrait du gage est incontestablement imprescriptible jusqu'au moment du paiement, pourrait, au bout de trente ans, réclamer la restitution du gage sans offrir de désintéresser le créancier. (Aubry et Rau, **§ 434**, texte et note 11, t. III.)

ERRATA.

DROIT ROMAIN.

Page 2, ligne 11, au lieu de *De jure accrescendi apud Meermann*, lisez *De jure accrescendi. Apud Meermann.*

— 11, — 2, après *accroissement*, au lieu de ; il faut ,.

— 14, — 18, au lieu de *exstiterit* lisez *extiterit.*

— 14, — 29, au lieu de *vis si itaque*, lisez *in his itaque.*

— 18, — 8, au lieu de *de s. c. Orphitiano* 2. 4, lisez *d. s. c. Orphitiano* 3. 4.

— 19, — 2, supprimez la virgule après limitation.

— 24, — 5, au lieu de *adition* [2], lisez *adition* [1].

— 25, — 9, au lieu de *L.* 3 § 4 *et L.* 4. lisez *L.* 4 § 3 *et L.* 5.

— 31, — 27, après propriétaire il faut une virgule.

— 34, — 17, au lieu de *Reg. lib., tit.* 26, *lib.* 5, lisez *Reg. lib., tit.* 26, § 5.

— 35, — 12, au lieu de *ege* lisez *Lege.*

— 36, — 25, au lieu de *prêteur* lisez *préteur.*

— 42, — 6, au lieu de *La conjunctio* lisez La *conjunctio.*

— 44, — 20, au lieu de 33. 2. lisez 32. 2.

— 47, — 10, au lieu de *sextande*, lisez *sextante.*

— 51, — 21, au lieu de *conjonctus* lisez *conjunctus.*

— 59, — 16 et 19, au lieu de *L.* 83, *de legatis*, lisez *L.* 89, *de legatis.*

— 61, — 19, au lieu de 17 § 13, lisez 17 § 3.

— 69, — 1, au lieu de *Cons.* 20 *de jure deliberandi* (6. 28) lisez (6. 30.)

— 71, — 1, au lieu de *onore* lisez *onere.*

— 74, — 9, au lieu de § 2. *de vulg. subst.*, lisez § 3. *de vulg. subst*.

— 81, — 12, au lieu de *pr. de legatis* 1°, lisez § 12. *de legatis* 1°.

— 87, — 19, au lieu de *L.* 53. *de legatis*, lisez *L.* 55. *de legatis.*

— 92, — dernière, au lieu de *L.* 48, lisez *L.* 84.

Page 95, ligne 10, au lieu de *Legs sinendi disjunctim* lisez *Legs sinendi modo disjunctim.*

— 95, — 12, au lieu de *Dissentio*, lisez *Dissensio.*

— 95, — 27, au lieu de *Il a damnatio*, lisez *Il y a damnatio.*

— 111, — 1, au lieu de *L.* 85 § 5. *de Legatis* 1°, lisez *L.* 85. *De legatis* 1°.

DROIT FRANÇAIS.

Page 5, ligne 6, au lieu de *prêteur* lisez *préteur.*

— 6, — 4 et 14, *idem.*

— 7, — 29, au lieu de 39. 3, lisez 39. 5.

— 8, — 25, au lieu de 13. 1., lisez 19. 1.

— 8, — 25, au lieu de *L.* 13 § 8, *de æd. edict.*, lisez *L.* 31 § 8.

— 8, — 29, au lieu de *L.* 27 § 4, lisez *L.* 26 § 4.

— 13, — 15, au lieu de *actio ni factum*, lisez *actio in factum.*

— 14, — 22, au lieu de 46, 4 lisez 44, 4.

— 45, — dernière, au lieu de *de gage*, lisez *du gage.*

— 84, — 20, au lieu de *prêteur*, lisez *préteur.*

— 140, — 28, au lieu de *il faut, mais il suffit, d'être créancier*, lisez *il suffit d'être créancier.*

— 144, — 15, au lieu de *ou s'il préfère de*, lisez *ou, s'il préfère, de.*

— 158, — 11, au lieu de *pour parler plus exactement après*, lisez *pour parler plus exactement, après* etc.

— 158. — 19, au lieu de *L'aubergiste, a*, lisez *L'aubergiste a*,.

— 163, — 12, au lieu de *la valeur*, lisez *de valeur.*

www.ingramcontent.com/pod-product-compliance
Ingram Content Group UK Ltd.
Pitfield, Milton Keynes, MK11 3LW, UK
UKHW021058220726
13924UKWH00005B/2138

9 782019 935597